财务管理系统原理与实训

（用友U8 V10.1）（微课版）

梁乃斌　王新玲　主编

清华大学出版社

北　京

内 容 简 介

本书兼顾原理阐释与实务训练，以简明原理、突出实训为主导思想，以一个企业的经济业务为原型，重点介绍了用友 U8 财务管理系统核心子系统的主要功能和业务处理方法。书中为读者量身定做了几十个实训项目，并提供了实训准备账套和结果账套，每个实训既环环相扣，又可以独立运作，适应了不同层次教学的需要。

本书共分 10 章，第一章介绍会计信息化应用基础，第二、三章介绍用友 U8 V10.1 管理软件的使用基础——企业建账和基础设置；第四～十章分别介绍用友 U8 财务管理系统中最重要和最基础的总账日常业务处理、薪资管理、固定资产管理、应收款管理、应付款管理、总账期末业务、编制财务报表 7 个模块的基本功能，并以系列实训的形式详解了 7 个模块主要业务的处理。每章最后还通过应用拓展将全国大学生会计信息化技能竞赛中相关的应用点加以提示，以了解会计信息化技能竞赛对会计从业人员的能力要求。

本书可以用作普通高等院校本科和高职会计及经济管理等相关专业的教学用书，也可作为在职会计人员学习用友 U8 的自学读本。本书配套了丰富的教学资源，以求满足广大师生多层次的学习需求。

图书在版编目(CIP)数据

财务管理系统原理与实训：用友U8 V10.1：微课版 / 梁乃斌，王新玲 主编. —北京：清华大学出版社，2019（2024.7重印）

ISBN 978-7-302-52206-5

Ⅰ.①财… Ⅱ.①梁…②王… Ⅲ.①财务软件 Ⅳ.①F232

中国版本图书馆 CIP 数据核字(2019)第 016137 号

责任编辑：刘金喜
封面设计：常雪影
版式设计：孔祥峰
责任校对：成凤进
责任印制：沈 露

出版发行：清华大学出版社
　　　网　　址：https://www.tup.com.cn, https://www.wqxuetang.com
　　　地　　址：北京清华大学学研大厦 A 座　　　　　邮　　编：100084
　　　社 总 机：010-83470000　　　　　　　　　　　邮　　购：010-62786544
　　　投稿与读者服务：010-62776969，c-service@tup.tsinghua.edu.cn
　　　质 量 反 馈：010-62772015，zhiliang@tup.tsinghua.edu.cn
印 装 者：三河市君旺印务有限公司
经　　销：全国新华书店
开　　本：185mm×260mm　　　印　张：15.75　　　字　数：413 千字
版　　次：2019 年 3 月第 1 版　　　印　次：2024 年 7 月第 4 次印刷
定　　价：55.00 元

产品编号：080334-01

信息化时代，财务人员若不掌握信息化管理工具，其未来的职业发展必将受到影响。"会计信息化"已经成为会计专业的核心专业课程之一。会计信息化是企业信息化的起点，也是企业信息化普及面最广的一项应用。为会计信息化培养合格的应用人才，使其理解会计信息化的基本原理，熟悉财务管理核心子系统的业务操作，正是本书编写的初衷。

全书以企业财务信息化为目标，以财务核心子系统集成应用为背景，共分10章，分别是会计信息化应用基础、企业建账、基础设置、总账日常业务处理、薪资管理、固定资产管理、应收款管理、应付款管理、总账期末业务和编制财务报表，涵盖了U8财务应用的主要内容。本书特色表现在以下四个方面。

1. 理论简明，侧重实训

每一章均按理论认知、实务训练和应用拓展展开。各部分作用说明如下。

每章结构项	子项	作　用
理论认知	基本功能	阐释本章所介绍子系统的主要功能
	系统初始化	系统初始化的主要内容及设置方法
	系统日常业务	系统主要业务类型及业务处理方法
实务训练	系列实训设计	将企业典型应用按业务流程设计为前后衔接贯通的实训项目 通过详细的实训指导引导学生完成业务处理，掌握方法，理解原理
应用拓展		主要包括两方面内容：一是全国大学生会计信息化技能大赛赛题中涉及的知识点而在实训设计中未涉及的；二是与主要业务流程不关联的

从以上每章结构可以看出，从理论认知、实务训练到应用拓展逐步进阶，从多个层面支持学生对原理的基本把握、对整体流程的掌控和实践能力的提升。

在实训部分设计中，以证明业务发生的原始凭据为牵引，加深学生对企业真实业务的了解，运用所学财务会计知识，完成对经济业务的会计分录，进而在会计信息化平台中进行处理，使学生不仅会核算，而且擅工具。

2. 主辅共建，资源共享

教材是教学活动中重要的教学资源之一，除此以外，网络时代给我们提供了新的教学手段。为满足广大师生多层面的教学需求，本书提供丰富的教学资源，主要包括五部分内容：用友U8 V10.1教学版安装程序、实验账套、教学用PPT、微课视频。

3. 以赛促教，以赛促学

全国大学生会计信息化技能竞赛已连续举办多年，成为院校间教学交流、互动提升的平台，促进了院校会计信息化教学水平的提升。本书在实务训练部分和应用拓展部分均考虑到近年会计信息化竞赛相关知识点的覆盖。

　　本书由山东科技职业学院梁乃斌和天津财经大学王新玲担任主编。其中，王新玲编写了第一~三章，梁乃斌编写了第四~六章，四川大学锦城学院陈红编写了第七章，山东交通职业学院刘娜编写了第八章，北京劳动保障职业学院王巍编写了第九章，山东科技职业学院方振静编写了第十章。参加编写的人员还有王贺雯、张冰冰、王腾、房琳琳等，在此表示衷心的感谢。

　　限于作者水平，书中难免存在疏漏和不当之处，期待读者提出宝贵的意见和建议。

　　服务邮箱：wkservice@vip.163.com。

编　者

2018年10月

目录

第一章 会计信息化应用基础

理论认知

一、会计信息化相关概念

1. 会计电算化

我国最早将计算机用于会计工作的尝试是从1979年财政部给长春第一汽车制造厂拨款500万元试点开始的。1981年，在长春召开了"财务、会计、成本应用电子计算机专题研讨会"，会上正式把电子计算机在会计工作中的应用简称为"会计电算化"。

会计电算化是以电子计算机为主的当代电子和信息技术应用到会计工作中的简称。它主要是应用电子计算机代替人工记账、算账、报账，以及代替部分由大脑完成的对会计信息的处理、分析和判断的过程。

会计电算化是会计发展史上的一次革命，对会计工作的各个方面都产生了深刻的影响。会计电算化的普及应用，有利于促进会计工作的规范化，提高会计工作质量；减轻会计人员的劳动强度，提高会计工作的效率，更好地发挥会计的职能作用，为实现会计工作现代化奠定良好的基础。

2. 会计信息化

1999年，在深圳召开了"会计信息化理论专家座谈会"，会上首次提出从会计电算化走向会计信息化的观点，之后逐渐形成了会计信息化的概念。

2013年发布的《企业会计信息化工作规范》中提出：会计信息化是指企业利用计算机、网络通信等现代信息技术手段开展会计核算，以及利用上述技术手段将会计核算与其他经营管理活动有机结合的过程。会计信息化不仅包括与会计核算相关的信息化，同时，考虑到企业其他经营管理职能与会计职能可能存在交叉重叠，其他信息系统可能是会计信息系统重要数据来源的情况，也将会计核算与其他经营管理活动结合的情况纳入会计信息化范围。这样定义，有利于企业正确认识会计信息化与其他领域信息化的密切关系，有利于企业财务会计部门适当地参与企业全领域的信息化工作。

总的来看，会计信息化是会计电算化在两个方向上发展的结果：一是在横向上与企业管理信息系统相结合，形成融物流、资金流、信息流和业务流为一体的开放性会计系统；二是在纵向上为满足企业决策层和管理层对信息的需求，由会计核算信息化逐步拓展到财务管理信息化和决策支持信息化，进而形成完整的会计信息化体系。因此会计信息化是会计电算化的高级阶段，是会计观念上的重大突破，它要求人们站在整个企业的新视角来认识信息化工作，体现了会计的全面创新、变革和发展。

3. 会计软件

会计软件是指企业使用的，专门用于会计核算、财务管理的计算机软件、软件系统或者其功能模块。会计软件具有以下功能：

- 为会计核算、财务管理直接采集数据；
- 生成会计凭证、账簿、报表等会计资料；
- 对会计资料进行转换、输出、分析、利用。

二、我国会计信息化的建设目标和主要任务

2009年，财政部发布了《关于全面推进我国会计信息化工作的指导意见》，提出我国推进会计信息化工作的目标是：力争通过5～10年左右的努力，建立健全会计信息化法规体系和会计信息化标准体系(包括可扩展商业报告语言(XBRL)分类标准)，全力打造会计信息化人才队伍，基本实现大型企事业单位会计信息化与经营管理信息化融合，进一步提升企事业单位的管理水平和风险防范能力，做到数出一门、资源共享，便于不同信息使用者获取、分析和利用，进行投资和相关决策；基本实现大型会计师事务所采用信息化手段对客户的财务报告和内部控制进行审计，进一步提升社会审计质量和效率；基本实现政府会计管理和会计监督的信息化，进一步提升会计管理水平和监管效能。通过全面推进会计信息化工作，使我国的会计信息化达到或接近世界先进水平。

根据以上目标，全面推进我国会计信息化工作的主要任务如下。

(1) 推进企事业单位会计信息化建设。一是会计基础工作信息化，会计基础工作涉及企事业单位管理全过程，只有基础工作信息化，才能为企事业单位全面信息化奠定扎实的基础；二是会计准则制度有效实施信息化，通过将相关会计准则制度与信息系统实现有机结合，自动生成财务报告，进一步贯彻执行相关会计准则制度，确保会计信息等相关资料更加真实、完整；三是内部控制流程信息化，根据企事业单位内部控制规范制度要求，将内部控制流程、关键控制点等固化在信息系统中，促进各单位内部控制规范制度的设计与运行更加有效，形成自我评价报告；四是财务报告与内部控制评价报告标准化，各企事业单位在贯彻实施会计准则制度、内部控制规范制度并与全面信息化相结合的过程中，应当考虑XBRL分类标准等要求，以此为基础生成标准化财务报告和内部控制评价报告，满足不同信息使用者的需要。

(2) 推进会计师事务所审计信息化建设。一是财务报告审计和内部控制审计信息化，加强计算机审计系统的研发与完善，实现审计程序和方法等与信息系统的结合，全面提升注册会计师执业质量和审计水平；二是会计师事务所内部管理信息化，通过信息化手段实现会计师事务所内部管理的科学化、精细化，促进注册会计师行业做强做大，全面提升会计师事务所的内部管理水平和执业能力。

(3) 推进会计管理和会计监督信息化建设。一是建立会计人员管理系统，创新会计人员后续教育网络平台，实现对全社会会计人员的动态管理；二是在全国范围内逐步推广无纸化考试，提高会计从业资格管理工作效率和水平；三是推进信息系统在会计专业技术资格考试工作中的应用，完善会计人员专业技术资格考试制度，切实防范考试过程中的舞弊行为；四是完善注册

会计师行业管理系统，建立行业数据库，对注册会计师注册、人员转所、事务所审批、业务报备等实行网络化管理；五是推动会计监管手段、技术和方法的创新，充分利用信息技术提高工作效率，不断提升会计管理和会计监督水平。

(4) 推进会计教育与会计理论研究信息化建设。一是建立会计专业教育系统，实时反映和评价会计专业学历教育情况，掌握会计专业学生的培养状况及社会对会计专业学生的需求，改进教学方法和教学内容，促进会计专业毕业生最大限度地满足社会需求；二是建立会计理论研究信息平台，及时发布和宣传会计研究最新动态，定期统计、推介和评估有价值的会计理论研究成果，促进科研成果转化为生产力，以指导和规范会计理论研究，为会计改革与实践服务。

(5) 推进会计信息化人才建设。一是完善会计审计和相关人员能力框架，在知识结构、能力培养中重视信息技术方面的内容与技能，提高利用信息技术从事会计审计和有关监管工作的能力；二是加强会计审计信息化人才的培养，着力打造熟悉会计审计准则制度、内部控制规范制度和会计信息化三位一体的复合型人才队伍。

(6) 推进统一的会计相关信息平台建设。为了实现数出一门、资源共享的目标，应当构建以企事业单位标准化会计相关信息为基础，便于投资者、社会公众、监管部门及中介机构等有关方面高效分析利用的统一会计相关信息平台。该平台应当涵盖数据收集、传输、验证、存储、查询、分析等模块，具备会计等相关信息查询、分析、检查与评价等多种功能，为会计监管等有关方面预留接口，提供数据支持。在建立统一的会计相关信息平台过程中，应当关注信息安全。

三、企业会计信息化的建设过程

无论企业规模大小、结构及业务复杂程度如何，会计信息化的建设过程都大致相同，如图1-1所示。

制定总体规划　搭建管理平台　组织系统实施　建立管理体系

图 1-1　企业会计信息化的建设过程

1. 制定总体规划

企业会计信息化总体规划是对企业会计信息化所要达到的目标及如何有效地、分步骤地实现这个目标所做的规划。它是企业会计信息化建设的指南，是开展具体工作的依据。

企业会计信息化总体规划应立足本单位实际，主要包括以下内容。

1) 企业会计信息化建设的目标

会计信息化建设的目标应与企业总体战略目标相适应，应指明企业会计信息化建设的基本方向，明确建设的规模和业务处理范围。按时间划分，可以分为近期目标和中长期目标。

2) 企业会计信息化建设的步骤

会计信息化建设的工作步骤是按照建设目标的要求和企业实际情况对会计信息化建设过程的任务分解，主要规定系统的建设分哪几步进行、每一步的阶段目标和任务、各阶段资源配置情况等。按照《企业会计信息化工作规范》指导意见：

(1) 处于会计核算信息化阶段的企业，应当结合自身情况，逐步实现资金管理、资产管理、预算控制、成本管理等财务管理信息化。处于财务管理信息化阶段的企业，应当结合自身情况，逐步实现财务分析、全面预算管理、风险控制、绩效考核等决策支持信息化。

(2) 企业应当促进会计信息系统与业务信息系统的一体化，通过业务的处理直接驱动会计记账，减少人工操作，提高业务数据与会计数据的一致性，实现企业内部信息资源共享。

(3) 企业应当根据实际情况，开展本企业信息系统与银行、供应商、客户等外部单位信息系统的互联，实现外部交易信息的集中自动处理。

(4) 分公司、子公司数量多、分布广的大型企业、企业集团应当探索利用信息技术促进会计工作的集中，逐步建立财务共享服务中心。

3) 企业会计信息化建设的组织

会计信息化建设过程不仅会改变会计工作的操作方式，还会引起会计业务处理流程、岗位设置，甚至是单位整个管理模式的一系列重大变革。企业在系统建设过程中，需要投入大量的时间，组织专门的人员，根据本企业的具体情况建设适应新系统的工作流程、管理制度、组织形式及绩效考核标准等。因此，企业会计信息化建设是一项复杂的系统工程，是一项长期的、艰苦的工作。规划中应明确规定会计信息化建设过程中的管理体制及组织机构，以利于统一领导、专人负责，高效率地完成系统建设的任务。

4) 资金预算

会计信息化建设需要较多的资金投入，因此要对资金统筹安排，合理使用。会计信息化建设过程中的资金耗费主要是由购买商品化软件、系统硬件配置、软件实施与人员培训、咨询费和后期的运行维护费用等构成。

2. 搭建管理平台

企业会计信息化需要借助信息化的管理手段，管理平台包括硬件和软件两大部分。硬件部分包括计算机、服务器等硬件设备和网络设备；软件部分包括系统软件和应用软件。其中应用软件选择是最核心的。按照《企业会计信息化工作规范》指导意见：

(1) 企业配备的会计软件应当符合《企业会计信息化工作规范》中关于会计软件和服务规范中的规定要求。

(2) 企业配备会计软件，应当根据自身技术力量及业务需求，考虑软件功能、安全性、稳定性、响应速度、可扩展性等要求，合理选择购买、定制开发、购买与开发相结合等方式。定制开发包括企业自行开发、委托外部单位开发、企业与外部单位联合开发。

(3) 企业通过委托外部单位开发、购买等方式配备会计软件，应当在有关合同中约定操作培训、软件升级、故障解决等服务事项，以及软件供应商对企业信息安全的责任。

按照不同的分类方法，会计信息化软件可以分为不同的类型。按软件适用范围可分为通用会计软件和定点开发会计软件；按软件来源可分为国内软件和国外软件；按软件网络技术架构分为基于C/S(即客户端/服务器)架构的软件和基于B/S(即浏览器/服务器)架构的软件。

目前，市场上常见的软件有：SAP、Oracle、用友、金蝶、新中大、浪潮、神州数码等。不同软件公司规模不同，发展历史及背景不同，所提供的产品及服务也必然存在差异。

3. 组织系统实施

由于管理软件功能强大，模块齐全，几乎涉及企业的各个部门和所有的功能节点。系统参数多且设置灵活，业务流程控制复杂；系统内不仅要实现数据共享，还要对数据一致性与安全性进行严格控制，整个系统内的数据关联关系复杂；对应用人员的素质和协作能力要求高；通用软件系统的功能要与企业具体的管理需求相对接，是一项非常专业的工作。

从企业购置软件到软件能正常运转起来，期间需要大量的工作要做。实施就是在企业信息化建设过程中，由相关人员组成特定项目组，通过企业调研—业务分析—流程梳理—数据准备人员培训—系统配置与测试—试运行—方案调整等一系列工作，将通用管理软件与企业具体业务及管理需求相对接，完成管理软件的客户化工作，帮助企业实现科学管理，降低成本，提高效率。在双方组成的实施团队中，实施顾问的作用是指导、辅导和培训，实施的主体是企业自身的财务及业务人员。实施过程也是知识转移的过程。

大型企业、企业集团组织信息化实施工作时，应当注重整体规划，统一技术标准、编码规则和系统参数，实现各系统的有机整合，消除信息孤岛。

4. 建立管理体系

任何形式的管理软件，都只是企业管理提升的一种工具，经过艰难的项目实施实现系统上线只是第一步，要充分发挥信息系统的效益，还有大量的日常运行与管理工作要做。首先就是要建立一系列与之相适配的管理制度，包括会计信息化环境下的组织与岗位职责、系统运行维护管理制度、软硬件管理制度、会计档案管理制度及各种内部控制。

四、了解会计信息化实训平台

本书选择了用友U8 V10.1(以下简称用友U8)管理软件作为会计信息化实训平台。

1. 功能结构

用友U8是企业级解决方案，运行于局域网环境，定位于中国企业管理软件的中端应用市场，可以满足不同的竞争环境下，不同的制造、商务模式下，以及不同的运营模式下的企业经营，以全面会计核算和企业级财务管理为基础，实现购销存业务处理、会计核算和财务监控的一体化管理，提供从企业日常运营、人力资源管理到办公事务处理等全方位的企业管理解决方案。

用友U8管理软件的总体结构如图1-2所示。

财务管理 (FM)	供应链 管理 (SCM)	生产制造 (PM)	客户关系 管理 (CRM)	人力资源 (HR)	决策支持 (DSS)	集团应用 (GA)	零售管理 (RM)	分销管理 (DM)	系统管理集 成应用
成本管理	GSP管理	设备管理	客户调查	绩效管理	管理驾驶舱	专家分析	零售收款	通路管理	零售接口
资金管理	质量管理	工程变更	统计分析	宿舍管理	专家财务 评估	行业报表	零售开单	供应商 自助	PDM接口
项目管理	出口管理	车间管理	市场管理	培训管理		合并报表	日结管理	客户商务端	企业门户
预算管理	库存管理	生产订单	费用管理	人事合同		结算中心	店存管理	综合管理	金税接口
网上银行	委外管理	需求规划	活动管理	保险福利		集团账务	价格管理	业务记账	Web应用
UFO报表	采购管理	产能管理	商机管理	经理查询		集团预算	折扣管理	分销业务	EAI平台
网上报销	销售管理	主生产计划	客户管理	考勤管理			VIP管理		系统管理
固定资产	合同管理	物料清单		薪资管理			门店业务 管理		
存货核算	售前分析			招聘管理			数据交换		
应付管理				人事信息					
应收管理									
总账管理									

图1-2　用友 U8 管理软件的总体结构

从图1-2可以看出，用友U8管理软件提供了企业信息化全面解决方案，它对应了高等教育的多个专业方向，如企业管理、物流管理、信息管理、会计、人力资源管理等。对于教学而言，如果全面展开上述所有内容无疑面临着资源瓶颈——教学学时。因此在综合考虑教学对象、教学内容、教学学时的基础上，我们选择了其中的财务管理和供应链管理两部分中的常用模块搭建了本书的实训体系，以支撑企业财务业务的一体化管理。财务管理中选择了总账管理、UFO报表、固定资产、应收管理、应付管理、存货核算等主要模块，供应链管理中选择了采购管理、销售管理、库存管理等主要模块。另外，还包括人力资源管理中的薪资管理。

2. U8 系统安装要点

用友U8属于应用软件范畴，需要按要求配置硬件环境，并安装必要的系统软件。

1) 硬件环境

目前主流的硬件配置都可以满足安装用友U8的硬件需求，不再特别说明。

2) 系统软件

系统软件包括操作系统和数据库。

用友U8支持主流的操作系统，详见教学资料中的安装说明。

用友U8的运行需要数据库管理系统作为支撑，因此安装用友U8之前需要安装SQL Server，支持SQL Server多个版本，如SQL Server 2000、SQL Server 2005、SQL Server 2008、SQL Server 2012。

3) 安装

安装前注意如下事项。

❍　检查计算机名称。计算机名称中不能带"-"字符，不能为中文。

❍　检查杀毒软件是否运行。安装前关闭杀毒软件，否则有些文件无法写入。

❍　安装IIS。若系统中未安装IIS(Internet 信息服务)，需要安装IIS。

用友U8的安装涉及服务器和客户端，在学校实训中，大多数采取单机安装模式，即把服务器和客户端安装在一台机器上；在企业应用中，服务器和客户端功用不同，需要分别安装。

实 务 训 练

一、熟悉实训环境

1. 查看计算机名称

① 右击"我的电脑"，从快捷菜单中选择"属性"，打开"系统属性"对话框。

② 单击"计算机名"选项卡，可以查看到本机完整的计算机名称。

2. 查看 U8 数据服务器

① 执行"开始"|"所有程序"|"用友U8 V10.1"|"系统服务"|"应用服务器配置"命令，打开"U8应用服务器配置工具"对话框，如图1-3所示。

图 1-3 U8 应用服务器配置工具

② 双击【数据库服务器】按钮，打开"数据源配置"对话框，如图1-4所示。

图 1-4 数据源配置

③ 默认数据源为(default)，目前数据服务器为PEIXUN。可以新建数据源或修改现有数据源。

二、了解主流软件

登录用友网络和SAP官网，查看国内和国际最具知名的两家管理软件公司的产品体系。

▌ 应 用 拓 展 ▌

查看教学资源中全国大学生会计信息化技能竞赛赛题及竞赛规程等，了解会计信息化竞赛对会计从业人员的能力要求。

第二章 企业建账

理论认知

一、何为企业建账

用友U8安装完成之后，只是在计算机中安装了一套可以用来管理企业业务的程序，其中没有任何数据。无论企业原来是用手工记账，还是使用其他软件进行财务核算，都需要把既有的数据建立或转移到新系统中。

在用友U8系统中建立企业的基本信息、核算方法、编码规则等，称之为建账。其本质是在数据库管理系统中为企业创建一个新的数据库，用于存储和管理企业的各种业务数据。

二、谁负责企业建账

对中小企业来说，企业信息化后，需设置专人或专岗负责以下工作。

(1) 按照企业的岗位分工要求在U8中设置系统操作员，并分配其对应权限。

(2) 按已确定的企业核算特点及管理要求进行企业建账。

(3) 随时监控系统运行过程中出现的问题，清除异常任务，排除运行故障。

(4) 保障网络系统的安全，预防计算机病毒侵犯。

(5) 定期进行数据备份，保障数据安全、完整。

这个岗位我们称之为系统管理员。有条件的企业可设置专人担任系统管理员，条件不具备的企业可由现有岗位人员兼任此岗位。

系统管理员工作性质偏技术，不能参与企业实际业务处理工作。

三、在哪里进行企业建账

在用友U8中有一个特殊的模块——系统管理。如同盖高楼大厦预先要打地基一样，系统管理用于对整个U8系统的公共任务进行统一管理，U8其他任何模块的独立运行都必须以此为基础。

系统管理模块安装在企业的数据服务器上，其具体功能包括以下几个方面。

1. 账套管理

账套是一组相互关联的数据。每一个独立核算的企业都有一套完整的账簿体系，把这样一套完整的账簿体系建立在计算机系统中就是一个账套。每一个企业也可以为其每一个独立核算的下级单位建立一个核算账套。换句话讲，在用友U8中，可以为多个企业(或企业内多个独立核算的部门)分别立账，且各账套数据之间相互独立、互不影响，从而使资源得到充分的利用，系统最多允许建立999个企业账套。

账套管理功能一般包括建立账套、修改账套、删除账套、引入/输出账套等。

2. 账套库管理

账套库和账套是两个不同的概念。账套是账套库的上一级，账套是由一个或多个账套库组成的。一个账套对应一个经营实体或核算单位，账套中的某个账套库对应这个经营实体的某年度区间内的业务数据。爱家家具建立"100爱家家具账套"并于2018年启用，然后在2019年年初建2019年的账套库，则"100爱家家具"账套中有两个账套库，即"100爱家家具2018年"和"100爱家家具2019年"；如果连续使用也可以不建新库，直接录入2019年数据，则"100爱家家具"账套中就只有一个账套库，即"100爱家家具2018—2019年"。

设置账套和账套库两层结构方式的好处是：第一，便于企业的管理，如进行账套的上报、跨年度区间的数据管理结构调整等；第二，方便数据备份的输出和引入；第三，减少数据的负担，提高应用效率。

账套库管理包括：账套库的建立、引入、输出，账套库初始化，清空账套库数据。

3. 权限管理

为保证系统及数据的安全，系统管理提供了权限管理功能。通过限定用户的权限，一方面可以避免与业务无关人员进入系统，另一方面也可以对U8系统所包含的各个模块的操作进行协调，以保证各负其责，流程顺畅。

用户及权限管理包括设置角色、用户及为用户分配功能权限。

4. 系统安全管理

对企业来说，系统运行、数据存储安全是非常重要的，U8系统管理中提供了三种安全保障机制：第一，在系统管理界面，可以监控整个系统运行情况，随时清除系统运行过程中的异常任务和单据锁定；第二，系统提供了人工备份和自动备份两种备份方式，可以设置备份计划让系统自动进行数据备份，也可以在账套管理和账套库管理中随时进行人工备份；第三，可以管理上机日志。上机日志对系统所有操作都进行了详细记录，为快速定位问题原因提供了线索。

四、如何进行企业建账

为了引导大家快速掌握企业建账的工作流程，我们把企业建账过程总结为五部曲，如图2-1所示。

五、企业信息化原型案例

1. 基本信息

河北爱家家具有限公司(以下简称爱家家具)是一家集设计研发、生产制造、销售服务于一体的现代化办公家具制造企业。公司主营办公桌、办公椅、文件柜，在业内具有一定知名度，产品畅销国内外。公司为一般纳税人，法人代表为张韶明。

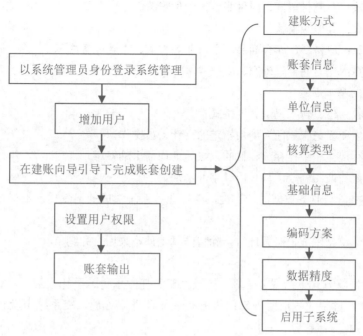

图 2-1　企业建账的工作流程

2019年3月爱家家具选购了用友U8 V10.1的总账、UFO报表、薪资管理、固定资产、应收款管理和应付款管理6个子系统，并拟定于2019年4月开始启用用友U8系统，初步实现企业财务核算工作的信息化。

2. 组织结构及岗位分工

爱家家具董事会下设总经理办公室、财务部、人力资源部、采购部、仓储部、销售部和生产部。现行岗位分工及工作职责如表2-1所示。

表2-1　现行岗位分工及工作职责

编码	姓名	隶属部门	职务	主要工作职责
A01	张韶明	总经理办公室	总经理	分管财务工作
W01	高秀文	财务部	财务经理	主管财务部工作
W02	刘畅	财务部	会计	总账 薪资核算 固定资产核算 应收款管理、应付款管理
W03	王菲	财务部	出纳	对涉及收付款的凭证审核确认 往来收付款单据填制、对外收付款管理

企业会计核算的基本要求如下。

1) 科目设置及辅助核算要求

❍ 企业目前的会计核算设三级明细科目。

❍ 日记账：库存现金、银行存款。

❍ 客户核算：应收票据、应收账款、预收账款。

- 供应商核算：应付票据、应付账款、预付账款。
- 个人核算：其他应收款。
- 数量核算：原材料、库存商品、主营业务收入、主营业务成本。
- 项目核算：交易性金融资产、生产成本。

2) 会计凭证的基本规定

- 采用"收、付、转"记账凭证格式。
- 录入或生成"记账凭证"均由指定的会计人员操作。
- 含有库存现金和银行存款科目的记账凭证均需出纳签字。
- 对已记账凭证的修改，只采用红字冲销法。
- 为保证财务与业务数据的一致性，能在业务系统生成的记账凭证不得在总账系统直接录入。
- 根据原始单据生成记账凭证时，除特殊规定外不采用合并制单。

3) 结算方式

公司采用的结算方式包括现金结算、支票结算、托收承付、委托收款、银行汇票、商业汇票、电汇等。收、付款业务由财务部门根据有关凭证进行处理，在系统中没有对应结算方式的，其结算方式为"其他"。

4) 外币业务处理

爱家家具采用固定汇率方式核算外币业务，期末计算汇兑损益。

5) 薪酬业务的处理

- 由公司承担并缴纳的养老保险、医疗保险、失业保险、工伤保险、生育保险、住房公积金分别按20%、10%、1%、1%、0.8%、12%的比例计算；职工个人承担的养老保险、医疗保险、失业保险、住房公积金分别按8%、2%、0.2%、12%的比例计算。
- 按工资总额的2%计提工会经费，按工资总额的2.5%计提职工教育经费，职工福利费按实际发生数列支，不按比例计提。
- 各类社会保险金当月计提，当月缴纳。
- 按照国家有关规定，公司代扣代缴个人所得税，其费用扣除标准为5000元，附加费用为1300元。
- 工资分摊时若科目相同且辅助项相同则合并制单。

6) 固定资产业务的处理

- 公司固定资产包括房屋及建筑物、运输工具、办公设备，均为在用状态。
- 采用年数总和法按月计提折旧。

7) 存货业务的处理

- 存货按照实际成本核算，采用永续盘存制。
- 发出存货成本采用"移动加权平均法"进行核算。

8) 税费的处理

- 公司为增值税一般纳税人，增值税税率为16%，按月缴纳。
- 按当期应交增值税的7%计算城市维护建设税、3%计算教育费附加和2%计算地方教育费附加。

○ 企业所得税计税依据为应纳税所得额，税率为25%，按月预计，按季预缴，全年汇算清缴。

9) 财产清查的处理

公司每年年末对存货及固定资产进行清查，根据盘点结果编制"盘点表"，并与账面数据进行比较，由库存管理员审核后进行处理。

10) 坏账损失的处理

除应收账款外，其他的应收款项不计提坏账准备。每年年末，按应收账款余额百分比法计提坏账准备，提取比例为0.5%(月末视同年末)。

11) 利润分配

根据公司章程，公司税后利润按以下顺序及规定分配：弥补亏损、按10%提取法定盈余公积、按30%向投资者分配利润。

12) 损益类账户的结转

每月末将各损益类账户余额转入本年利润账户，结转时按收入和支出分别生成记账凭证。

实务训练

一、登录系统管理

【实训要求】

以系统管理员身份登录系统管理。 （视频：sy0201）

【实训指导】

① 执行"开始"|"程序"|"用友U8 V10.1"|"系统服务"|"系统管理"命令，进入"用友U8[系统管理]"窗口。

② 执行"系统"|"注册"命令，打开"登录"对话框。

③ 在"登录到"文本框中，给定U8应用服务器的名称或IP地址。

④ 在"操作员"文本框中显示用友U8默认的系统管理员为admin，系统默认管理员密码为空，如图2-2所示。

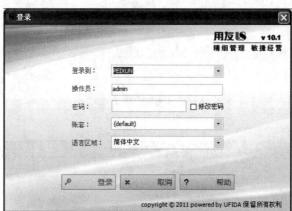

图2-2 以系统管理员身份登录系统管理

❖ **提示：**

  用友U8默认的系统管理员为admin，不区分大小写字母；初始密码为空，可以修改。例如，设置系统管理员密码为"u8star"的方法是：在"登录"对话框中，选中"修改密码"复选框，单击【登录】按钮，打开"设置操作员密码"对话框，在"新密码"和"确认新密码"后面的文本框中均输入"u8star"，最后单击【确定】按钮返回系统管理。

  ⑤ 登录账套默认为(default)，单击【登录】按钮，以系统管理员身份进入系统管理，系统管理界面最下行的状态栏中显示当前操作员为admin，如图2-3所示。

❖ **提示：**

  系统管理界面中显示为黑色的菜单项即为系统管理员在系统管理中可以执行的操作。请归纳一下，系统管理员在系统管理中拥有哪些权限？

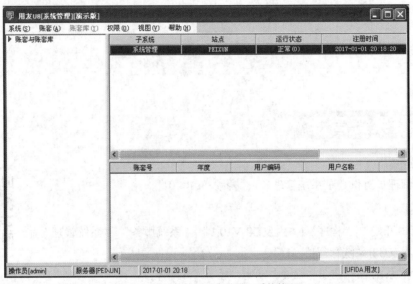

图 2-3　以系统管理员身份进入系统管理

二、增加用户

【实训要求】

以系统管理员身份增加用户。　（视频：sy0202）

【实训指导】

按照用友U8的要求，整理爱家家具用户信息如表2-2所示。

表2-2　用户信息

编号	姓名	口令	所属部门	所属角色
A01	张韶明	空	总经理办公室	账套主管
W01	高秀文	空	财务部	无
W02	刘畅	空	财务部	无
W03	王菲	空	财务部	无

① 以系统管理员身份注册进入系统管理，执行"权限"|"用户"命令，进入"用户管理"窗口。

❖ 提示：

只有系统管理员才有权限增加角色和用户。用户管理窗口中已存在的四位用户是U8系统预置的。管理员用户admin不可删除。

② 单击【增加】按钮，打开"操作员详细情况"对话框。在该对话框中，蓝色字体标注的项目为必输项，其余项目为可选项。这一规则适用于U8所有界面。

③ 按表2-2中的资料输入操作员信息。如输入账套主管A01张韶明的相关信息，如图2-4所示。

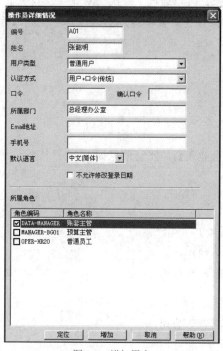

图 2-4　增加用户

○ 编号：用户编号在U8系统中必须唯一，即使是不同的账套，用户编号也不能重复。本例输入A01。

○ 姓名：准确输入该用户的中文全称。用户登录U8进行业务操作时，此处的姓名将会显示在业务单据上，以明确经济责任。本例输入"张韶明"。

○ 用户类型：有普通用户和管理员用户两种。普通用户指登录系统进行各种业务操作的人；管理员用户的性质与admin相同，他们只能登录系统管理进行操作，不能接触企业业务。本例选择"普通用户"。

○ 认证方式：提供用户+口令(传统)、动态密码、CA认证、域身份验证四种认证方式。用户+口令(传统)是U8默认的用户身份认证方式，即通过系统管理中的用户管理来设置用户的安全信息。本例采取系统默认。

○ 口令：设置操作员口令时，为保密起见，输入的口令字在屏幕上以"*"号显示。本例不设置口令。

○ 所属角色：系统预置了账套主管、预算主管、普通员工三种角色。可以执行"权限"|"角色"增加新的角色。本例选择所属角色为"账套主管"。

每增加一个用户完成后，单击【增加】按钮增加下一位用户，全部完成后，单击【取消】按钮返回。

❖ 提示：

◇ 如果在增加用户时指定用户的所属角色，并且该角色事先已被赋予权限，那么角色权限会自动传递给用户。

◇ 如果定义了用户所属角色，则不能删除该用户，必须先取消用户角色才能删除。

◇ 所设置的用户一旦被引用，便不能被删除。

◇ 如果操作员调离企业，可以通过"修改"功能"注销当前用户"。

◇ 为方便教学，所有操作员的密码均为空。在企业实际工作中，必须为操作员设置密码以明确经济责任。

三、账套建立

【实训要求】

以系统管理员身份建立企业账套。账套信息如下。 （视频：sy0203）

1. 账套信息

账套号：100；

账套名称：爱家家具；

账套路径：采用系统默认路径；

启用会计期：2019年4月。

2. 单位信息

单位名称：河北爱家家具有限公司；

单位简称：爱家家具；

单位地址：河北省三河市瑶海区友谊路128号；

法人代表：张韶明；

税号：911310227575666111。

3. 核算类型

本币代码：RMB；

本币名称：人民币；

企业类型：工业；

行业性质：2007年新会计制度科目；

账套主管：张韶明。

4. 基础信息

对存货和客户进行分类，供应商不分类，有外币核算。

5. 分类编码方案

科目编码级次：4-2-2-2；

客户编码级次：2-2；

存货分类编码级次：2-2-3；

其他保持系统默认设置。

6. 数据精度

存货数量小数位数、存货体积、重量、单价小数位数、开票单价小数位数、件数小数位数、换算率小数位数、税率小数位数均为2。

7. 系统启用

启用总账、应收款管理、应付款管理、固定资产、薪资管理系统。启用日期为2019年4月1日。

【实训指导】

以系统管理员的身份登录系统管理，执行"账套"|"建立"命令，打开"创建账套—建账方式"对话框。选中"新建空白账套"选项，单击【下一步】按钮，进行账套信息设置。

> ❖ 提示：
>
> 系统提供"新建空白账套"和"参照已有账套"两种建账方式。如果企业是第一次使用U8，可以选择"新建空白账套"方式建账。如果企业已经在用U8，但由于扩展分支机构等原因，需要建立一个与已有账套相似的账套，包含相同的基础档案和初始数据，可以选择"参照已有账套"方式建账。

1. 设置账套信息

① 已存账套：系统将已存在的账套以下拉列表框的形式显示，用户只能查看，不能输入或修改，目的是避免重复建账。

② 账套号：账套号是该企业账套的唯一标识，必须输入，且不得与机内已经存在的账套号重复。可以输入001～999之间的3个字符。本例输入账套号100。

③ 账套名称：账套名称可以输入核算单位的简称，必须输入，进入系统后它将显示在正在运行的软件界面上。本例输入"爱家家具"。

④ 账套语言：系统默认选中"简体中文"选项。从系统提供的选项中可以看出，U8还支持繁体中文和英文作为账套语言，但简体中文为必选。

⑤ 账套路径：用来确定新建账套将要被放置的位置，系统默认的路径为"C:\U8SOFT\Admin"，用户可以人工更改，也可以单击【⋯】按钮进行参照选择输入。

⑥ 启用会计期：指开始使用U8系统进行业务处理的初始日期，必须输入。系统默认为计算机的系统日期，更改为"2019年4月"。系统自动将自然月份作为会计核算期间。

⑦ 是否集团账套：不选择。

⑧ 建立专家财务评估数据库：不选择。

输入完成后，如图2-5所示。单击【下一步】按钮，打开"创建账套—单位信息"对话框。

图 2-5 创建账套—账套信息

2. 设置单位信息

① 单位名称：必须输入企业的全称。企业全称在正式发票中使用，其余情况全部使用企业简称。本例输入"河北爱家家具有限公司"。

② 单位简称：用户单位的简称，最好输入。本例输入"爱家家具"。

其他栏目都属于任选项，参照所给资料输入即可。

输入完成后，如图2-6所示。单击【下一步】按钮，打开"账套信息—核算类型"对话框。

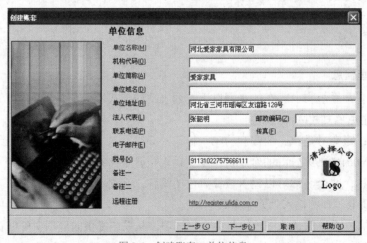

图 2-6 创建账套—单位信息

3. 设置核算类型

① 本币代码：必须输入。本例采用系统默认值"RMB"。

② 本币名称：必须输入。本例采用系统默认值"人民币"。

③ 企业类型：系统提供了工业、商业、医药流通三种类型。如果选择"工业"，则系统不能处理受托代销业务；如果选择"商业"，则系统不能处理产成品入库、材料领用出库业务。本例采用系统默认"工业"。

④ 行业性质：用户必须从下拉列表框中选择输入，系统将按照所选择的行业性质预置科目。本例采用系统默认"2007年新会计制度科目"。

⑤ 账套主管：从下拉列表框中选择输入"[A01] 张韶明"。

⑥ 按行业性质预置科目：如果希望系统预置所属行业的标准一级科目，则选中该复选框。本例选择"按行业性质预置科目"。

输入完成后，如图2-7所示。单击【下一步】按钮，打开"创建账套—基础信息"对话框。

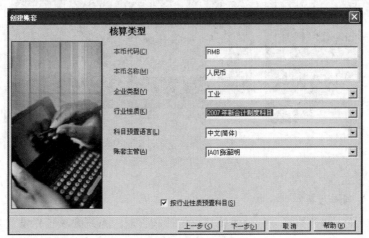

图 2-7　创建账套—核算类型

4. 设置基础信息

如果单位的存货、客户、供应商相对较多，可以对它们进行分类核算。如果此时不能确定是否进行分类核算，也可以在建账完成后由账套主管通过修改账套功能重新设置。

按照本例要求，选中"存货是否分类""客户是否分类""有无外币核算"三个复选框，如图2-8所示。单击【下一步】按钮，打开"创建账套—开始"对话框。

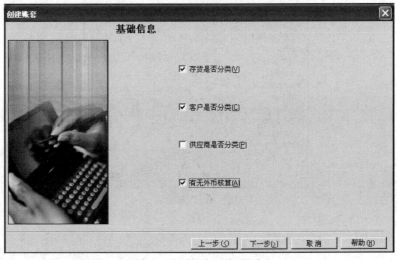

图 2-8　创建账套—基础信息

5. 准备建账

单击【完成】按钮，弹出系统提示"可以创建账套了吗？"，如图2-9所示。单击【是】按钮，系统依次进行初始化环境、创建新账套库、更新账套库、配置账套信息等工作，所以需要一段时间才能完成，需要耐心等待。完成以上工作后，打开"编码方案"对话框。

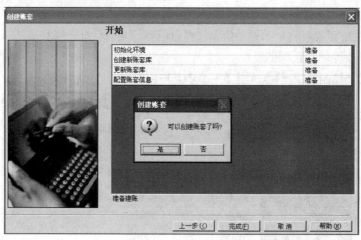

图2-9　创建账套—开始

6. 设置分类编码方案

为了便于对经济业务数据进行分级核算、统计和管理，系统要求预先设置某些基础档案的编码规则，即规定各种编码的级次及各级的长度。

按资料所给内容修改系统默认值，如图2-10所示，单击【确定】按钮，再单击【取消】按钮，打开"数据精度"对话框。

项目	最大级数	最大长度	单级最大长度	第1级	第2级	第3级	第4级	第5级	第6级	第7级	第8级	第9级
科目编码级次	13	40	9		2	2	2					
客户分类编码级次	5	12	9	2	2							
存货分类编码级次	8	12	9	2	2	3						
部门编码级次	9	12	9	1	2							
地区分类编码级次	5	12	9	2	3	4						
费用项目分类	5	12	9	1	2							
结算方式编码级次	2	3	3	1	2							
货位编码级次	8	20	9	2	3	4						
收发类别编码级次	3	5	5	1	1	1						
项目设备	8	30	9	2	2							
责任中心分类档案	5	30	9	2	2							
项目要素分类档案	6	30	9	2	2							
客户权限组级次	5	12	9	2	3	4						
供应商权限组级次	5	12	9	2	3	4						

图 2-10　编码方案

❖ 提示：

科目编码级次中第1级科目编码长度根据建账时所选行业性质自动确定，此处显示为灰色，不能修改，只能设定第1级之后的科目编码长度。

删除编码级次时从末级向前逐级删除。

7. 设置数据精度

数据精度涉及核算精度问题。涉及购销存业务环节时，会输入一些原始单据，如发票、出入库单等，需要填写数量及单价，数据精度定义是确定有关数量及单价的小数位数的。本例采用系统默认。单击【确定】按钮，系统显示"正在更新单据模板，请稍等"信息提示。

8. 完成建账

完成单据模板更新后，系统弹出建账成功信息提示，如图2-11所示。单击【是】按钮，打开"系统启用"对话框，进行系统启用设置。

图 2-11 建账成功信息提示

9. 系统启用

选中"GL总账"前的复选框，打开"日历"对话框。选择总账启用日期为"2019-04-01"，单击【确定】按钮，系统弹出"确实要启用当前系统吗？"信息提示框，单击【是】按钮完成总账系统启用，启用人一栏显示为admin。同理，启用应收款管理、应付款管理、固定资产、薪资管理系统，启用日期均为"2019-04-01"，如图2-12所示。完成后单击【退出】按钮，系统弹出"请进入企业应用平台进行业务操作！"信息提示框，单击【确定】按钮返回。

图 2-12 系统启用

❖ 提示：

◇ 建账完成后，编码方案、数据精度、系统启用项目可以由账套主管在"企业应用平台"|"基础设置"|"基本信息"中进行修改。

◇ 系统启用有两种方法，一种是系统管理员在建账时直接启用，另一种是账套主管在企业应用平台的基本信息中启用。

◇ 各系统启用日期必须晚于账套的启用时间，在启用时，一定不要弄错要求启用的时间，否则系统一旦使用，启用日期无法修改。

◇ 账套信息录入后，其中一些重要项目是不允许修改的，如系统启用日期、作为内部标识的账套编码或账套名称等。

四、设置用户权限

【实训要求】

由系统管理员为用户设置权限。

根据企业现有岗位分工和U8系统要求，整理用户权限及分工如表2-3所示。

表2-3 用户权限及分工

编码	姓名	操作分工
A01	张韶明	账套主管
W01	高秀文	账套主管
W02	刘畅	基本信息—公用目录设置 财务会计—总账—凭证—凭证处理、查询凭证、记账；总账—账表；总账—期末 财务会计—固定资产 财务会计—应收款管理中不含收款单据填制、选择收款及票据管理的所有功能 财务会计—应付款管理中不含付款单据填制、选择付款及票据管理的所有功能 人力资源—薪资管理
W03	王菲	财务会计—总账—凭证—出纳签字、总账—出纳 财务会计—应付款和应收款管理中收付款单填制、选择收付款、票据管理

【实训指导】

1. 指定"W01 高秀文"为"100 爱家家具"账套的账套主管 （视频：sy020401）

可以在三个环节中确定用户的账套主管身份。第一，在增加用户环节，指定用户所属角色为"账套主管"；第二，在建立账套环节指定某用户为该账套主管；第三，在权限设置环节，如下所述。只有系统管理员能够指定账套主管。

① 以系统管理员身份注册进入系统管理，执行"权限"|"权限"命令，打开"操作员权限"窗口。

② 从窗口右上角账套列表下拉框中选择"[100]爱家家具"。

③ 在操作员列表中选择"W01高秀文"，选中"账套主管"复选框，系统弹出提示"设置普通用户：[W01]账套主管权限吗？"，如图2-13所示。

④ 单击【是】按钮，确定，用户W01高秀文拥有账套主管权限。

❖ **提示：**

一个账套可以设定多个账套主管。账套主管用户自动拥有该账套的所有操作权限。

2. 为 W02 刘畅赋权 （视频：sy020402）

① 在操作员权限窗口中，选择"[100]爱家家具"账套，再从操作员列表中选择"W02刘畅"，单击【修改】按钮。

② 选中"基本信息"前的"+"图标，选中"公用目录设置"复选框；同理展开"财务会计"，选中"总账"—"凭证"中的"凭证处理""查询凭证""记账"复选框，以及"账表""期末"复选框，如图2-14所示。

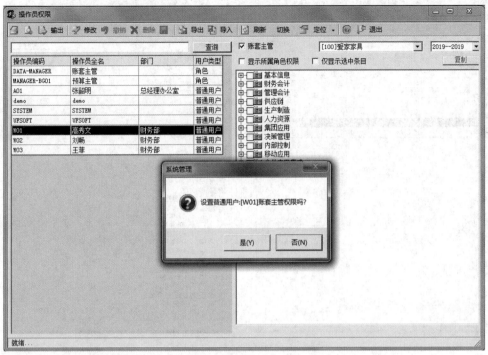

图 2-13 指定用户 W01 为账套主管

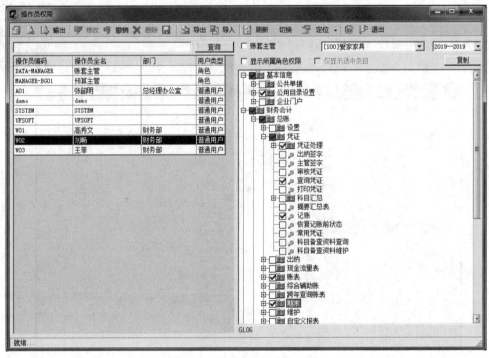

图 2-14 为 W02 刘畅赋权—总账

③ 选中"应收款管理"复选框，单击"日常处理"前的"+"图标，取消选中"收款单据处理""选择收款"和"票据管理"复选框，再重新选中"收款单据处理"下的"卡片查询""列表查询""收款单审核""收款单弃审"复选框，如图2-15所示。

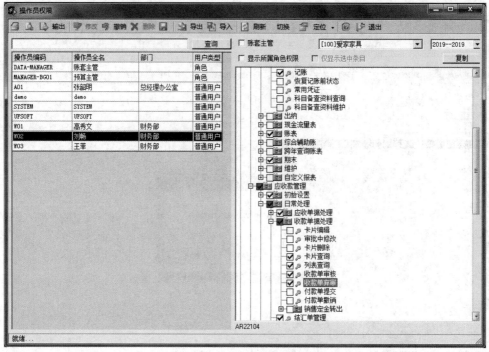

图 2-15 为 W02 刘畅赋权—应收款

④ 同理，设置应付款管理权限及固定资产、薪资管理。

⑤ 单击【保存】按钮。

3. 为 W03 王菲赋权 （视频：sy020403）

请学生自行练习为W03王菲赋权，如图2-16～图2-18所示。

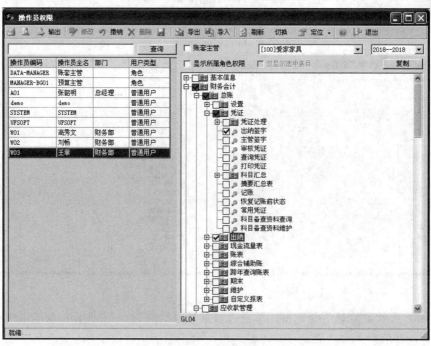

图 2-16 为 W03 王菲赋权—总账

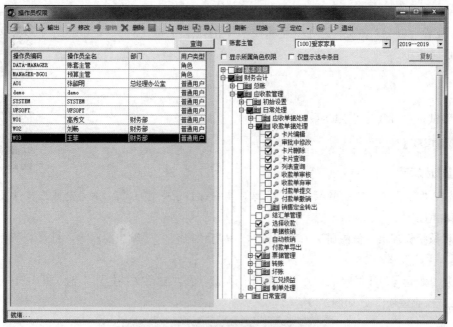

图 2-17 为 W03 王菲赋权—应收款管理

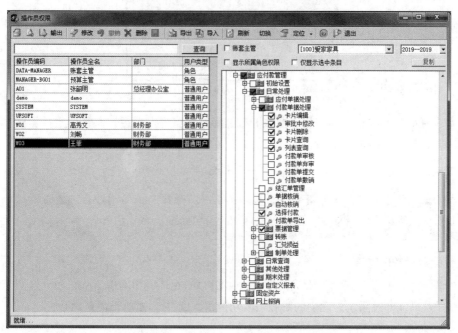

图 2-18 为 W03 王菲赋权—应付款管理

五、备份/恢复账套

【实训要求】

(1) 将账套备份到"D:\爱家家具\2-1企业建账"文件夹中。 〔视频：sy020501〕

（2）查看"D:\爱家家具\2-1企业建账"中的账套备份文件。 （视频：sy020502）

（3）尝试将备份账套引入U8系统。 （视频：sy020503）

【实训指导】

1. 备份账套

首先在"D:\"中建立"爱家家具"目录，再在该目录中建立"2-1企业建账"文件夹，用于存放账套输出结果。

① 以系统管理员身份注册进入系统管理，执行"账套"|"输出"命令，打开"账套输出"对话框。

② 从"账套号"下拉列表中选择要输出的账套，在"输出文件位置"输入框中选择"D:\爱家家具\2-1企业建账\"，如图2-19所示。

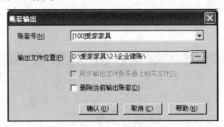

图 2-19 账套输出

③ 单击【确认】按钮，系统将企业账套数据库进行整理，稍后，系统弹出提示框"输出成功！"，单击【确定】按钮。

❖ **提示：**

输出账套之前，最好关闭所有系统模块。如果将"删除当前输出账套"复选框选中，系统会先输出账套，然后进行删除确认提示，最后删除当前账套。

2. 查看账套备份文件

账套输出之后在指定路径下形成两个文件：UFDATA.BAK和UfErpAct.Lst。这两个文件不能直接打开，只能通过系统管理中的账套引入功能引入U8中，才能正常查询。

3. 引入账套

账套引入的工作必须由系统管理员在系统管理中的"账套"|"引入"功能中完成。

① 由系统管理员登录系统管理，执行"账套"|"引入"命令，打开"请选择账套备份文件"对话框。

② 选择账套备份文件所在位置，本例假设为"D:\爱家家具\2-1企业建账\UfErpAct.Lst"文件。

③ 单击【确定】按钮，系统弹出"请选择账套引入的目录……"信息提示框。

④ 单击【确定】按钮，打开"请选择账套引入的目录"对话框，单击【确定】按钮，弹出系统提示"此操作将覆盖[100]账套当前的信息，继续吗？"信息提示框。

⑤ 单击【是】按钮，系统自动进行引入账套的工作。

⑥ 完成后，弹出系统提示"账套[100]引入成功！……"，单击【确定】按钮返回。

❖ 提示：

◇ 如果引入账套时系统中不存在100账套，则系统不会出现是否覆盖信息提示，直接进行账套引入。

◇ 如果在系统提示框中单击【否】按钮，则返回系统管理，不做账套引入。

‖ 应 用 拓 展 ‖

1. 修改账套

岗位角色：账套主管。

操作路径：系统管理—账套—修改。

重点提示：账套号、账套路径、启用会计期、本位币等几项关键信息不能修改。

2. 设置自动备份计划

岗位角色：系统管理员。

操作路径：系统管理—系统—设置备份计划—增加。

重点提示：

(1) 账套主管也可以设置备份计划，但备份类型只能选择"账套库备份"。

(2) 设置"周备份"计划时，系统允许选择的天数为"1～7"之间的数字(1代表星期日，依次类推)，如图2-20所示。

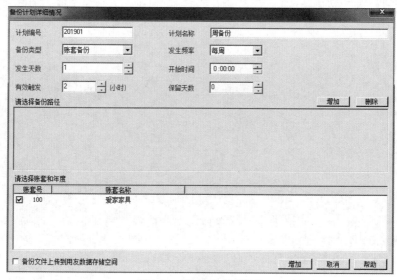

图2-20　设置自动备份计划

第三章 基础设置

理论认知

一、何为基础设置

建账完成后只是在数据库管理系统中为爱家家具建立了一个新的数据库，用来存放企业即将录入的各种业务数据。当经济业务发生时，企业要进行正确的记录和计量，此时首先保证要使用的子系统已经启用，因为只有启用的子系统才可以登录。其次进行业务记录要用到很多基础信息，如收款要涉及客户、报销要涉及部门和人员、录入凭证要用到凭证类型和会计科目等。因此，必须要事先将这些公共的基础信息建立到企业账套中，才能开始日常业务处理。

二、在哪里进行基础设置

用友U8中有一个企业应用平台。顾名思义，企业应用平台就是用友U8管理软件的集成应用平台，是用户、合作伙伴访问U8系统的唯一入口。

按照不同用途，企业应用划分了三个功能组：系统服务、基础设置和业务工作。

1. 系统服务

系统服务主要是为系统安全正常运行而设，主要包括系统管理、服务器配置、工具和权限。

用友U8管理软件中，提供了三种不同性质的权限管理：功能权限、数据权限和金额权限。功能权限在系统管理中进行设置，主要规定了每个操作员对各模块及细分功能的操作权限。数据权限是针对业务对象进行的控制，可以选择对特定业务对象的某些项目和某些记录进行查询和录入的权限控制。金额权限的主要作用体现在两个方面：一是设置用户在填制凭证时对特定科目允许输入的金额范围；二是设置在填制采购订单时允许输入的采购金额范围。

2. 基础设置

基础设置主要是设置U8各模块公用的基本信息、基础档案、单据设置等。

1) 基本信息

在基本信息中可以对企业建账过程中设定的会计期间、编码方案和数据精度进行修改，还可以进行U8子系统启用设置。

系统启用是指设定在用友U8管理软件中各个子系统开始使用的日期。只有设置为启用的子系统才可以登录。

2) 基础档案

每个企业选购的是U8中不同的子系统，这些子系统共享基础档案信息，基础档案是U8系统运行的基础。企业在启用新账套之始，应根据本单位的实际情况及业务需求，进行基础档案的整理工作，并正确地录入系统。

设置基础档案的前提是先确定基础档案的分类编码方案。基础档案的设置必须要遵循分类编码方案中所设置的级次及各级编码长度的规定。按照基础档案的用途不同，系统将基础档案划分为机构人员、客商信息、存货、财务、收付结算信息等类。

由于企业基础数据之间存在前后承接关系(如必须在设置客户分类的基础上再设置客户档案)，因此，基础档案的设置应遵从一定的顺序。

3) 单据设置

单据是企业经济业务发生的证明，如代表货物发出的销售发货单、代表材料入库的采购入库单及购销业务中的专用发票等。单据设置包括单据格式设置、单据编号设置和单据打印控制。

不同企业各项业务处理中使用的单据可能存在细微的差别，用友U8管理软件中预置了常用单据模板，允许用户对各单据类型的多个显示模板和多个打印模板进行设置，以满足企业个性化的单据格式需求。单据编号是单据的标识，U8系统默认单据采取流水编号。如果企业根据业务需要有特定的编号规则，可以设置为手工编号方式。

3. 业务工作

业务工作中集成了登录用户拥有操作权限的所有功能模块，它们分类归属于各功能组中。企业应用平台为企业用户提供了进入用友U8管理软件的唯一入口。

三、如何进行基础档案设置

在U8系统中，每一项基础档案都要进行编码，编码要符合编码方案的规定。在企业建账环节已经设置了编码方案，在企业应用平台中可以对编码方案进行修改。

进行基础档案设置时，需要注意以下几点。

○ 基础档案编码要符合事先设定的编码方案的要求。

○ 如果设置了分类，需要先建立分类，再在分类下建立档案。

○ 建立基础档案时，要先建上级，再建下级。删除时相反。

四、如何利用数据权限进行更精细的权限划分

1. 理解数据权限

用友U8中，提供了三种不同性质的权限：功能权限、数据权限和金额权限。

1) 功能权限

功能权限是设定每个用户对U8中哪些子系统或子系统中的哪些功能具有操作权限。用户登录U8系统后只能看到自己有权限操作的子系统或子系统中的某些功能。

功能权限在系统管理中由系统管理员或账套主管进行设置，此内容在第二章中已经介绍过，不再赘述。

2) 数据权限

　　企业输入U8中的数据存储在数据库管理系统中，不同性质的数据存放在不同的表中。很多情况下，不同的用户对数据的访问权限是不同的。例如，客户是企业的一项重要资源，手工管理方式下，客户信息一般散落在业务员手中，每个业务员掌握数量不等的客户信息资源。业务员一旦离开企业，极易造成客户资源的流失，给企业带来损失。企业建立会计信息系统时，需要全面整理客户资料并录入系统，以便有效地管理客户、服务客户。但是，如此全面的客户信息存储在系统中，是否容易造成客户信息泄露呢？因此，从信息安全的角度，企业的需求为：不同管理岗位其所能接触和管理的客户范围和客户内容是不同的，如：限定销售员江林只能查看和管理自己辖区的客户，而无权查阅企业其他的客户；数据录入员马洁参照客户时只能看到客户编码、客户名称等几项基本内容，不能看到客户联系人、信用情况等信息。

　　假设客户档案在数据库中存放形式如图3-1所示。

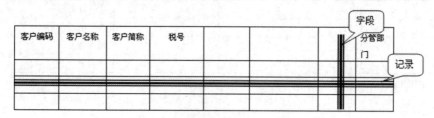

图 3-1　客户档案在数据库中的存放形式

　　在"客户"这张二维表中，一行是一个客户的完整信息，称之为"记录"，一列代表了客户某一方面的属性，称之为"字段"，对应地数据权限分为记录级权限控制和字段级权限控制。这样我们就把上述需求表述成：销售员江林仅对客户表中的某些记录有查询和录入权限，而数据录入员马洁仅对客户表中的某些字段有查看权限。

　　数据权限是针对业务对象进行的控制，可以选择对特定业务对象的某些项目和某些记录进行查询和录入的权限控制。

3) 金额权限

　　金额权限的主要作用体现在两个方面：一是设置用户在填制凭证时对特定科目允许输入的金额范围；二是设置在填制采购订单时允许输入的采购金额范围。

2. 设置数据权限

　　U8系统中提供了对部门、科目、客户档案等20余个项目进行数据权限的设置。

　　设置数据权限的前提是先确定需要进行数据权限控制的业务对象，也就是先进行数据权限控制设置，再设置数据权限。

实务训练

一、机构人员设置

【实训要求】

增加部门档案(见表3-1)、人员类别(见表3-2)和人员档案(见表3-3)。

表3-1 部门档案

部门编码	部门名称
1	行政管理部门
101	总经理办公室
102	财务部
103	人力资源部
2	采购部
3	仓储部
4	销售部
5	生产部

表3-2 人员类别

类别编码	名称
1011	企业管理人员
1012	销售人员
1013	车间管理人员
1014	生产人员

注：以上人员类别全部属于"正式工"。

表3-3 人员档案

人员编码	人员姓名	性别	行政部门	人员类别	是否业务员	是否操作员
A01	张韶明	男	总经理办公室	企业管理人员	是	否
W01	高秀文	男	财务部	企业管理人员	是	否
W02	刘 畅	女	财务部	企业管理人员	是	否
W03	王 菲	女	财务部	企业管理人员	是	否
H01	马 洁	女	人力资源部	企业管理人员	是	否
G01	李 丽	女	采购部	企业管理人员	是	否
C01	何 伟	男	仓储部	企业管理人员	是	否
X01	曹 金	男	销售部	销售人员	是	否
X02	江 林	女	销售部	销售人员	是	否
P01	何 翔	男	生产部	车间管理人员	是	否
P02	周 强	男	生产部	生产人员	否	否
P03	张 庆	男	生产部	生产人员	否	否

注：以上人员雇佣状态均为"在职"。

【实训指导】

以系统管理员身份登录系统管理，引入"2-1企业建账"备份数据。

以账套主管W01高秀文身份登录企业应用平台。

1. 以账套主管身份登录企业应用平台 （视频：sy030101）

① 执行"开始"|"程序"|"用友U8 V10.1"|"企业应用平台"命令，打开"登录"对话框。

② 输入操作员"W01"或"高秀文"；密码为空；在"账套"下拉列表框中选择"[100](default)爱家家具"；更改"操作日期"为"2019-04-01"；如图3-2所示。

图3-2 以账套主管身份登录企业应用平台

③ 单击【登录】按钮，进入"UFIDA U8"窗口，如图3-3所示。左侧业务导航视图中下方显示三个功能组：基础设置、系统服务和业务工作。单击相应的功能组，上面展开该功能组下面的具体功能项。进入U8后默认展开"业务工作"。

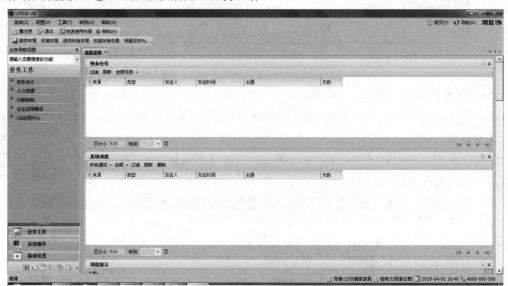

图3-3 "UFIDA U8"窗口

2. 设置部门档案 （视频：sy030102）

① 在企业应用平台"基础设置"中，执行"基础档案"|"机构人员"|"部门档案"命令，进入"部门档案"窗口。

② 单击【增加】按钮，按表3-1输入部门编码、部门名称，成立日期默认为用户登录日期，单击【保存】按钮，如图3-4所示。

❖ 提示：

◇ 部门档案窗口下方显示"* **"表示在编码方案中设定部门编码为2级，第1级1位，第2级2位。输入部门编码时需要遵守该规定。

◇ 在未建立职员档案前，不能选择输入负责人信息。待职员档案建立完成后，再返回部门档案界面通过"修改"功能补充输入负责人信息。

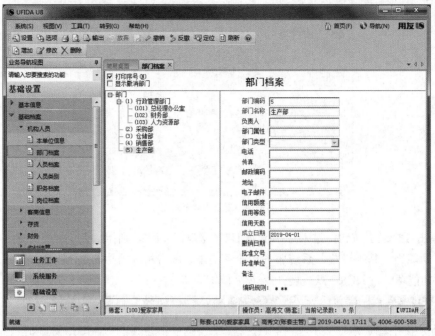

图 3-4 设置部门档案

3. 设置人员类别 〔视频：sy030103〕

① 在基础设置中，执行"基础档案"|"机构人员"|"人员类别"命令，进入"人员类别"窗口。

② 在左边窗口中选择"正式工"人员类别，单击【增加】按钮，按表3-2在正式工下增加人员类别，如图3-5所示。

图 3-5 增加人员类别

❖ 提示：

◇ 人员类别与工资费用的分配、分摊有关，工资费用的分配及分摊是薪资管理系统的一项重要功能。人员类别设置的目的是为工资分摊生成凭证设置相应的入账科目做准备的，可以按不同的入账科目需要设置不同的人员类别。

◇ 人员类别是人员档案中的必选项目，需要在人员档案建立之前设置。

◇ 人员类别名称可以修改，但已使用的人员类别名称不能删除。

4. 设置人员档案 （视频：sy030104）

企业所有的员工都需要在这里进行建档。

① 在基础设置中，执行"基础档案"|"机构人员"|"人员档案"命令，进入"人员列表"窗口。

② 单击左窗口中"部门分类"下的"行政管理部门"下的"总经理办公室"。

③ 单击【增加】按钮，按表3-3输入人员信息，如图3-6所示。

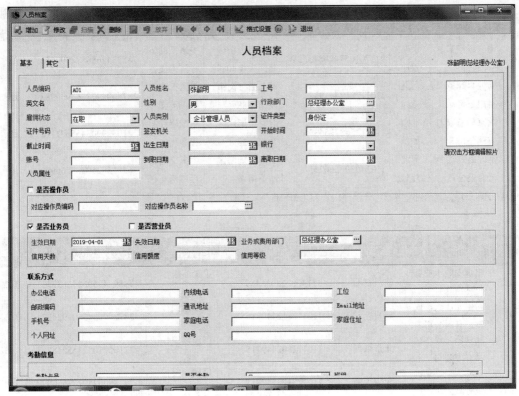

图3-6 增加人员档案

○ 人员编码：必须录入且必须唯一。一旦保存，不能修改。

○ 人员名称：必须录入。可以接受两个职工姓名相同的情况。可以随时修改。

○ 行政部门：参照部门档案选择末级部门。

○ 是否业务员：如果该员工需要在其他档案或业务单据中的"业务员"项目中被参照，需要选中"是否业务员"选项。

○ 是否操作员：该人员是否可操作U8产品。有两种可能，一种是在系统管理中已经将该人员设置为用户，此处无须再选中该选项。另一种情况是该人员没有在系统管理中被设置为用户，那么此处可以选中"是否操作员"复选框，则系统将该人员追加在用户列表中，人员编码自动作为用户编码和用户密码，所属角色为普通员工。

二、客商信息设置

【实训要求】

以账套主管W01高秀文身份登录企业应用平台，增加客户分类(见表3-4)、客户档案(见表

3-5)和供应商档案(见表3-6)。

表3-4　客户分类

客户分类编码	客户分类名称
01	国内
02	国外

表3-5　客户档案

客户编码	客户名称	客户简称	税号	地址	开户银行	银行账号	默认值
01	山东银座家居有限公司	山东银座	91370105748984353W	济南市天桥区北园大街408号	中国工商银行济南支行	7859342686872997666	是
02	河北卓越家具有限公司	河北卓越	110112812441988	河北省三河市友谊路88号	中国工商银行三河支行	2878999778560900988	是
03	北京如意家具有限公司	北京如意	110112568775433	北京市通州区合肥路38号	中国建设银行通州支行	2210529903455621112	是
04	河北路路通物流有限公司	河北路路通	110340396560255	三河市瑶海区站前南路	中国交通银行三河支行	3620150259283560999	是

注：以上客户均为"国内"客户，分管部门均为"销售部"，专管业务员均为"江林"。

表3-6　供应商档案

供应商编码	供应商名称	供应商简称	税号	开户银行	银行账号	税率
01	临沂安顺木业有限公司	临沂安顺	371300228058489	中国工商银行临沂支行	7859240596872632333	16%
02	霸州光洋人造板制造有限公司	霸州光洋	110112812449816	中国工商银行霸州支行	2878900345609923321	16%
03	北京东兴茂木制品有限公司	北京东兴茂	110112802449715	中国建设银行通州支行	2210521052355218888	16%
04	光辉庆宇五金机电有限公司	光辉庆宇	110128123559817	中国建设银行三河支行	2878900259283560999	16%

注：以上供应商分管部门均为"采购部"，专管业务员均为"李丽"。

【实训指导】

1. 设置客户分类　（视频：sy030201）

① 在基础设置中，执行"基础档案"|"客商信息"|"客户分类"命令，进入"客户分类"窗口。

② 按表3-4录入客户分类信息。

2. 设置客户档案　（视频：sy030202）

① 在基础设置中，执行"基础档案"|"客商信息"|"客户档案"命令，进入"客户档案"窗口。窗口分为左右两部分，左窗口中显示已经设置的客户分类，单击鼠标选中客户分类"国内"，右窗口中显示该分类下所有的客户列表。

② 单击【增加】按钮，打开"增加客户档案"对话框。对话框中共包括4个选项卡，即"基本""联系""信用"及"其他"，用于对客户不同的属性分别归类记录。

③ 在"基本"选项卡中，按实验资料表3-5输入"客户编码""客户名称""客户简

称""所属分类""税号"等信息，如图3-7所示。

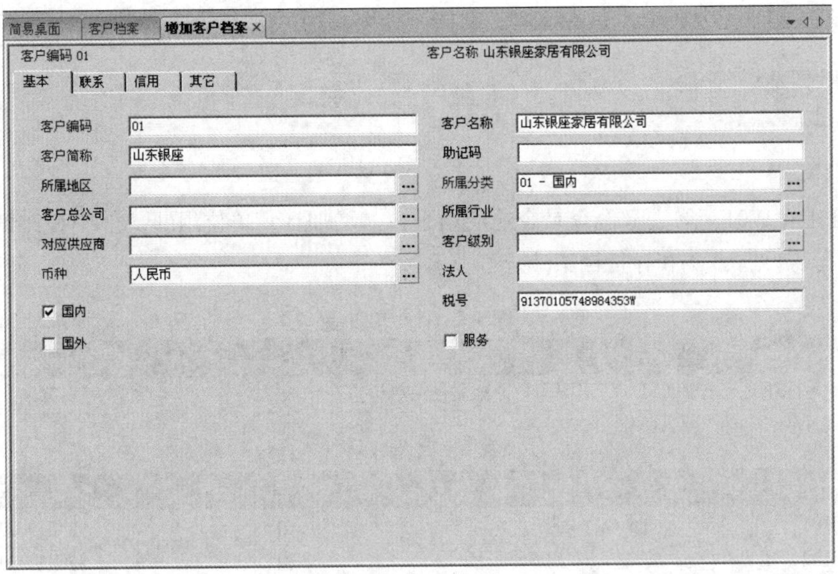

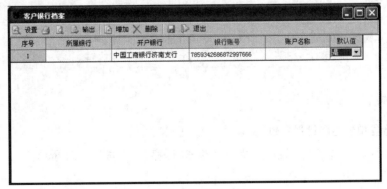

图 3-7 增加客户档案—基本

❖ 提示：

如果此处不输入税号，之后无法向该客户开具增值税专用发票。

④ 在"联系"选项卡中，输入分管部门、专管业务员、地址等信息。

❖ 提示：

之所以设置"分管部门""专管业务员"，是为了在应收应付款管理系统中填制发票等原始单据时能自动根据客户显示部门及业务员的信息，以便对业务员进行业绩统计与考核。

⑤ 单击【银行】按钮，打开"客户银行档案"对话框。单击【增加】按钮，录入客户开户银行信息，如图3-8所示。单击【保存】按钮，再单击【退出】按钮返回。

⑥ 单击【保存并新增】按钮，继续增加其他客户。

图 3-8 增加客户档案—开户银行

3. 设置供应商档案

① 在基础设置中，执行"基础档案"|"客商信息"|"供应商档案"命令，进入"供应商档

案"窗口。

②单击左侧"无分类"，单击【增加】按钮，按表3-6增加供应商。

三、存货设置

【实训要求】

以账套主管W01高秀文身份登录企业应用平台，增加计量单位组(见表3-7)和计量单位(见表3-8)、存货分类(见表3-9)和存货档案(见表3-10)。

表 3-7　计量单位组

计量单位组编码	计量单位组名称	计量单位组类别
01	独立计量单位组	无换算率

表3-8　计量单位

计量单位编码	计量单位名称	计量单位组编码	计量单位组名称
0101	张	01	独立计量单位组
0102	组	01	独立计量单位组
0103	千米	01	独立计量单位组

表3-9　存货分类

分类编码	分类名称
01	原材料
0101	板材
0102	五金
02	产成品
03	应税劳务

表3-10　存货档案

存货编码	存货名称	存货分类	计量单位组	主计量单位	存货属性	销项/进项税率
01001	三聚氰胺板	0101板材	01	0101张	外购	16%
01002	大芯板	0101板材	01	0101张	外购	16%
01003	进口五金	0102五金	01	0102组	外购	16%
01004	五金套组	0102五金	01	0102组	外购	16%
02001	整体书柜	02产成品	01	0102组	内销、外销	16%
02002	实用电脑桌	02产成品	01	0101张	内销、外销	16%
03001	运输费	03应税劳务	01	0103千米	内销、外购、应税劳务	10%

【实训指导】

1. 设置计量单位组和计量单位　（视频：sy030301）

①在企业应用平台基础设置中，执行"基础档案"|"存货"|"计量单位"命令，打开"计量单位"对话框。

②单击【分组】按钮，打开"计量单位组"对话框。

③单击【增加】按钮，录入计量单位组编码"01"，录入计量单位组名称"独立计量单位组"，单击"计量单位组类别"栏的下三角按钮，选择"无换算率"，如图3-9

所示。

④ 单击【保存】按钮,再单击【退出】按钮。

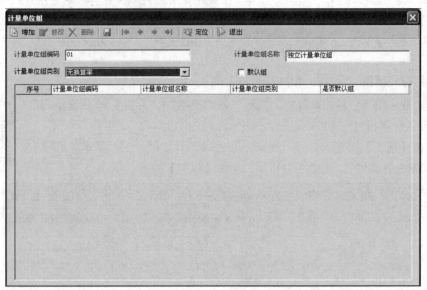

图 3-9 增加计量单位组

⑤ 单击【单位】按钮,打开"计量单位"对话框。

⑥ 单击【增加】按钮,录入计量单位信息,完成后如图3-10所示。

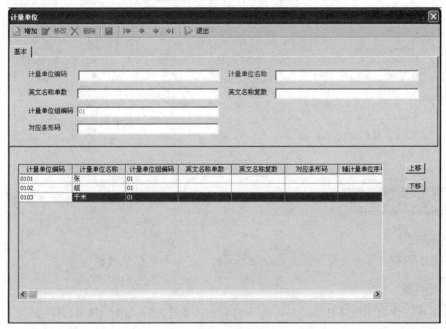

图 3-10 增加计量单位

2. 设置存货分类 (视频:sy030302)

① 在企业应用平台基础设置中,执行"基础档案"|"存货"|"存货分类"命令,进入"存货分类"窗口。

② 单击【增加】按钮,按表3-9增加存货分类并保存。

❖ **提示：**

在企业日常购销业务中，经常会发生一些劳务费用，如运输费、装卸费等，这些费用也是构成企业存货成本的一个组成部分，并且它们可以拥有不同于一般存货的税率。为了能够正确反映和核算这些劳务费用，一般我们在存货分类中单独设置一类，如"应税劳务"或"劳务费用"。

3. 设置存货档案 （视频：sy030303）

① 在企业应用平台基础设置中，执行"基础档案"|"存货"|"存货档案"命令，进入"存货档案"窗口。

② 单击【增加】按钮，打开"增加存货档案"对话框。在"基本"选项卡中按表3-10输入各项信息，如图3-11所示。单击【保存】按钮。

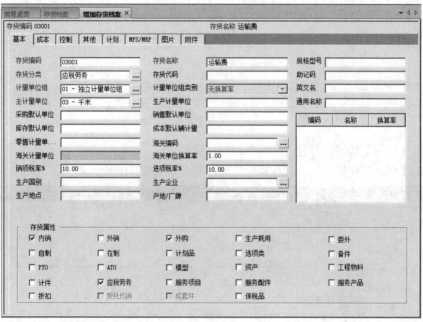

图 3-11　增加存货档案

四、财务设置

【实训要求】

以账套主管W01高秀文身份登录企业应用平台，进行财务信息设置。

1. 外币设置

企业采用固定汇率核算外币业务，外币为美元，币符为$，2019年4月1日汇率为 6.5，期末根据实际汇率进行汇兑损益调整。

2. 凭证类别

爱家家具凭证类别如表3-11所示。

表3-11　凭证类别

类别名称	限制类型	限制科目
收款凭证	借方必有	1001,1002
付款凭证	贷方必有	1001,1002
转账凭证	凭证必无	1001,1002

3. 设置会计科目

爱家家具常用会计科目如表3-12所示。

表3-12　会计科目

科目编码	科目名称	余额方向	辅助账类型	受控系统	备注
1001	库存现金	借	日记账		修改
1002	银行存款	借	日记账、银行账		修改
100201	工行存款	借	日记账、银行账		增加
10020101	人民币户	借	日记账、银行账		增加
10020102	美元户	借	外币核算(外币：美元) 日记账、银行账		增加
1012	其他货币资金	借			
101201	存出投资款	借			增加
101202	银行汇票存款	借			增加
1101	交易性金融资产	借			
110101	成本	借	项目核算		增加
110102	公允价值变动	借	项目核算		增加
1121	应收票据	借	客户往来	应收系统	修改
1122	应收账款	借	客户往来	应收系统	修改
1123	预付账款	借	供应商往来	应付系统	修改
1221	其他应收款	借			
122101	备用金	借	部门核算		增加
122102	应收个人款	借	个人往来		增加
1402	在途物资	借			
1403	原材料	借			
140301	三聚氰胺板	借	数量核算(单位：张)		增加
140302	大芯板	借	数量核算(单位：张)		增加
140303	进口五金	借	数量核算(单位：组)		增加
140304	五金套组	借	数量核算(单位：组)		增加
1405	库存商品	借			
140501	整体书柜	借	数量核算(单位：组)		增加
140502	实用电脑桌	借	数量核算(单位：张)		增加
2201	应付票据	贷	供应商往来	应付系统	修改
2202	应付账款	贷	供应商往来	应付系统	修改
2203	预收账款	贷	客户往来	应收系统	修改
2211	应付职工薪酬	贷			
221101	工资	贷			增加
221102	职工福利	贷			增加
221103	养老保险	贷			增加
221104	医疗保险	贷			增加

(续表)

科目编码	科目名称	余额方向	辅助账类型	受控系统	备注
221105	失业保险	贷			增加
221106	工伤保险	贷			增加
221107	生育保险	贷			增加
221108	住房公积金	贷			增加
221109	工会经费	贷			增加
221110	职工教育经费	贷			增加
2221	应交税费	贷			
222101	应交增值税	贷			增加
22210101	进项税额	借			增加
22210102	进项税额转出	借			增加
22210103	销项税额	贷			增加
22210106	转出未交增值税	贷			增加
222102	未交增值税	贷			增加
222103	应交企业所得税	贷			增加
222104	应交个人所得税	贷			增加
222105	应交城市维护建设税	贷			增加
222106	应交教育费附加	贷			增加
222107	应交地方教育费附加	贷			增加
2241	其他应付款	贷			
224101	住房公积金	贷			增加
224102	养老保险	贷			增加
224103	医疗保险	贷			增加
224104	失业保险	贷			增加
2502	应付债券	贷			
4001	实收资本	贷			
400101	河北崇德投资集团	贷			增加
400102	盖茨	贷			增加
4104	利润分配	贷			
410415	未分配利润	贷			增加
5001	生产成本	借			
500101	直接材料	借	项目核算		增加
500102	直接人工	借			增加
500103	制造费用	借			增加
6001	主营业务收入	贷			
600101	整体书柜	贷	数量核算(单位：组)		增加
600102	实用电脑桌	贷	数量核算(单位：张)		增加
6401	主营业务成本	借			
640101	整体书柜	借	数量核算(单位：组)		增加
640102	实用电脑桌	借	数量核算(单位：张)		增加
6601	销售费用	借			
660101	招待费	借			从6602复制
660102	差旅费	借			从6602复制
660103	薪资	借			从6602复制

（续表）

科目编码	科目名称	余额方向	辅助账类型	受控系统	备注
660104	折旧费	借			从6602复制
660105	社会保险费	借			从6602复制
660106	其他	借			从6602复制
6602	管理费用	借			
660201	招待费	借	部门核算		增加
660202	差旅费	借	部门核算		增加
660203	薪资	借	部门核算		增加
660204	折旧费	借	部门核算		增加
660205	社会保险费	借	部门核算		增加
660206	其他	借			增加
6603	财务费用	借			

1) 增加会计科目

增加表3-12中备注栏为"增加"的会计科目。备注栏为"复制"的会计科目采用科目复制的方式增加。

2) 修改会计科目

修改表3-12中备注栏为"修改"的会计科目。

3) 指定出纳专管科目

指定"1001库存现金"科目为现金科目；指定"1002银行存款"科目为银行科目。

4. 设置项目档案

1) 项目大类：产品

○ 核算科目：500101直接材料。

○ 项目分类：1—书柜；2—电脑桌。

○ 项目目录：如表3-13所示。

表3-13 项目目录

项目编号	项目名称	所属分类
01	整体书柜	1
02	实用电脑桌	2

2) 项目大类：金融资产

○ 核算科目：110101成本、110102公允价值变动。

○ 项目分类：1—股票；2—债券；3—基金。

○ 项目目录：根据所持有的投资品随时添加。

【实训指导】

1. 外币设置（视频：sy030401）

① 在企业应用平台基础设置中，执行"基础档案"|"财务"|"外币设置"命令，进入"外币设置"窗口。

② 输入币符"$"，币名"美元"，其他项目采用默认值，单击【确认】按钮。

③ 输入2019年04月份的记账汇率为6.5，按Enter键确认，如图3-12所示。

④ 单击【退出】按钮，完成外币设置。

❖ **提示：**

使用固定汇率的用户，在填制每月的凭证前应预先在此录入本月的记账汇率；使用浮动汇率的用户，在填制该天的凭证前，应预先在此录入当天的记账汇率。

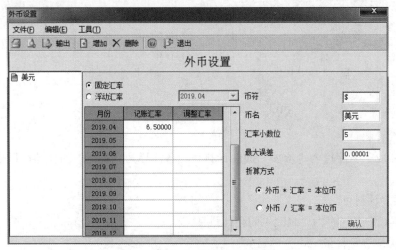

图 3-12 外币设置

2. 设置凭证类别 （视频：Sy030402）

① 在企业应用平台基础设置中，执行"基础档案"|"财务"|"凭证类别"命令，打开"凭证类别预置"对话框。

② 选中"收款凭证 付款凭证 转账凭证"单选框，如图3-13所示。

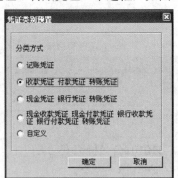

图 3-13 凭证类别预置

③ 单击【确定】按钮，进入"凭证类别"窗口。

④ 单击【修改】按钮，双击限制类型，出现下拉箭头，选择"借方必有"，选择或输入限制科目"1001,1002"，如图3-14所示。

❖ **提示：**

◇ 已使用的凭证类别不能删除，也不能修改类别字。

◇ 如果收款凭证的限制类型为借方必有"1001,1002"，则在填制凭证时系统要求收款凭证的借方一级科目至少有一个是"1001"或"1002"，否则，系统会判断该张凭证不属于收款凭证类别，不允许保存。付款凭证及转账凭证也应满足相应的要求。

◇ 如果直接录入科目编码，则编码间的标点符号应为英文状态下的标点符号，否则系统会提示科目编码有错误。

⑤ 同样，设置其他限制类型和限制科目。

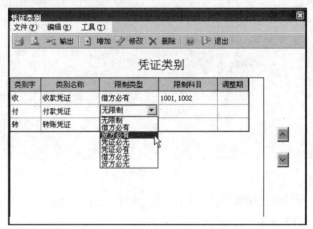

图 3-14　凭证类别设置

3. 设置会计科目

1) 增加会计科目　（视频：SY03040301）

① 在企业应用平台基础设置中，执行"基础档案"|"财务"|"会计科目"命令，进入"会计科目"窗口。

② 单击【增加】按钮，打开"新增会计科目"对话框。增加表3-12中备注栏为"增加"的会计科目。例如，增加"10020102美元户"会计科目如图3-15所示。

主要栏目说明如下。

○ 科目编码：要符合编码方案中关于会计科目编码的设定。各级科目编码必须唯一。

○ 科目名称：科目中文名称必须录入。

○ 科目类型：按照科目编码的第1位数字系统自动判断：1—资产，2—负债，3—共同，4—权益，5—成本，6—损益。

○ 账页格式：定义科目在查询及打印时的格式。系统提供金额式、外币金额式、数量金额式、外币数量式供选择。

○ 助记码：用于帮助记忆科目。

○ 外币核算：选中该选项，代表该科目核算外币，必须从币种下拉列表中选择外币种类。

○ 数量核算：选中该选项，代表该科目核算数量，需要人工输入数量计量单位。

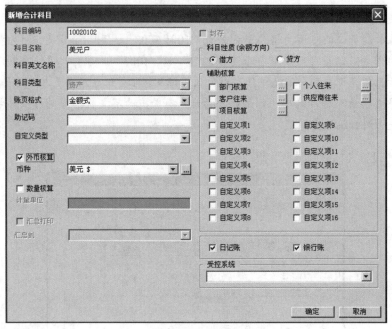

图 3-15 增加会计科目

❍ 科目性质：指科目的余额方向。只能为一级科目设置余额方向，下级科目的余额方向
与上级科目保持一致。

❍ 辅助核算：是否对该科目设置部门核算、客户往来、供应商往来、个人核算和项目
核算。

❍ 日记账：是否需要对该科目记日记账。库存现金科目需要选中该项。其他科目若有必
要，也可以设置序时登记。

❍ 银行账：是否需要对该科目进行对账管理。银行存款科目需要选中日记账和银行账。

❍ 汇总打印和封存为灰色，在修改科目状态可选。

③ 按实验资料会计科目表输入备注栏标注为"增加"的会计科目，单击【确定】按钮
保存。

❖ 提示：

✧ 如果企业建账时选中了"按行业性质预置科目"，那么一级科目已经根据企业建账时
选择的行业性质自动装入。

✧ 增加科目时，需要先增加上级科目，再增加下级科目。

可以利用"成批复制"功能增加会计科目。例如，当完成管理费用下明细科目的增加后，
可以利用成批复制功能增加销售费用下的明细科目。 （视频：SY03040302）

① 在会计科目窗口中，执行"编辑"|"成批复制"命令，打开"成批复
制"对话框。

② 输入复制源科目编码"6602"和目标科目编码"6601"，不选"辅助核
算"选项，如图3-16所示。

③ 单击【确认】按钮，保存。查看6601销售费用下已经通过科目复制的方法增加了明细科目。

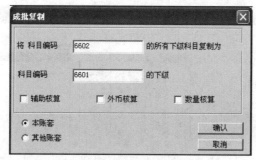

图 3-16　成批复制会计科目

2) 修改会计科目　（视频：SY03040303）

系统预置的科目中没有指定科目的辅助核算，如现金科目未设置日记账核算、应收账款未指定客户往来核算，因此需要对实验资料中标注了辅助核算的科目进行修改，以补充指定科目的辅助核算内容。

① 在会计科目窗口中，将光标定位在"库存现金"科目，单击【修改】按钮，打开"会计科目_修改"对话框。

② 单击【修改】按钮，选中"日记账"复选框，如图3-17所示。单击【确定】按钮。

③ 对会计科目表备注栏中所有标注为"修改"的科目进行修改。

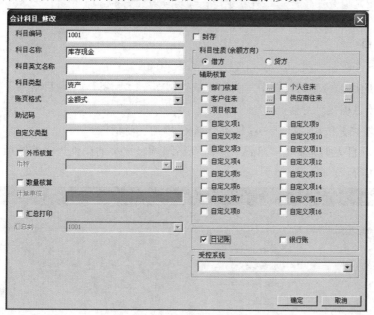

图 3-17　修改会计科目

3) 指定会计科目　（视频：SY03040304）

① 在会计科目窗口中，执行"编辑"|"指定科目"命令，打开"指定科目"对话框。

② 单击"现金科目"按钮，从待选科目列表框中选择"1001 库存现金"科目，单击【>】按钮，将库存现金科目添加到已选科目列表中。

③ 同理，将"1002银行存款"科目设置为银行总账科目，如图3-18所示。

④ 单击【确定】按钮，保存。

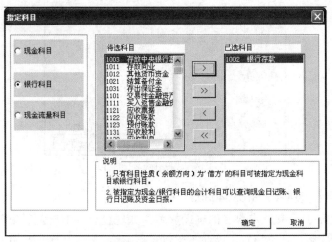

图 3-18　指定会计科目

❖ 提示：

　　◇　被指定的"现金科目"及"银行科目"必须是一级会计科目。
　　◇　只有指定现金及银行总账科目才能进行出纳签字的操作。
　　◇　只有指定现金及银行总账科目才能查询现金日记账和银行存款日记账。

4. 设置项目

1) 设置第一个项目大类：产品　（视频：SY03040401）

① 在企业应用平台基础设置中，执行"基础档案"|"财务"|"项目目录"
命令，打开"项目档案"对话框。

② 单击【增加】按钮，打开"项目大类定义_增加"对话框。

③ 输入新项目大类名称为"产品"，选择新增项目大类的属性为"普通项
目"，如图3-19所示。

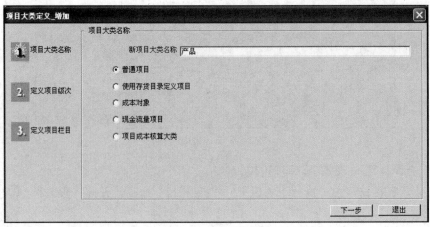

图 3-19　新增项目大类

④ 单击【下一步】按钮，打开"定义项目级次"对话框，设定项目级次为一级1位，如
图3-20所示。

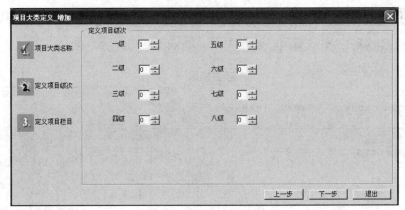

图 3-20 定义项目级次

⑤ 单击【下一步】按钮，打开"定义项目栏目"对话框，取系统默认，不做修改。

⑥ 单击【完成】按钮，返回"项目档案"界面。

⑦ 从项目大类下拉列表中选择"产品"，单击"核算科目"选项卡，从左侧待选科目列表中选择"500101直接材料"，单击【＞】按钮将其选择为按产品项目大类核算的科目，单击【确定】按钮保存，如图3-21所示。

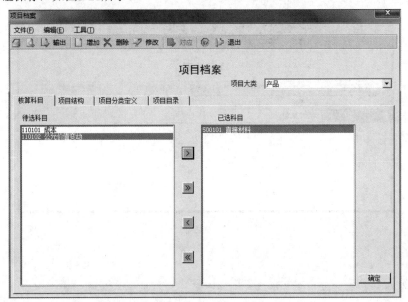

图 3-21 选择项目核算科目

⑧ 单击"项目分类定义"，输入分类编码"1"，分类名称"书柜"，单击【确定】按钮。同理，输入其他项目，如图3-22所示。

⑨ 单击"项目目录"，单击【维护】按钮，进入"项目目录维护"窗口。

⑩ 单击【增加】按钮，输入项目"01整体书柜"等项目，如图3-23所示。

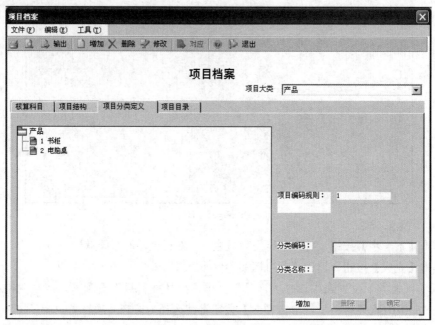

图 3-22　项目分类定义

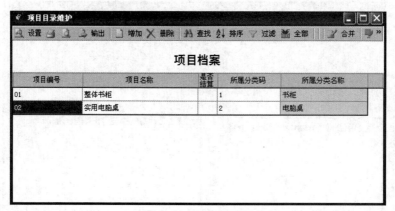

图 3-23　项目目录维护

❖ 提示：

◇　一个项目大类可以指定多个科目，一个科目只能属于一个项目大类。

◇　在每年年初应将已结算或不用的项目删除。结算后的项目将不能再使用。

2) 设置第二个项目大类：金融资产

请参照上例自行完成第二个项目大类的相关设置。

五、收付结算设置

【实训要求】

以账套主管W01高秀文身份登录企业应用平台，进行收付结算设置。

1. 结算方式

爱家家具对外结算的常用结算方式如表3-14所示。

表3-14 结算方式

结算方式编码	结算方式名称	票据管理
1	现金	
2	支票	
201	现金支票	是
202	转账支票	是
3	银行汇票	
4	银行本票	
5	商业汇票	
501	商业承兑汇票	
502	银行承兑汇票	
6	电汇	
7	托收承付	
8	委托收款	
9	其他	

2. 付款条件

付款条件如表3-15所示。

表3-15 付款条件

序号	付款条件编码	付款条件名称	信用天数	优惠天数1	优惠率1	优惠天数2	优惠率2	优惠天数3	优惠率3
1	01	1/10,n/10	10	10	1	0	0	0	0
2	02	2/10,1/20,n/30	30	10	2	20	1	30	0

3. 设置本单位开户银行

本单位开户银行及账号信息如表3-16所示。

表3-16 本单位开户银行及账号信息

编码	银行账号	币种	开户银行	所属银行编码
01	131024009094	人民币	中国工商银行三河支行	01
02	131024010027	美元	中国工商银行三河支行	01

【实训指导】

1. 设置结算方式 （视频：SY030501）

① 在企业应用平台基础设置中，执行"基础档案"|"收付结算"|"结算方式"命令，进入"结算方式"窗口。

② 按表3-14输入企业常用结算方式，如图3-24所示。

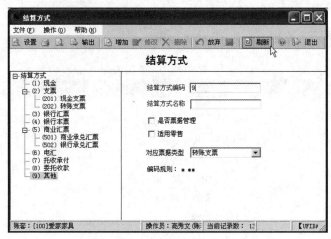

图 3-24　结算方式定义

◆　企业对外进行收付结算时，需要指定结算方式。

◆　银企对账时，结算方式也是系统自动对账的一个重要参数。

◆　设置了"票据管理"标记的结算方式在填制凭证环节中出现时系统会对未进行支票登记的票据提示进行登记。

2. 设置付款条件　（视频：SY030502）

①　在企业应用平台基础设置中，执行"基础档案"|"收付结算"|"付款条件"命令，进入"付款条件"窗口。

②　按表3-15输入付款条件，如图3-25所示。

序号	付款条件编码	付款条件名称	信用天数	优惠天数1	优惠率1	优惠天数2	优惠率2	优惠天数3	优惠率3	优惠天数4	优惠率4
1	01	1/10, n/10	10	10	1.0000	0	0.0000	0	0.0000	0	0.0000
2	02	2/10, 1/20, n/30	30	10	2.0000	20	1.0000	30	0.0000	0	0.0000

图 3-25　付款条件

3. 设置本单位开户银行　（视频：SY030503）

①　在企业应用平台基础设置中，执行"基础档案"|"收付结算"|"本单位开户银行"命令，进入"本单位开户银行"窗口。

②　按表3-16输入本单位开户银行信息，如图3-26所示。

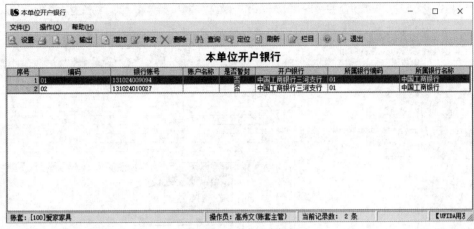

图 3-26 本单位开户银行

全部完成后，将账套备份至"3-1 基础档案设置"文件夹中。

六、单据设计

【实训要求】

以账套主管W01高秀文身份登录企业应用平台，进行单据设置。

1. 单据格式设计

删除销售专用发票、销售普通发票表头项目"销售类型"。

2. 单据编号设计

设置销售专用发票、销售普通发票、采购专用发票、采购普通发票发票编号方式为完全手工编号。

【实训指导】

1. 单据格式设计 （视频：sy030601）

① 在企业应用平台基础设置中，执行"单据设置"|"单据格式设置"命令，进入"单据格式设置"窗口。

② 从左侧U8单据目录分类中展开销售管理—销售专用发票—显示—销售专用发票显示模板，在右侧窗口中选中表头项目"销售类型"，单击【删除】按钮，系统弹出"是否删除当前选择项目？"信息提示框，如图3-27所示。

③ 单击【是】按钮，单击【保存】按钮。

④ 同理，删除销售普通发票中该表头项目。

2. 单据编号设置 （视频：sy030602）

① 在企业应用平台基础设置中，执行"单据设置"|"单据编号设置"命令，进入"单据编号设置"窗口。

② 从左侧"单据类型"中展开"销售管理"—"销售专用发票"，在右侧窗口中单击【　】按钮，选中"完全手工编号"复选框，如图3-28所示。单击【保存】按钮。

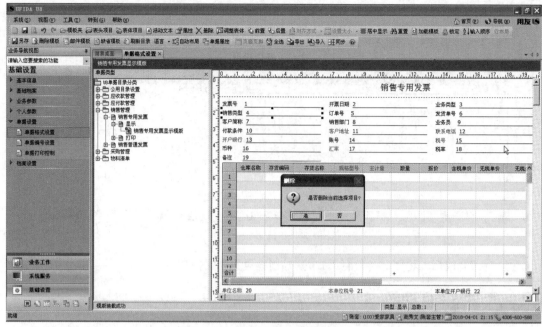

图 3-27　单据格式设置

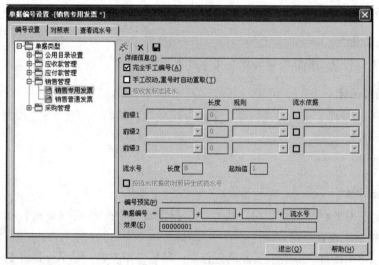

图 3-28　单据编号设置

③ 同理，设置销售普通发票、采购专用发票和采购普通发票为"完全手工编号"。

七、数据权限设置

【实训要求】

以账套主管W01高秀文身份登录企业应用平台，进行数据权限设置。

取消对"工资权限"和"用户"的控制设置。

【实训指导】（视频：sy0307）

① 在企业应用平台系统服务中，执行"数据权限控制设置"命令，打开

"数据权限控制设置"对话框。

② 取消"工资权限"复选框和"用户"权限复选框中的选中标记，如图3-29所示。单击【确定】按钮返回。

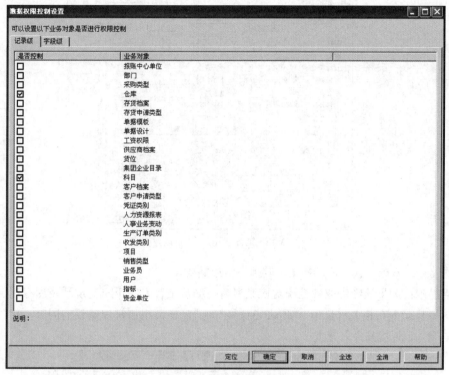

图 3-29　数据权限控制设置

全部完成后，将账套输出至"3-2单据设置"文件夹中。

应用拓展

1. 在单据格式设置中增加销售专用发票"退补标志"

岗位角色：账套主管。

操作路径：基础设置—单据设置—单据格式设置—销售管理—销售专用发票—显示。

重点提示：单击左上角工具栏中的"表体项目"，选中"退补标志"复选框，如图3-30所示。单击【确定】按钮返回。

2. 设置常用摘要

摘要是对经济业务的简要说明，因为业务发生的重复性，有些摘要会经常使用，如"从工行人民币户提现"，如果将这些常用摘要存储起来，在输入凭证时调用，必将大大提高业务处理效率。

岗位角色：账套主管。

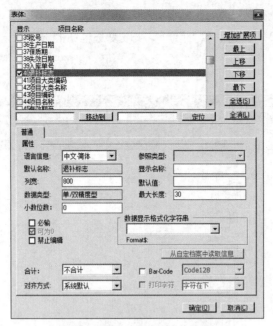

图 3-30　销售专用发票表体设置

操作路径：基础设置—基础档案—其他—常用摘要。

重点提示：如果该经济业务准确对应某科目，如从工行人民币户提现涉及库存现金科目，可以将该科目录入在相关科目中，如图3-31所示。此后在调用该常用摘要的同时，相关科目也将被一同调入，以提高录入速度。

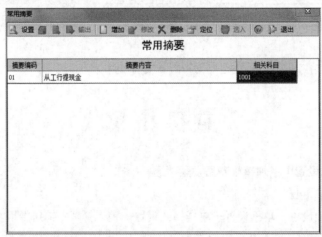

图 3-31　常用摘要

第四章 总账日常业务处理

▌理论认知▐

一、总账系统基本功能

总账系统的基本功能就是利用建立的会计科目体系，输入和处理各种记账凭证，完成记账、结账及对账的工作，输出各种总分类账、日记账、明细账和有关辅助账。

总账是用友U8财务会计最核心的一个子系统，是企业财务信息化的起点，也是编制对外财务报告的数据基础。总账内容比较多，大概可分为总账初始设置、总账日常业务处理和总账期末处理三个部分。由于爱家家具的财务信息化同时启用了总账、应收款管理、应付款管理、薪资管理、固定资产几个子系统，所以总账期末业务中的结转、结账需要待其他几个子系统完成后才能进行，故本书中将总账期末业务另列一章，在第九章再行介绍。

二、总账初始化

U8是通用企业管理软件，而每个企业都有自身的行业特征和个性化管理需求。总账初始设置是由企业根据自身的行业特性和管理需求，将通用的总账管理系统设置为适合企业自身特点的个性化系统的过程。总账初始化主要包括两项内容：设置选项和录入期初余额。

1. 设置选项

为了最大范围地满足不同企业用户的信息化应用需求，总账作为通用商品化管理软件的核心子系统，是通过内置大量的选项也称参数来提供面向不同企业应用的解决方案的。企业可以根据自身的实际情况进行选择，以确定符合企业个性特点的应用模式。

软件越通用，意味着系统内置的参数越多，系统参数的设置决定了企业的应用模式和应用流程。为了明确各项参数的适用对象，软件一般将参数分门别类地进行管理。

2. 录入期初余额

企业账套建立之后，需要在系统中建立各账户的初始数据，才能接续手工业务处理进程。各账户余额数据的准备与总账启用的会计期间相关。

1) 准备期初数据

为保持账簿资料的连续性，应该将原有系统下载至总账启用日的各账户年初余额、累计发生额和期末余额输入计算机系统中。但因为它们之间存在如下的关系：如果某账户余额在借方，则年初余额+本年累计借方发生额－本年累计贷方发生额=期末余额；如果某账户余额在贷方，则年初余额+本年累计贷方发生额－本年累计借方发生额=期末余额。因此一般只需要向计算机输入其中三个数据，另外一个就可以根据上述关系自动计算。

选择年初启用总账和选择年中启用总账需要准备的期初数据是不同的。如果选择年初建账，只需要准备各账户上年年末的余额作为新一年的期初余额，且年初余额和月初余额是相同的。例如，某企业选择2019年1月启用总账系统，则只需要整理该企业2018年12月末各账户的期末余额作为2019年1月初的期初余额，因为本年没有累计数据发生，因此月初余额同时也是2019年年初余额。如果选择年中建账，不仅要准备各账户启用会计期间上一期的期末余额作为启用期的期初余额，而且还要整理自本年度开始截至启用期的各账户累计发生数据。例如，某企业2019年9月开始启用总账系统，那么，应将该企业2019年8月末各科目的期末余额及1～8月的累计发生额整理出来，作为计算机系统的期初数据录入总账系统中，系统将自动计算年初余额。

如果科目设置了某种辅助核算，那么还需要准备辅助项目的期初余额。如应收账款科目设置了客户往来辅助核算，除要准备应收账款总账科目的期初数据外，还要详细记录这些应收账款是哪些客户的销售未收，因此要按客户整理详细的应收余额数据。

2) 录入期初数据

期初余额录入时，根据科目性质不同，分为以下几种情况。

(1) 末级科目的余额可以直接输入。

(2) 非末级科目的余额数据由系统根据末级科目数据逐级向上汇总而得。

(3) 科目有外币核算时，在输入完本位币金额后，还要在下面一行输入相应的数量和外币信息。

(4) 科目有辅助核算时，不能直接输入该账户的期初余额，而是必须输入辅助账的期初余额。辅助账余额输入完毕后，自动代回总账。

3. 试算平衡

期初数据输入完毕后应进行试算平衡。如果期初余额试算不平衡，可以填制、审核凭证，但不能进行记账处理。因为企业信息化时，初始设置工作量大，占用时间比较长，为不影响日常业务的正常进行，故允许在初始化工作未完成的情况下进行凭证的填制。

凭证一经记账，期初数据便不能再修改。

三、总账日常业务

总账日常业务处理的工作内容主要包括凭证管理、出纳管理和账簿管理。

1. 凭证管理

凭证是记录企业各项经济业务发生的载体，凭证管理是总账系统的核心功能，主要包括填制凭证、审核凭证、凭证记账、修改凭证、删除凭证、冲销凭证、凭证查询、凭证汇总和设置常用凭证等。凭证是总账系统数据的唯一来源，为严把数据源的正确性，总账系统设置了严密的制单控制以保证凭证填制的正确性。另外，总账系统还提供资金赤字控制、支票控制、预算控制、外币折算误差控制、凭证类型控制、制单金额控制等功能，以加强对业务的及时管理和控制。

1) 填制凭证

记账凭证按其编制来源可分为两大类：手工填制凭证和机制凭证。机制凭证包括利用总账系统自动转账功能生成的凭证及在其他子系统中生成后传递到总账的凭证。本节主要介绍手工填制凭证。

填制凭证时各项目应填制的内容及注意事项如下。

(1) 凭证类别。填制凭证时可以直接选择所需的凭证类别。如果在设置凭证类别时设置了凭证的限制类型，那么必须符合限制类型的要求，否则系统会给出错误提示。例如，假定企业选择了"收、付、转"三类凭证，且设置了收款凭证的限制类型为"借方必有"科目"1001,1002"，如果企业发生了"销售产品，货款未收"的业务，应借记应收账款科目，贷记主营业务收入科目，如果用户误选择了"收款凭证"类别，保存时系统会提示"不满足借方必有条件"。

(2) 凭证编号。如果选择"系统编号"方式，凭证按凭证类别按月自动顺序编号。如果选择"手工编号"方式，需要手工输入凭证号，但应注意凭证号的连续性、唯一性。

(3) 凭证日期。填制凭证时，日期一般自动取登录系统时的业务日期。选择"制单序时控制"的情况下，凭证日期应大于等于该类凭证最后一张凭证日期，但不能超过机内系统日期。

(4) 附单据数。记账凭证打印出来后，应将相应的原始凭证粘附其后，这里的附单据数就是指将来该记账凭证所附的原始单据数。

(5) 摘要。摘要是对经济业务的概括说明。因为计算机记账时是以记录行为单位，因此每行记录都要有摘要，不同记录行的摘要可以相同也可以不同，每行摘要将随相应的会计科目在明细账、日记账中出现。可以直接输入，如果定义了常用摘要的话，也可以调用常用摘要。

(6) 会计科目。填制凭证时，要求会计科目必须是末级科目。可以输入科目编码、科目名称、科目助记码。

如果输入的是银行科目，一般系统会要求输入有关结算方式的信息，此时最好输入，以方便日后银行对账；如果输入的科目有外币核算，系统会自动带出在外币中已设置的相关汇率，如果不符还可以修改，输入外币金额后，系统会自动计算出本币金额；如果输入的科目有数量核算，应该输入数量和单价，系统会自动计算出本币金额；如果输入的科目有辅助核算，应该输入相关的辅助信息，以便系统生成辅助核算信息。

(7) 金额。金额可以是正数或负数(即红字)，但不能为零。凭证金额应符合"有借必有贷，借贷必相等"原则，否则将不能保存。

另外，如果设置了常用凭证，可以在填制凭证时直接调用常用凭证，从而增加凭证录入的速度和规范性。

❖ 提示：

关于损益类科目金额的填制

填制涉及损益类科目的凭证时需要注意，如果科目发生额与科目余额方向相反，需要将科目发生额以红字记录与科目余额方向保持一致。例如，本月正常销售10 000元，后发生销售退货500元，一般会记录借主营业务收入500元，这里建议在主营业务收入科目的贷方记录红字金额-500元。原因何在呢？企业账务处理的最终结果是要编制对外财务报告，其中利润表反映企业一定会计期间的经营成果，利润表模板中的公式默认按照科目的余额方向取科目发生额。按照第一种记录方式，利润表中的主营业务收入会取到10 000元，没有包括销售退回的500元；按照第二种方式记录，可以取到正确的主营业务收入9500元。

2) 审核凭证

为保证会计事项处理正确和记账凭证填制正确，需要对记账凭证进行复核。凭证复核包括出纳签字、主管签字和审核凭证。

凭证审核是审核员按照相关规定，对制单员填制的记账凭证进行检查核对，如是否与原始凭证相符、会计分录是否正确等。凭证审核无误后，审核人便可签字，否则必须交由制单人进行修改后再重新审核。

所有凭证必须审核后才能记账。注意审核人与制单人不能是同一人。

如果设置了凭证审核明细权限，审核凭证还会受到明细权限的制约。

3) 凭证记账

记账凭证经过审核签字后，便可以记账了。计算机系统中，记账是由计算机自动进行的。记账过程一旦断电或其他原因造成中断，系统自动调用恢复记账前状态功能恢复数据，再重新选择记账。

如果记账后发现输入的记账凭证有错误需要进行修改，需要人工调用"恢复记账前状态"功能。系统提供了两种恢复记账前状态方式：将系统恢复到最后一次记账前状态和将系统恢复到月初状态。只有主管才能选择将数据"恢复到月初状态"。

如果期初余额试算不平衡，则不能记账。如果上月未结账，则本月不能记账。

4) 修改凭证

如果发生凭证填制错误的情况，就涉及如何修改凭证。在信息化方式下，凭证的修改分为无痕迹修改和有痕迹修改。

(1) 无痕迹修改。无痕迹修改是指系统内不保存任何修改线索和痕迹。对于尚未审核和签字的凭证可以直接进行修改；对于已经审核或签字的凭证应该先取消审核或签字，然后才能修改。显然，这两种情况下，都没有保留任何审计线索。

(2) 有痕迹修改。有痕迹修改是指系统通过保存错误凭证和更正凭证的方式而保留修改痕迹，因而可以留下审计线索。对于已经记账的错误凭证，一般应采用有痕迹修改。具体方法是采用红字更正法或补充更正法。前者适用于更正记账金额大于应记金额的错误或者会计科目的错误，后者适用于更正记账金额小于应记金额的错误。

能否修改他人填制的凭证，将取决于系统参数的设置。其他子系统生成的凭证，只能在账务系统中进行查询、审核、记账，不能修改和作废，只能在生成该凭证的原子系统中进行修改和删除，以保证记账凭证和原子系统中的原始单据相一致。

修改凭证时，一般而言凭证类别及编号是不能修改的。修改凭证日期时，为保持序时性，日期应介于前后两张凭证日期之间，同时日期和月份不能修改。

5) 删除凭证

在U8系统中，没有直接删除凭证的功能。如果需要删除凭证，要分为两步。对于尚未审核和签字的凭证，如果不需要，可以直接将其作废，作废凭证仍保留凭证内容和编号，仅显示"作废"字样。作废凭证不能修改，不能审核，但应参与记账，否则月末无法结账。记账时不对作废凭证进行数据处理，相当于一张空凭证。账簿查询时，查不到作废凭证的数据。

与作废凭证相对应，系统也提供对作废凭证的恢复，将已标识为作废的凭证恢复为正常凭证。如果作废凭证没有保留的必要，可以通过"整理凭证"彻底将其删除。

6) 冲销凭证

冲销凭证是针对已记账凭证而言的。红字冲销可以采用手工方式也可以由系统自动进行。如果采用自动冲销，只要告知系统要被冲销的凭证类型及凭证号，系统便会自动生成一张与该凭证相同但金额为红字(负数)的凭证。

7) 凭证查询

查询是计算机系统较手工方式的优势之一。既可以查询已记账凭证，也可以查询未记账凭证；既可以查询作废凭证也可以查询标错凭证；既可以按凭证号范围查询也可以按日期查询；既可以按制单人查询，也可以按审核人或出纳员查询；通过设置查询条件，可以按科目、摘要、金额、外币、数量、结算方式或各种辅助项查询，快捷方便。

8) 凭证汇总

凭证汇总时，可按一定条件对记账凭证进行汇总并生成凭证汇总表。进行凭证汇总的凭证可以是已记账凭证，也可以是未记账凭证，可供财务人员随时查询凭证汇总信息，及时了解企业的经营状况及其他财务信息。

9) 设置常用凭证

企业发生的经济业务都有其规律性，有些业务在一个月内会重复发生若干次，因而在填制凭证的过程中，经常会有许多凭证完全相同或部分相同，因而可以将这些经常出现的凭证进行预先设置，以便将来填制凭证时随时调用，简化凭证的填制过程，这就是常用凭证。

2. 出纳管理

资金收付的核算与管理是企业的重要日常工作，也是出纳的一项重要工作内容。总账系统中的出纳管理为出纳人员提供了一个集成办公环境，可完成现金日记账、银行存款日记账的查询和打印，随时生成最新资金日报表，进行银行对账并生成银行存款余额调节表。

1) 出纳签字

由于出纳凭证涉及企业资金的收支，所以应加强对出纳凭证的管理。出纳签字功能使出纳可以对涉及现金、银行存款的凭证进行核对，以决定凭证是否有误。如果凭证正确无误，出纳便可签字，否则必须交由制单人进行修改后再重新核对。

出纳凭证是否必须由出纳签字取决于系统参数的设置，如果选择了"出纳凭证必须由出纳签字"选项，那么出纳凭证必须经过出纳签字才能够记账。出纳签字与审核签字没有先后顺序，既可以先出纳签字再审核签字，也可以先审核签字再出纳签字。

2) 现金日记账和银行存款日记账的查询和打印

现金日记账和银行存款日记账不同于一般科目的日记账，属于出纳专管。现金日记账和银行存款日记账可按月或按日查询，查询时可包含未记账凭证的数据在内。

3) 资金日报表

资金日报表可以反映现金和银行存款的日发生额及余额情况。手工环境下，资金日报表由出纳逐日填写，以反映营业终了时的现金、银行存款的收支情况及余额。在U8系统中，资金日报表在凭证记账时自动生成。

4) 支票登记簿

支票登记簿的作用是供出纳员详细登记支票领用及报销情况。使用时需要注意以下几点。

(1) 只有在总账选项中选中"支票控制"，在结算方式设置中选中"票据结算"，在指定会计科目中指定为"银行账"的科目，才能使用支票登记簿。

(2) 领用支票时，出纳员要登记支票领用日期、领用部门、领用人、支票用途、预计金额、备注等信息。

(3) 支票使用后，经办人持原始单据报销，会计据此填制记账凭证。在录入凭证时，系统要求录入结算方式、票号，系统据此在支票登记簿中找到该支票，自动填写报销日期，表示支票已报销。

5) 银行对账

银行对账是出纳在月末应进行的一项工作，企业为了了解未达账项的情况，通常都会定期与开户银行进行对账。在信息化方式下，银行对账的流程如下。

(1) 录入银行对账期初数据。在第一次利用总账系统进行银行对账前，应该录入银行启用日期时的银行对账期初数据。银行对账的启用日期是指使用银行对账功能前最后一次手工对账的截止日期，银行对账不一定和总账系统同时启用，银行对账的启用日期可以晚于总账系统的启用日期。

银行对账期初数据包括银行对账启用日的单位方银行日记账与银行方银行对账单的调整前余额，以及启用日期之前的单位日记账和银行对账单的未达账项。

录入期初数据后，应保证银行日记账的调整后余额等于银行对账单的调整后余额，否则会影响以后的银行对账。

(2) 录入银行对账单。在开始对账之前，需将银行开出的银行对账单录入系统中，以便将其与企业银行日记账进行核对。有些系统还提供了银行账单导入功能，避免了烦琐的手工录入过程。

(3) 银行对账。银行对账可采用自动对账和手工对账相结合的方式，先进行自动对账，然后在此基础上，再进行手工对账。

自动对账是指系统根据设定的对账依据，将银行日记账(银行未达账项文件)与银行对账单进行自动核对和核销。对于已核对上的银行业务，系统将自动在银行日记账和银行对账单双方打上两清标志，视为已达账项，否则视为未达账项。

对账依据可由用户自己设置，但"方向+金额"是必要条件，通常可设置为"结算方式+结算号+方向+金额"。

采用自动对账后，可能还有一些特殊的已达账项没有对上而被视为未达账项，为了保证对账的彻底性和正确性，在自动对账的基础上还要进行手工补对。例如，自动对账只能针对"一对一"的情况进行对账，而对于"一对多""多对一"或"多对多"的情况，只能由手工对账来实现。

(4) 输出银行存款余额调节表。在进行对账后，系统会根据对账结果自动生成银行存款余额调节表，以供用户查询打印或输出。

对账后，还可以查询银行日记账和银行对账单对账的详细情况，包括已达账项和未达账项。

(5) 核销银行账。为了避免文件过大，占用磁盘空间，可以利用核销银行账功能将已达账项删除。对于企业银行日记账已达账项的删除不会影响企业银行日记账的查询和打印。

(6) 长期未达账项审计。有的软件还提供长期未达账项审计的功能。通过设置截止日期及至截止日期未达天数，系统可以自分理处将至截止日期未达账项中未达天数超过指定天数的所有未达账项显示出来，以便企业了解长期未达账项的情况，从而采取措施对其追踪，加强监督，避免不必要的损失。

3. 账簿管理

总账系统提供了强大的账证查询功能。可以查询打印总账、明细账、日记账、发生额余额表、多栏账、序时账等。不仅可以查询到已记账凭证的数据，而且查询的账表中也可以包含未记账凭证的数据；可以轻松实现总账、明细账、日记账和凭证的联查。

1) 基本会计账簿查询

基本会计账簿就是手工处理方式下的总账、明细账、日记账、多栏账等。

凭证记账后，所有的账簿资料自动生成。在信息化环境下，总账用发生额及余额表替代。

在查询多栏账之前，必须先定义多栏账的格式。多栏账格式设置有两种方式：自动编制栏目和手工编制栏目。

2) 辅助核算账簿查询

总账中的辅助核算，不仅可以使业务得到全面、详细的记录，而且还提供各种维度的辅助信息查询功能，为管理人员提供多方位的管理信息。辅助账在手工处理方式下一般作为备查账存在。

(1) 个人核算。个人核算主要进行个人借款、还款管理工作，及时地控制个人借款，完成清欠工作。个人核算包括个人往来明细账、催款单、余额表、账龄分析报告及自动清理核销已清账等功能。

(2) 部门核算。部门核算主要是为了考核部门收支的发生情况，及时地反映控制部门费用的支出，对各部门的收支情况加以比较分析，便于部门考核。部门核算可以提供各级部门的总账、明细账，以及对各部门收入与费用进行部门收支分析等功能。

(3) 项目核算。项目核算用于收入、成本、在建工程等业务的核算，以项目为中心为使用者提供各项目的成本、费用、收入、往来等汇总与明细信息，以及项目计划执行报告等。

(4) 客户核算和供应商核算。客户核算和供应商核算主要进行客户和供应商往来款项的发生、清欠管理工作，及时掌握往来款项的最新情况。可以提供往来款的总账、明细账、催款单、对账单、往来账清理、账龄分析报告等信息。如果用户启用了应收款管理系统和应付款管理系统，可以分别在这两个系统中对客户往来款和供应商往来款进行更为详细的核算与管理。

实 务 训 练

一、总账初始化设置

【实训要求】

由系统管理员在系统管理中引入"3-2单据设计"账套作为基础数据。以账套主管W01高秀文身份登录企业应用平台，进行总账初始化设置。

1. 设置总账选项

修改以下总账选项(见表4-1)，其他保持系统默认。

表4-1　总账选项

选 项 卡	选 项 设 置
凭证	支票控制 取消"现金流量科目必录现金流量项目"
权限	出纳凭证必须经由出纳签字
会计日历	数量小数位和单价小数位均设为2位
其他	部门、个人、项目按编码方式排序

2. 录入科目期初余额

1) 总账科目期初余额(见表4-2)

表4-2　总账科目期初余额

科目编号及名称	辅 助 核 算	方向	币别/计量	期初余额	备注
库存现金(1001)	日记账	借		20 000	录入
银行存款(1002)	日记账、银行账	借		1 224 699.5	自动汇总
工行存款(100201)	日记账、银行账	借		1 224 699.5	自动汇总
人民币户(10020101)	日记账、银行账	借		1 224 699.5	录入
其他货币资金(1012)		借		1 281 000	自动汇总
存出投资款(101201)		借		1 281 000	录入
应收票据(1121)	客户往来	借		138 000	见(2)辅助账明细
应收账款(1122)	客户往来	借		157 600	见(2)辅助账明细
其他应收款(1221)		借		7000	自动汇总
备用金(122101)	部门核算	借		2000	总经理办公室2000 (定额备用金)
应收个人款(122102)	个人往来	借		5000	见(2)辅助账明细
原材料(1403)		借		232 000	自动汇总
三聚氰胺板(140301)	数量核算	借	600张	138 000	先录金额再录数量
大芯板(140302)	数量核算	借	800张	64 000	先录金额再录数量

(续表)

科目编号及名称	辅助核算	方向	币别/计量	期初余额	备注
进口五金(140303)	数量核算	借	1000组	20 000	先录金额再录数量
五金套组(140304)	数量核算	借	1000组	10 000	先录金额再录数量
库存商品(1405)		借		218 000	自动汇总
整体书柜(140501)	数量核算	借	200组	140 000	先录金额再录数量
实用电脑桌(140502)	数量核算	借	600张	78 000	先录金额再录数量
固定资产(1601)		借		918 200	录入
累计折旧(1602)		贷		265 000	录入
应付票据(2201)	供应商往来	贷		26 000	见(2)辅助账明细
应付账款(2202)	供应商往来	贷		250 850	见(2)辅助账明细
应付职工薪酬(2211)		贷		184 982.7	自动汇总
工资(221101)		贷		123 900	录入
职工福利(221102)		贷		0	录入
养老保险(221103)		贷		24 780	录入
医疗保险(221104)		贷		12 390	录入
失业保险(221105)		贷		1239	录入
工伤保险(221106)		贷		1239	录入
生育保险(221107)		贷		991.2	录入
住房公积金(221108)		贷		14 868	录入
工会经费(221109)		贷		2478	录入
职工教育经费(221110)		贷		3097.5	录入
应交税费(2221)		贷		436 265	自动生成
未交增值税(222102)		贷		232 000	录入
应交企业所得税(222103)		贷		164 725	录入
应交个人所得税(222104)		贷		11 700	录入
应交城市维护建设税(222105)		贷		16 240	录入
应交教育费附加(222106)		贷		6960	录入
应交地方教育费附加(222107)		贷		4640	录入
其他应付款(2241)		贷		27 505.8	自动汇总
住房公积金(224101)		贷		14 868	录入
养老保险(224102)		贷		9912	录入
医疗保险(224103)		贷		2478	录入
失业保险(224104)		贷		247.8	录入
长期借款(2501)		贷		500 000	录入
实收资本(4001)		贷		2 000 000	自动汇总
河北崇德投资集团		贷		2 000 000	录入
利润分配(4104)		贷		505 896	自动汇总
未分配利润(410415)		贷		505 896	录入

2) 辅助账期初明细

1121 应收票据　　余额：借138 000元

日期	客户	业务员	摘要	方向	金额
2019-01-22	北京如意家具有限公司	江林	期初	借	138 000

1122 应收账款　　余额：借157 600元

日期	客户	业务员	摘要	方向	金额
2019-02-25	山东银座家居有限公司	江林	期初	借	99 100
2019-03-10	河北卓越家具有限公司	江林	期初	借	58 500

122101 其他应收款/应收个人款　　余额：借5000元

日期	部门	个人	摘要	方向	金额
2019-01-29	人力资源部	马洁	出差借款	借	5000

2201 应付票据　　余额：贷26 000元

日期	供应商	业务员	摘要	方向	金额
2019-01-28	霸州光洋	李丽	期初	贷	26 000

2202 应付账款　　余额：贷250 850 元

日期	供应商	业务员	摘要	方向	金额
2019-03-20	北京东兴茂	李丽	期初	贷	239 150
2019-02-22	光辉庆宇	李丽	期初	贷	11 700

【实训指导】

1. 设置总账选项　（视频：sy040101）

① 在企业应用平台业务工作中，选择"财务会计"中的"总账"，执行"设置"|"选项"命令，打开"选项"对话框。

② 单击【编辑】按钮，进入修改状态。

③ 单击"凭证"选项卡，选中"支票控制"复选框，取消选中"现金流量科目必录现金流量项目"复选框，如图4-1所示。

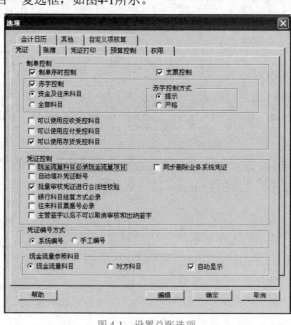

图 4-1　设置总账选项

④ 单击"权限"选项卡，选中"出纳凭证必须经由出纳签字"复选框。

⑤ 单击"会计日历"选项卡，将"数量小数位"和"单价小数位"改为"2"。

⑥ 单击"其他"选项卡，将部门排序方式、个人排序方式和项目排序方式选为"按编码排序"。

⑦ 设置完成后，单击【确定】按钮返回。

2. 输入科目期初余额

爱家家具于2019年4月1日建账，所以需要准备各个账户的2019年年初余额、1～3月累计借贷方发生额和4月初期初余额。本例考虑到实训时间比较紧张，因此只以期初余额为例进行说明。

(1) 无辅助核算的科目余额录入。　（视频：sy04010201）

① 执行"设置"|"期初余额"命令，进入"期初余额录入"窗口。期初余额列底色有三种颜色。

② 底色为白色单元格的为末级科目，期初余额直接录入，如库存现金科目、银行存款\工行存款\人民币户，上级科目的余额自动汇总计算。

③ 数量辅助核算科目，如原材料/三聚氰胺板，第1行录入金额余额，第2行录入数量余额，且必须先录金额再录数量。

(2) 客户往来辅助核算科目录入。　（视频：sy04010202）

底色为黄色的单元格是设置了客户往来、供应商往来、部门核算、个人往来、项目核算的科目。以应收账款为例介绍客户往来辅助核算科目录入。

① 双击应收账款科目期初余额栏，进入"辅助期初余额"窗口。

② 单击【往来明细】按钮进入"期初往来明细"窗口。

③ 单击【增行】按钮，按资料录入应收账款往来明细，如图4-2所示。

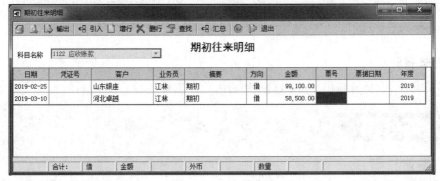

图4-2　期初往来明细

④ 单击【汇总】按钮，系统自动汇总并弹出"完成了往来明细到辅助期初表的汇总！"，单击【确定】按钮。

⑤ 单击【退出】按钮，返回到辅助期初余额界面，如图4-3所示。

⑥ 单击【退出】按钮，返回期初余额录入界面，应收账款科目余额已自动生成。

同理录入其他应收账款科目、应付账款科目期初余额。

3. 试算平衡

输完所有科目余额后，单击【试算】按钮，打开"期初试算平衡表"对话框，如图4-4所示。

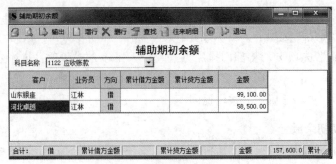

图 4-3　辅助期初余额

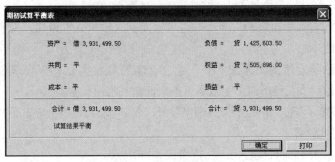

图 4-4　期初试算平衡

若期初余额不平衡，则修改期初余额；若期初余额试算平衡，单击【确定】按钮。

❖ 提示：

◇　系统只能对期初余额的平衡关系进行试算，而不能对年初余额进行试算。

◇　如果期初余额不平衡，可以填制、审核凭证，但是不允许记账。

◇　凭证记账后，期初余额变为"只读、浏览"状态，不能再修改。

4. 账套备份

全部完成后，将账套输出至"4-1总账初始化"文件夹中。

二、凭证处理

【实训要求】

爱家家具财务部财务分工如下：以W02身份进行填制凭证、修改凭证、删除凭证处理；以W03身份进行出纳签字；以W01身份进行审核凭证、记账。

1. 填制凭证

以W02身份根据2019年4月发生的经济业务及相应的原始单据，进行填制凭证处理。

(1) 2019年4月1日，签发现金支票提取现金，如图4-5所示。

分录提示：借：1001库存现金　　　　　　　　　　　　　　8000

　　　　　　贷：10020101银行存款/工行存款/人民币户　　　8000

中国工商银行现金支票存根

支票号码：07521678

科　　目：

对方科目：

签发日期：2019年4月1日

收款人：	河北爱家家具有限公司
金　额：	￥8000.00
用　途：	备用金
备　注：	

单位主管：（略）　　　　　会计：（略）

复　核：（略）　　　　　记账：（略）

图4-5　现金支票存根

（2）2019年4月1日，总经理办公室报销招待费2120元，转账支票支付。与业务相关的原始单据如图4-6、图4-7所示。

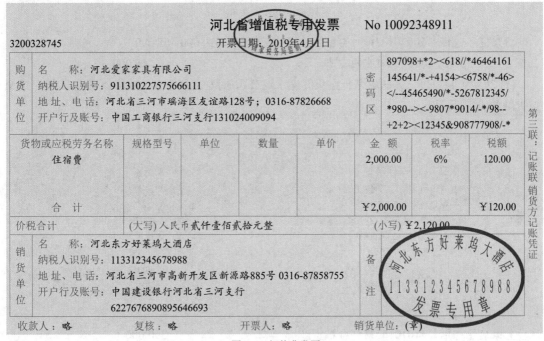

图4-6　招待费发票

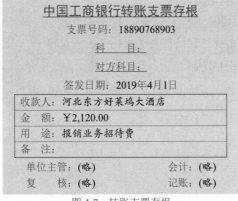

中国工商银行转账支票存根

支票号码：18890768903

科　　目：

对方科目：

签发日期：2019年4月1日

收款人：	河北东方好莱坞大酒店
金　额：	￥2,120.00
用　途：	报销业务招待费
备　注：	

单位主管：（略）　　　　　会计：（略）

复　核：（略）　　　　　记账：（略）

图4-7　转账支票存根

分录提示：借：660201 管理费用/招待费　　　　　　　　　2000

　　　　　　　22210101应交税费/应交增值税/进项税额　　　120

　　　　　　　贷：10020101银行存款/工行存款/人民币户　　　2120

(3) 2019年4月3日，收到美国投资者盖茨先生的10 000美元投资款，进账单如图4-8所示。(投资协议略)

中国工商银行进账单(电汇)

2019年4月3日　　　　　　　　　　　　第000100号

单位名称：河北爱家家具有限公司　　　　　账号：131024010027

户名	账号	用途	金额
盖茨	1086777810		USD10000.00

上列存款，已存入你单位
第131024010027账号　（工商银行盖章）

科目(贷)：
对方科目(借)：
复核：略　记账：略

图 4-8　电汇进账单

分录提示：借：10020102银行存款/工行存款/美元户 $10 000　65 000

　　　　　　　贷：4001实收资本　　　　　　　　　　　　　65 000

(4) 2019年4月3日，为赚取差价购买海螺水泥公司股票(交易佣金进项增值税发票略)。成交报告单如图4-9所示。

河北证券三河市源兴路营业部　买

证券交易合并成交报告单

业务名称(买入成交)　　　　　　　　　币　　种：人民币

成交日期：2019年4月3日　　　　　　打印日期：2019年4月3日

资金账号：9089788　　　　　　　　　证券账号：098067865

客户名称：河北爱家家具有限公司　　　代　　码：890777

成交数量：20000(股)　　　　　　　　股票名称：海螺水泥(600585)

成交均价：19.5元/股　　　　　　　　实收佣金：1,170.00元

成交金额：390,000.00元　　　　　　　印花税：7,800.00元

收付金额：399,040.20元　　　　　　　增值税：70.20元

图 4-9　证券交易成交报告单

分录提示：借：110101交易性金融资产/成本　　　　　　　390 000

　　　　　　　22210101应交税费/应交增值税/进项税额　　70.20

　　　　　　　贷：6111投资收益　　　　　　　　　　　　-8 970

　　　　　　　101201 其他货币资金/存出投资款　　　　399 040.2

(5) 2019年4月3日，人力资源部员工马洁报销差旅费6069元，抵消出差借款5000元外，另付现金1069元，如图4-10、图4-11所示。

差 旅 费 报 销 单

部门：人力资源部　　　　　　　　　　填报日期：2019年4月3日

姓 名			马洁			出差事由		外出调研		出差日期			3月30日—4月3日			
起讫时间及地点						车船票		夜间乘车补助			出差补助费			住宿费	其他	
月	日	起	月	日	讫	类别	金额	时间	标准	金额	日数	标准	金额	金额	摘要	金额
3	30	三河	3	30	南通	飞机	2,077	小时			6	300	1800		订票费	15
4	3	南通	4	3	三河	飞机	2,147	小时							行李费	30
小 计							¥4,224						¥1800			¥45
总计金额(大写)人民币 陆仟零陆拾玖元整						预支 ¥5,000元			核销 ¥6,069元			退补 ¥1,069 元				
主管：略					记账：略			审核：略				制表：略				

图4-10　差旅费报销单

付 款 单 据

时间：2019年4月3日

收款单位 人力资源部马洁　　　　　付款事由 出差补齐款

人民币(大写) 壹仟零陆拾玖元整　　　　　(小写)￥1,069.00 元

记账：略　　审核：略　　出纳：略　　经办：略

图4-11　付款单据

分录提示：借：660202 管理费用/差旅费　　　　　　　6069

　　　　　　　贷：1001 库存现金　　　　　　　　　　1069

　　　　　　　　　122102 其他应收款/应收个人款　　5000

(6) 2019年4月5日，开具转账支票缴纳上月五险一金，如图4-12所示(社会保险基金专项收据略)。

中国工商银行转账支票存根

支票号码：18890768908

科　　目：

对方科目：

签发日期：2019年4月5日

收款人：	河北省三河市社会保险处
金　额：	￥83 013.00
用　途：	缴纳社保
备　注：	

单位主管：(略)　　　　　会计：(略)

复　核：(略)　　　　　记账：(略)

图4-12　转账支票存根

分录提示：借：221103应付职工薪酬/养老保险　　　24 780

　　　　　　　221104应付职工薪酬/医疗保险　　　12 390

　　　　　　　221105应付职工薪酬/失业保险　　　　1239

221106应付职工薪酬/工伤保险	1239
221107应付职工薪酬/生育保险	991.2
221108应付职工薪酬/住房公积金	14 868
224101其他应付款/住房公积金	14 868
224102其他应付款/养老保险	9912
224103其他应付款/医疗保险	2478
224104其他应付款/失业保险	247.8
贷：10020101 银行存款/工行存款/人民币户	83 013

(7) 5日，缴纳上季各项税费。电子缴税付款凭证如图4-13、图4-14所示。

中国工商银行三河支行　电子缴税付款凭证

转账日期：20190405　　　　　　　凭证字号：19807867

纳税人全称及纳税人识别号：河北爱家家具有限公司 320302897896723

付款人全称：河北爱家家具有限公司

付款人账号：131024009094　　　　　征收机关名称：河北三河市瑶海区税务局

付款人开户银行：工行三河市支行　　收款国库（银行）名称：国家金库三河市瑶海支库

小写(合计)金额：￥396,725.00　　　缴款书交易流水号：78956372

大写(合计)金额：人民币叁拾玖万陆仟柒佰贰拾伍元整　　税票号码：10067895647

税种名称	所属时间	实缴金额
增值税	20190301—20190331	￥232,000.00
企业所得税	20190101—20190331	￥164,725.00

第二联 作付款回单(无银行收讫章无效)　　　　复核　　记账

图 4-13　增值税等缴税付款凭证

中国工商银行三河支行　电子缴税付款凭证

转账日期：20190405　　　　　　　凭证字号：19807868

纳税人全称及纳税人识别号：河北爱家家具有限公司 320302897896723

付款人全称：河北爱家家具有限公司

付款人账号：131024009094　　　　　征收机关名称：河北三河市瑶海区税务局

付款人开户银行：工行三河市支行　　收款国库（银行）名称：国家金库三河市瑶海支库(代理)

小写(合计)金额：￥39,540.00　　　缴款书交易流水号：91011245

大写(合计)金额：人民币叁万玖仟伍佰肆拾元整　　税票号码：12719901650

税种名称	所属时间	实缴金额
城市维护建设税	20190301—20190331	￥16240.00
教育费附加	20190301—20190331	￥6960.00
地方教育费附加	20190301—20190331	￥4640.00
个人所得税	20190301—20190331	￥11,700.00

第二联 作付款回单(无银行收讫章无效)　　　　复核　　记账

图 4-14　电子缴税付款凭证

分录提示：借：222102应交税费/未交增值税　　　　232 000

　　　　　　　222103应交税费/应交企业所得税　　164 725

　　　　　　贷：10020101银行存款/工行存款/人民币户　　396 725

借：222104应交税费/应交个人所得税   11 700

    222105应交税费/应交城市维护建设税   16 240

    222106 应交税费/应交教育费附加   6960

    222107应交税费/应交地方教育费附加   4640

    贷：10020101银行存款/工行存款/人民币户   39 540

(8) 2019年4月8日，收到银行利息清单如图4-15所示。(注：银行收账通知单略)

图4-15 银行利息清单

分录提示：借：10020101银行存款/工行存款/人民币户   18231.89

       借：6603 财务费用   −18231.89

(9) 2019年4月8日，车间领用原材料，收到仓储部门的发料凭证汇总表，如表4-3所示。

表4-3 发料凭证汇总表

2019年4月8日

会计账户	用途	三聚氰胺板		进口五金		大芯板		五金套件	
		数量	成本	数量	成本	数量	成本	数量	成本
生产成本	整体书柜(数量200组)	400	92 000	800	16 000				
生产成本	实用电脑桌(数量500张)					500	40 000	1000	10 000
合计		400	92 000	800	16 000	500	40 000	1000	10 000

分录提示：借：500101生产成本/直接材料——整体书柜   108 000

            500101生产成本/直接材料——实用电脑桌   50 000

       贷：140301 原材料/三聚氰胺板   92 000

            140302原材料/大芯板   40 000

            140303 原材料/进口五金   16 000

            140304原材料/五金套件   10 000

(10) 2019年4月10日，收到车间用电费发票，银行委托收款凭证如图4-16、图4-17所示。

分录提示：借：5101制造费用   5000

       22210101 应交税费/应交增值税/进项税额   800

       贷：10020101银行存款/工行存款/人民币户   5800

河北省增值税专用发票　　No 111290878689

1401946572　　开票日期：2019年4月10日

购货单位	名　　称：河北爱家家具有限公司 纳税人识别号：320302897896723 地 址、电 话：河北省三河市瑶海区友谊路128号；0316-87826668 开户行及账号：中国工商银行三河支行131024009094	密码区	1000895645+*2><618//*4646 4161145641/*-+4164><6758/* -46></--45487690/*-52678123 45/*980--><-9807*90></--100 989789

货物或应税劳务名称	规格型号	单位	数量	单价	金额	税率	税额
电费					5000. 00	16%	800.00
合　计					￥5,000.00		￥800.00
价税合计	(大写) 人民币伍仟捌佰元整				(小写) ￥5 800.00		

销货单位	名　　称：河北省电力公司 纳税人识别号：140103789256478 地 址、电 话：河北三河工业园西座0316-86962998 开户行及账号：中国建设银行三河支行6227156789098256767	备注	河北省电力公司 140103789256478 发票专用章

收款人：略　　复核：略　　开票人：略　　销货单位：(章)

第三联：记账联 销货方记账凭证

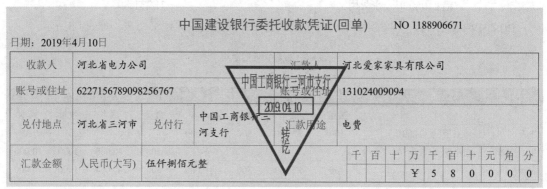

图 4-16　增值税专用发票

中国建设银行委托收款凭证(回单)　　NO 1188906671

日期：2019年4月10日

收款人	河北省电力公司			汇款人	河北爱家家具有限公司
账号或住址	6227156789098256767			账号或住址	131024009094
兑付地点	河北省三河市	兑付行	中国工商银行三河支行	汇款用途	电费
汇款金额	人民币(大写)	伍仟捌佰元整			千 百 十 万 千 百 十 元 角 分 ￥ 5 8 0 0 0 0

中国工商银行三河市支行 2019.04.10 转讫

图 4-17　委托收款凭证

(11) 2019年4月10日，开出转账支票支付上月职工工资，如图4-18所示。

中国工商银行转账支票存根

支票号码：18890768909

科　　目：

对方科目：

签发日期：2019年4月10日

收款人：河北爱家家具有限公司
金　额：￥123 900.00
用　途：发放工资
备 注：

单位主管：(略)　　会计：(略)

复　　核：(略)　　记账：(略)

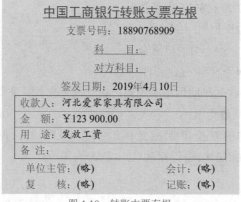

图 4-18　转账支票存根

分录提示： 借：221101 应付职工薪酬/工资　　　　　　　　　123 900

　　　　　　　　 贷：10020101银行存款/工行存款/人民币户　123 900

2. 出纳签字

由W03王菲对所有涉及现金和银行科目的凭证进行签字确认。

3. 审核凭证

由W01高秀文对凭证进行审核。高秀文审核时发现4月3日人力资源部马洁报销差旅费应为6096元，误录为6069元。对该凭证进行标错处理，其他凭证审核通过。

4. 修改凭证

由W02刘畅改正上述错误凭证。由W03王菲进行出纳签字；由W01高秀文进行审核。

5. 记账

以W01高秀文身份对凭证进行记账。

6. 冲销凭证

1月10日，由W02刘畅冲销已记账的第1号转账凭证。

7. 删除凭证

由W02刘畅将上述红字冲销凭证删除。

8. 账证查询

以账套主管身份进行账证查询和辅助账查询。

(1) 查询凭证。查询用库存现金支出在5000元以上的凭证。

(2) 查询余额表。查询2019年4月余额表并联查应收账款专项资料。

(3) 查询"140301原材料/三聚氰胺板"数量金额明细账，并联查"转-0002"凭证。

(4) 查询多栏账。定义并查询管理费用多栏账。

9. 辅助账查询

(1) 查询部门辅助账。查询2019年4月除生产车间外所有部门本期费用发生情况。

(2) 查询个人辅助账。查询人力资源部马洁个人往来清理情况。

(3) 查询项目账。进行"产品"项目大类的统计分析。

【实训指导】

1. 填制凭证

(1) 第1笔业务(业务特征：银行账辅助核算科目)。　〔视频：sy04020101〕

① 在企业应用平台业务工作中，执行"财务会计"|"总账"|"凭证"|"填制凭证"命令，进入"填制凭证"窗口。

② 单击【增加】按钮或者按F5键，系统自动增加一张空白收款凭证。单击旁边的【…】参照按钮，选择凭证类型为"付款凭证"，按Enter键，凭证号0001自动产生。

③ 输入制单日期"2019.04.01"。按照制单序时控制要求，制单日期不能小于上一张同类别凭证的制单日期，且不能大于系统日期。

④ 输入附单据数"1"。附单据数是指该记账凭证所附原始单据的张数。

⑤ 在凭证体第1行摘要栏直接输入摘要"提现金"，按Enter键；直接输入科目代码"1001"或选择科目"1001"，输入借方金额"8000"。

⑥ 按Enter键；摘要自动带到下一行，输入贷方科目"10020101"，弹出"辅助项"对话框。

⑦ 输入结算方式"201"，票号"07521678"，发生日期"2019-04-01"，如图4-19所示，单击【确定】按钮，输入贷方金额或单击键盘上"="键将借贷方差额取到当前位置。

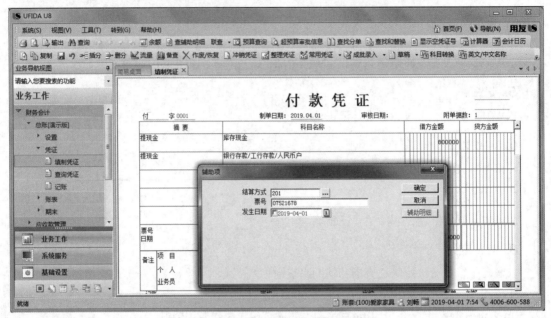

图 4-19　填制第 1 笔业务凭证—银行辅助核算

⑧ 单击【保存】按钮，系统弹出"此支票尚未登记，是否登记？"对话框。

⑨ 单击【是】按钮，弹出"票号登记"对话框，输入各项信息如图4-20所示。

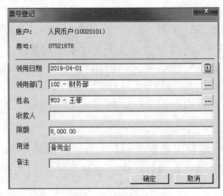

图 4-20　票号登记

⑩ 单击【确定】按钮，弹出信息提示框"凭证已成功保存！"，单击【确定】按钮。

❖ **提示:**

◇ 如果选择了系统编号方式,凭证编号按凭证类别按月顺序编号。

◇ 凭证一旦保存,其凭证类别、凭证编号不能修改。

◇ 正文中不同分录行的摘要可以相同也可以不同,但不能为空。每行摘要将随相应的会计科目在明细账、日记账中出现。

◇ 科目编码必须是末级的科目编码。

◇ 金额不能为"零";红字以"-"号表示。

◇ 可按"="键取当前凭证借贷方全额的差额到当前光标位置。

◇ 单击【📄】增加按钮在保存凭证的同时增加一张新凭证。

◇ 对于设置了银行账辅助核算的科目,填制凭证时需要输入银行账辅助信息。

◇ 在总账选项中选择了支票控制,那么在结算方式中设置为票据管理的结算方式其票号应在支票登记簿中进行登记。

(2) 第2笔业务(业务特征:部门辅助核算科目)。 〔视频:sy04020102〕

① 单击【增加】按钮,系统增加一张付款凭证,输入摘要"报销招待费"、附单据数"2"。

② 选择科目"660201",弹出"辅助项"对话框。选择部门"总经理办公室",如图4-21所示。

③ 继续输入凭证中的其他部分,并登记支票登记簿。

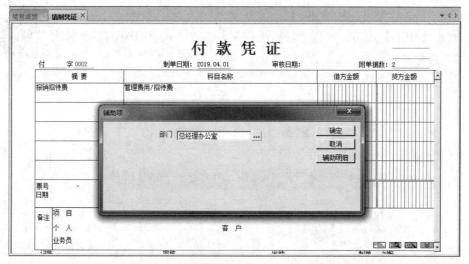

图 4-21 填制第 2 笔业务凭证—部门辅助核算

(3) 第3笔业务(业务特征:外币辅助核算科目)。 〔视频:sy04020103〕

① 增加一张收款凭证,在填制凭证过程中,输完外币科目"10020102",系统自动显示外币汇率"6.5",输入外币金额"10 000",系统自动算出并显示本币金额"65 000",如图4-22所示。

② 全部输完后,单击【保存】按钮,保存凭证。

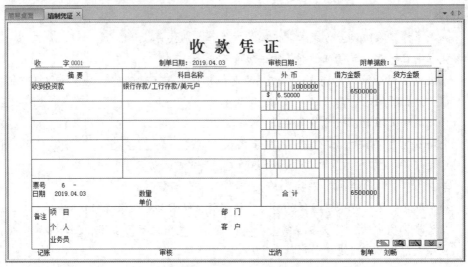

图 4-22　填制第 3 笔业务凭证—外币核算业务

❖提示：

汇率栏中内容是固定的，不能输入或修改。如使用浮动汇率，汇率栏中显示最近一次汇率，可以直接在汇率栏中修改。

(4) 第4笔业务(业务特征：项目辅助核算，在填制凭证过程中添加新项目：01 海螺水泥)。　（视频：sy04020104）

① 单击【增加】按钮，选择"转账凭证"。输入完科目110101后，弹出"辅助项"对话框，要求输入金融资产项目，如图4-23所示。

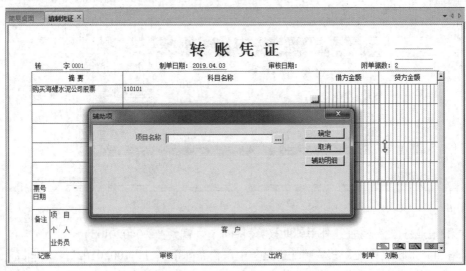

图 4-23　填制第 4 笔业务凭证—项目辅助核算科目

② 单击"项目名称"参照按钮，打开"参照"对话框。该对话框中没有任何项目。单击【编辑】按钮，进入"项目档案"窗口。选择项目大类"金融资产"，单击"项目目录"选项卡，单击【维护】按钮，进入"项目目录维护"窗口。单击【增加】按钮，增加项目"01 海螺水泥"，如图4-24所示。逐级关闭窗口，最终带回项目名称"海螺水泥"。

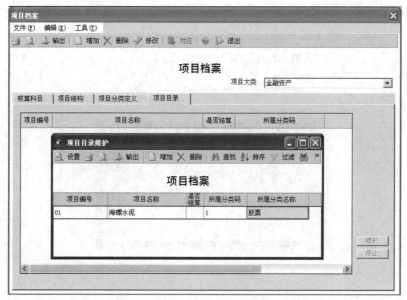

图 4-24 在填制凭证过程中增加新项目

③ 继续录入凭证的其他部分。注意，投资收益如果出现借方金额，需要录入贷方红字。录入数字前先录入"−"，数字即以红字显示。录入完成后如图4-25所示。

图 4-25 填制第 4 笔业务凭证

(5) 第5笔业务(业务特征：个人往来辅助核算、部门核算)。 〔视频：sy04020105〕

① 增加一张付款凭证，在填制凭证过程中，输完部门辅助核算科目"660202"，弹出"辅助项"对话框，选择部门"人力资源部"。

② 输完个人辅助核算科目"122102"，弹出"辅助项"对话框，输入个人往来核算信息，如图4-26所示。

③ 全部输入后，单击【保存】按钮，保存凭证。

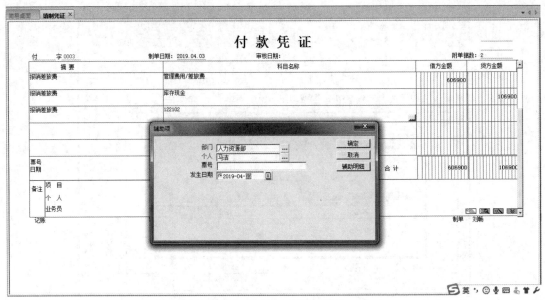

图 4-26　填制第 5 笔业务凭证

(6) 第6笔业务。

请学员自行完成填制此"付款凭证"，并登记支票登记簿。

❖ **提示：**

U8填制凭证界面显示5个分录行，超过5行在凭证号后面会自动显示分单号，如本例显示 "付 字 0004 –0002/0002"。

(7) 第7笔业务。

请学员自行完成，分两张填制。结算方式选择"其他"。

(8) 第8笔业务。

请学员自行完成此"收款凭证"，如图4-27所示。

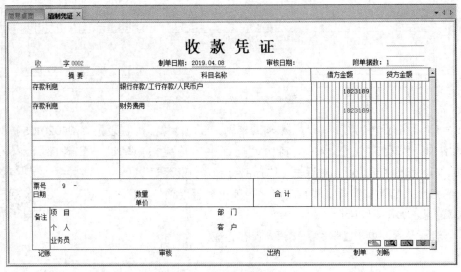

图 4-27　填制第 8 笔业务凭证

(9) 第9笔业务(业务特征: 项目辅助核算、数量核算)。 〔视频: sy04020109〕

① 增加一张转账凭证, 在填制凭证第2行分录时, 输完项目辅助核算科目 "500101", 弹出 "辅助项" 对话框, 选择项目名称 "实用电脑桌", 如图4-28 所示, 单击【确定】按钮返回。

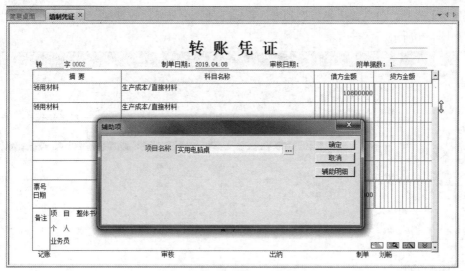

图 4-28 填制第 9 笔业务凭证—项目辅助核算 1

② 填制凭证第3行分录时, 输完数量辅助核算科目 "140301", 弹出 "辅助项" 对话框, 输入数量400、单价230, 如图4-29所示, 单击【确定】按钮, 系统自动计算出借方金额92 000, 单击键盘上的 "空格" 键, 将借方金额调整到贷方。同理, 输入凭证上其他内容。

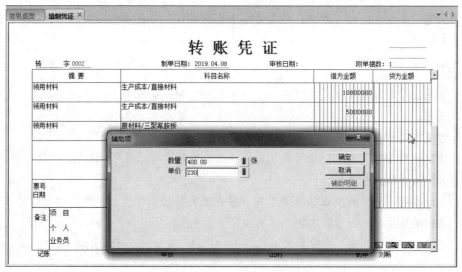

图 4-29 填制第 9 笔业务凭证—项目辅助核算 2

(10) 第10笔业务。

请学员自行填制此 "付款凭证"。结算方式选择 "8委托收款", 票号为1188906671。

(11) 第11笔业务。

请学员自行填制此 "付款凭证"。

2. **出纳签字** （视频：sy040202）

① 在企业应用平台界面，单击左上角【重注册】按钮，以W03王菲身份进入总账，以出纳身份登录在总账下只能看到"凭证"和"出纳"两个功能组。

② 执行"凭证"|"出纳签字"命令，打开"出纳签字"查询条件对话框。单击【确定】按钮，进入"出纳签字列表"窗口。列表中只显示收款凭证和付款凭证，如图4-30所示。

制单日期	凭证编号	摘要	借方金额合计	贷方金额合计	制单人	签字人	系统名	备注	审核日期	年度
2019-04-03	收 - 0001	收到投资款	65,000.00	65,000.00	刘畅					2019
2019-04-08	收 - 0002	存款利息	0.00	0.00	刘畅					2019
2019-04-01	付 - 0001	提现金	8,000.00	8,000.00	刘畅					2019
2019-04-01	付 - 0002	报销招待费	2,120.00	2,120.00	刘畅					2019
2019-04-03	付 - 0003	报销差旅费	6,069.00	6,069.00	刘畅					2019
2019-04-05	付 - 0004	缴纳上月五险一金	83,013.00	83,013.00	刘畅					2019
2019-04-05	付 - 0005	缴纳所得税	396,725.00	396,725.00	刘畅					2019
2019-04-05	付 - 0006	缴纳地方教育费附加	39,540.00	39,540.00	刘畅					2019
2019-04-10	付 - 0007	车间用电	5,800.00	5,800.00	刘畅					2019
2019-04-10	付 - 0008	支付职工工资	123,900.00	123,900.00	刘畅					2019

图 4-30　出纳签字列表

③ 双击某一要签字的凭证，进入"出纳签字"的签字窗口。单击【签字】按钮，凭证底部的"出纳"处自动签上出纳人姓名。单击【➡】下张按钮，以此类推对其他凭证签字，最后单击【退出】按钮。

❖ **提示：**

◇ 出纳签字与审核凭证没有顺序关系，既可以在审核凭证前进行，也可以在审核凭证后进行。

◇ 涉及指定为现金科目和银行科目的凭证才需出纳签字。

◇ 凭证一经签字，就不能被修改、删除，只有取消签字后才可以修改或删除，取消签字只能由出纳自己进行。

◇ 凭证签字并非审核凭证的必要步骤。若在设置总账参数时，不选择"出纳凭证必须经由出纳签字"，则可以不执行"出纳签字"功能。

◇ 可以执行"批处理"|"成批出纳签字"功能对所有凭证进行出纳签字。

3. **审核凭证** （视频：sy040203）

① 在企业应用平台中，单击左上角【重注册】按钮，以"W01 高秀文"的身份重新进入总账系统，执行"凭证"|"审核凭证"命令，打开"凭证审核"查询条件对话框。

② 单击【确定】按钮，进入"凭证审核列表"窗口，如图4-31所示。

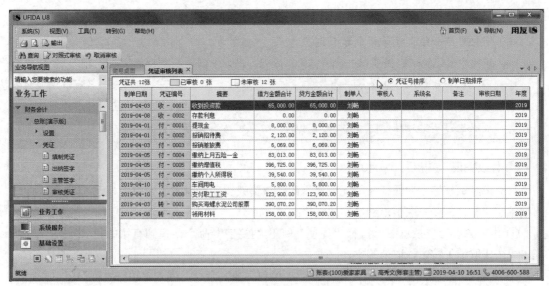

图 4-31　凭证审核列表界面

③ 双击要审核的凭证，进入"审核凭证"的审核凭证窗口。

④ 检查要审核的凭证，无误后，单击【审核】按钮，凭证底部的"审核"处自动签上审核人姓名。并自动翻到下一张凭证。审核完成如图4-32所示。

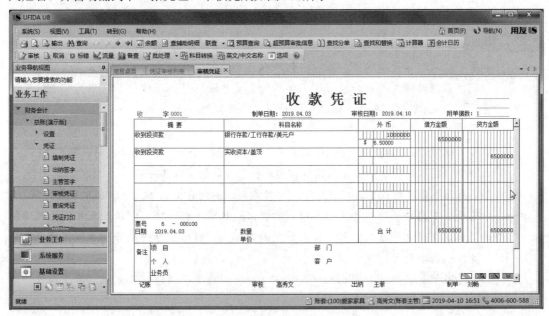

图 4-32　审核凭证界面

⑤ 找到"付-0003"号凭证，单击【标错】按钮，系统弹出"填写凭证错误原因"对话框，输入"金额错误"，单击【确定】按钮，凭证左上角显示红色"有错"字样。

❖ **提示：**

◇ 审核日期必须大于等于制单日期。

◇ 审核中发现凭证错误可以进行"标错"处理，以方便制单人准确定位错误凭证以便修改。

◇ 审核人和制单人不能是同一个人，凭证一经审核，不能被修改、删除，只有取消审核签字后才可修改或删除，已标记作废的凭证不能被审核，需先取消作废标记后才能审核。

◇ 可以执行"批处理"|"成批审核凭证"功能对所有凭证进行审核签字。

4. 修改凭证 （视频：sy040204）

只有未经审核签字的凭证才能无痕迹修改。该错误凭证目前属于未审核、已出纳签字状态，需要先取消出纳签字才能修改。

① 由W03王菲登录总账，执行"凭证"|"出纳签字"命令，找到有错的凭证，单击【取消】按钮，取消签字。

② 由W02刘畅登录总账，执行"凭证"|"填制凭证"命令，进入"填制凭证"窗口。

③ 单击【◀◀ ◀ ▶ ▶▶】按钮，找到要修改的"付-0003"凭证。

④ 修改差旅费和库存现金金额，保存即可。

⑤ 由W03王菲对该凭证进行出纳签字。

⑥ 由W01高秀文对该凭证进行审核。

❖ **提示：**

◇ 如果修改的内容是辅助项，假设本例将人力资源部修改为采购部，那么首选需要把光标定位在辅助核算科目分录行上，然后将光标移动到凭证下方的备注栏，待光标变形为"✎"时双击，弹出"辅助项"对话框。删除已有的"人力资源部"，重新选择"采购部"。

◇ 未经审核的错误凭证可通过"填制凭证"功能直接修改；但是凭证类别不能修改。

◇ 已审核的凭证或已出纳签字的凭证需由原签字人取消审核签字后，再进行修改。

◇ 若已采用制单序时控制，则在修改制单日期时，不能在上一张凭证的制单日期之前。

◇ 若选择"不允许修改、作废他人填制的凭证"权限控制，则不能修改或作废他人填制的凭证。若"允许修改、作废他人填制的凭证"，那么最后一个修改该凭证的人成为该凭证的制单人。

◇ 如果涉及银行科目的分录已录入支票信息，并对该支票做过报销处理，修改操作将不影响"支票登记簿"中的内容。

◇ 外部系统传过来的凭证不能在总账系统中进行修改，只能在生成该凭证的系统中进行修改。

5. 记账 （视频：sy040205）

① 由W01高秀文进入总账，执行"凭证"|"记账"命令，进入"记账"窗口。

② 第一步选择要进行记账的凭证范围。例如，在付款凭证的"记账范围"栏中输入"1-3"，本例单击【全选】按钮，选择所有凭证，如图4-33所示，单

击【记账】按钮。

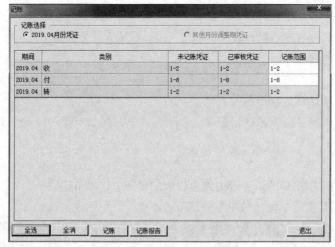

图 4-33　记账—选择本次记账范围

③ 系统进行记账前试算，并显示期初试算平衡表。

④ 单击【确定】按钮，系统开始记入有关的总账和明细账、辅助账。登记完后，弹出"记账完毕！"信息提示对话框。

⑤ 单击【确定】按钮，记账完毕。

> ❖ **提示：**
>
> ◇ 第一次记账时，若期初余额试算不平衡，不能记账。
> ◇ 上月未记账，本月不能记账。
> ◇ 未审核凭证不能记账，记账范围应小于等于已审核范围。
> ◇ 作废凭证无须审核可直接记账。
> ◇ 记账过程一旦断电或由其他原因造成中断后，系统将自动调用"恢复记账前状态"恢复数据，然后再重新记账。

6. 冲销凭证 （视频：sy040206）

已记账凭证发生错误，需要采用红字冲销法或补充更正法进行有痕迹修改。

① 由W02刘畅进入总账，在"填制凭证"窗口，单击【冲销凭证】按钮，打开"冲销凭证"对话框。

② 输入条件：选择"月份""凭证类别"；输入"凭证号"等信息，如图4-34所示。

图 4-34　冲销凭证

③ 单击【确定】按钮，系统自动生成一张红字冲销凭证。

❖ **提示：**

    ◇   通过红字冲销法增加的凭证，应视同正常凭证进行保存和管理。

    ◇   红字冲销只能针对已记账凭证进行。

    ◇   红字冲销凭证也可以手工填制。

7. 删除凭证 （视频：sy040207）

只能针对未审核签字的凭证进行删除。删除凭证分为两个步骤，首先作废凭证，然后整理凭证。

(1) 作废凭证。

① 在"填制凭证"窗口中，先查询到要作废的凭证"转-0003"。

② 单击【作废】按钮。凭证的左上角显示"作废"，表示该凭证已作废，如图4-35所示。

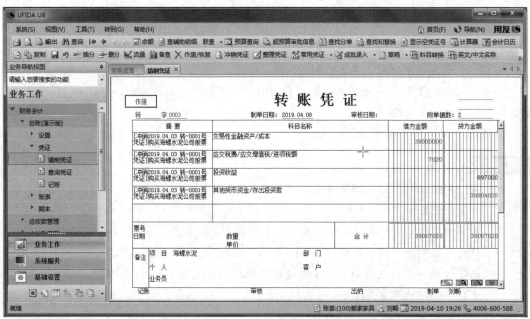

图 4-35　作废凭证

❖ **提示：**

    ◇   作废凭证仍保留凭证内容及编号，只显示"作废"字样。

    ◇   作废凭证不能修改，不能审核。

    ◇   在记账时，已作废的凭证应参与记账，否则月末无法结账，但不对作废凭证做数据处理，相当于一张空凭证。

    ◇   账簿查询时，查不到作废凭证的数据。

    ◇   若当前凭证已作废，可再次单击【✕作废/恢复】按钮，取消作废标志，并将当前凭证恢复为有效凭证。

(2) 整理凭证。

① 在"填制凭证"窗口中，单击【整理凭证】按钮，打开"选择凭证期间"对话框。

② 选择要整理的月份"2019.04"，单击【确定】按钮，打开"作废凭证表"对话框。

③ 单击【全选】按钮或双击要删除的凭证记录行，选择真正要删除的作废凭证，如图4-36所示。

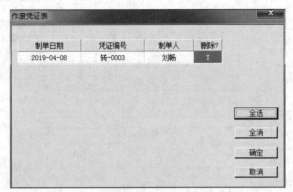

图 4-36　作废凭证表

④ 单击【确定】按钮，系统将弹出"是否还需整理凭证断号"信息提示框，如图4-37所示。

图 4-37　整理凭证号提示

⑤ 单击【是】按钮，系统将这些凭证从数据库中删除并对剩下的凭证重新排号。

❖ 提示：

◇ 如果作废凭证不想保留时，则可以通过"整理凭证"功能，将其彻底删除，并对未记账凭证重新编号。

◇ 只能对未记账凭证做凭证整理。

◇ 已记账凭证做凭证整理，应先恢复本月月初的记账前状态，再做凭证整理。

8. 账证查询

以W01高秀文身份进行账证查询。

(1) 查询凭证。查询用库存现金支出在5000元以上的凭证。

① 执行"凭证"|"查询凭证"命令，打开"凭证查询"对话框。

② 单击【辅助条件】按钮，设置科目为"1001"，方向为"贷方"，金额为"5000"，如图4-38所示。

③ 单击【确定】按钮，系统弹出"没有符合条件的凭证"信息提示框。

④ 单击【确定】按钮返回。

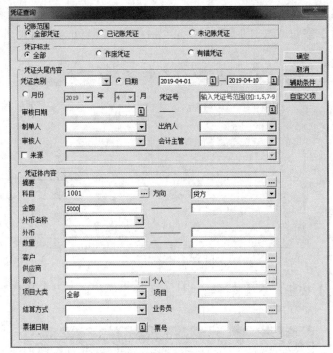

图 4-38　查询凭证

(2) 查询余额表。查询2019年4月余额表并联查应收账款专项资料。

① 执行"账表"|"科目账"|"余额表"命令，打开"发生额及余额表查询条件"对话框。

② 单击【确定】按钮，进入"发生额及余额表"窗口，如图4-39所示。

发生额及余额表

月份：2019.04-2019.04

科目编码	科目名称	期初余额		本期发生		期末余额	
		借方	贷方	借方	贷方	借方	贷方
1001	库存现金	20,000.00		8,000.00	1,096.00	26,904.00	
1002	银行存款	1,224,699.50		83,231.89	659,098.00	648,833.39	
1012	其他货币资金	1,281,000.00			399,040.20	881,959.80	
1101	交易性金融资产			390,000.00		390,000.00	
1121	应收票据	138,000.00				138,000.00	
1122	应收账款	157,600.00				157,600.00	
1221	其他应收款	7,000.00			5,000.00	2,000.00	
1403	原材料	232,000.00			158,000.00	74,000.00	
1405	库存商品	218,000.00				218,000.00	
1601	固定资产	918,200.00				918,200.00	
1602	累计折旧		265,000.00				265,000.00
资产小计		4,196,499.50	265,000.00	481,231.89	1,222,234.20	3,455,497.19	265,000.00
2201	应付票据		26,000.00				26,000.00
2202	应付账款		250,850.00				250,850.00
2211	应付职工薪酬		184,982.70	179,407.20			5,575.50
2221	应交税费		436,265.00	437,255.20	990.20		990.20
2241	其他应付款		27,505.80	27,505.80			
2501	长期借款		500,000.00				500,000.00
负债小计			1,425,603.50	644,168.20	990.20		782,425.50
4001	实收资本		2,000,000.00		65,000.00		2,065,000.00
4104	利润分配		505,896.00				505,896.00
权益小计			2,505,896.00		65,000.00		2,570,896.00
5001	生产成本			158,000.00		158,000.00	

图 4-39　发生额及余额表

③ 将光标定位在"1122应收账款",单击【专项】按钮,打开"客户科目余额表"对话框,查看各个客户的期初余额、本期发生和期末余额专项资料,如图4-40所示。

④ 单击【累计】按钮,可以查看到累计借贷方发生额。

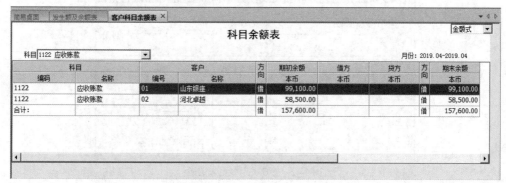

图 4-40　应收账款专项资料

(3) 查询"原材料/三聚氰胺板"数量金额明细账,并联查凭证。

① 执行"账表"|"科目账"|"明细账"命令,打开"明细账查询条件"对话框。

② 选择查询科目"140301"—"140301",单击【确定】按钮,进入"原材料明细账"窗口。

❖ **提示:**

手工状态下,凭证未经审核记账在账簿中查不到相关资料,但在计算机系统中,如果选中"包含未记账凭证"复选框,那么可以查询包含未记账凭证在内的明细账。

③ 在右上角选择"数量金额式"账页形式,显示如图4-41所示。

④ 将光标定位在"转-0002"记录行,单击【凭证】按钮,联查凭证。

原材料明细账

科目 140301 三聚氰胺板　　　　　　　　数量单位:张
　　　　　　　　　　　　　　　　　　月份: 2019.04-2019.04

2019年		凭证号数	摘要	单价	借方		贷方		方向	余额		
月	日				数量	金额	数量	金额		数量	单价	金额
			期初余额						借	600.00	230.00	138,000.00
04	08	转-0002	领用材料	230.00			400.00	92,000.00	借	200.00		46,000.00
04			当前合计				400.00	92,000.00	借	200.00	230.00	46,000.00
04			当前累计				400.00	92,000.00	借	200.00	230.00	46,000.00
			结转下年				400.00		借	200.00	230.00	46,000.00

图 4-41　数量金额明细账

❖ **提示:**

在明细账查询中可以联查总账和记账凭证。

(4) 查询多栏账。定义并查询管理费用多栏账。

① 执行"账表"|"科目账"|"多栏账"命令,打开"多栏账"对话框。

② 单击【增加】按钮，打开"多栏账定义"对话框。选择核算科目"6602 管理费用"，单击【自动编制】按钮，系统自动将管理费用下的明细科目作为多栏账的栏目，如图4-42所示。

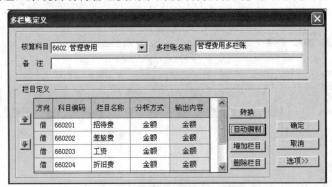

图 4-42　管理费用多栏账定义

③ 单击【确定】按钮，完成管理费用多栏账的定义。

④ 单击【查询】按钮，打开"多栏账查询"对话框，单击【确定】按钮，显示管理费用多栏账如图4-43所示。

多栏账

多栏 管理费用多栏账　　　　　　　　　　　　　　　　　　　　　　　　　　月份：2019.04-2019.04

2019年		凭证号数	摘要	借方	贷方	方向	余额	借方			
月	日							招待费	差旅费	薪资	折旧
04	01	付-0002	报销招待费	2,000.00		借	2,000.00	2,000.00			
04	03	付-0003	报销差旅费	6,096.00		借	8,096.00		6,096.00		
04			当前合计	8,096.00		借	8,096.00	2,000.00	6,096.00		
04			当前累计	8,096.00		借	8,096.00	2,000.00	6,096.00		

图 4-43　管理费用多栏账

❖ 提示：

◇　多栏账需要先定义再查询，定义是一次性的。

◇　普通多栏账由系统将要分析的下级科目自动生成"多栏账"。

◇　自定义多栏账可以根据管理需要将不同科目或不同级次的科目形成多栏账，栏目内容、分析方向等均可以定义。

9. 辅助账查询

(1) 查询部门辅助账。查询2019年4月部门收支分析表。

① 执行"账表"|"部门辅助账"|"部门收支分析"命令，打开"部门收支分析条件"对话框。

② 选择管理费用下的所有明细科目作为分析科目，单击【下一步】按钮。

③ 选择除生产部外的所有部门作为分析部门，如图4-44所示，单击【下一步】按钮。

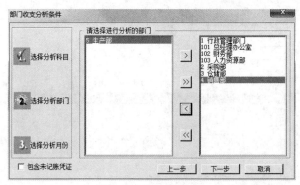

图 4-44　选择分析部门

④ 选择"2019.04"作为分析月份，单击【完成】按钮，系统显示部门收支分析表如图4-45所示。

部门收支分析表

科目编码	科目名称	统计方式	方向	合计金额	1 行政管理部门金额	101 总经理办公室金额	102 财务部金额	103 人力资源部金额	2 采购部金额	3 仓储部金额	4 销售部金额
122101	备用金	期初	借	2,000.00	2,000.00	2,000.00					
		借方									
		贷方									
		期末	借	2,000.00	2,000.00	2,000.00					
660201	招待费	期初	借								
		借方		2,000.00	2,000.00	2,000.00					
		贷方									
		期末	借	2,000.00	2,000.00	2,000.00					
660202	差旅费	期初	借								
		借方		6,096.00	6,096.00			6,096.00			
		贷方									
		期末	借	6,096.00	6,096.00			6,096.00			
660203	薪资	期初	借								
		借方									
		贷方									
		期末	借								
660204	折旧费	期初	借								
		借方									
		贷方									
		期末	借								
660205	社会保险费	期初	借								

图 4-45　部门收支分析表

⑤ 单击【过滤】按钮，打开"过滤条件"对话框。选中"借方"，单击【确定】按钮，显示几个部门的本期支出情况。

(2) 查询个人辅助账。查询人力资源部马洁个人往来清理情况。

① 执行"账表"|"个人往来账"|"个人往来清理"命令，打开"个人往来两清条件"对话框。

② 选择个人"H01马洁"；选中左下角"显示已全部两清"复选框，单击【确定】按钮，进入"个人往来两清"窗口。

③ 单击【勾对】按钮，系统弹出"是否对查询条件范围内的数据进行两清？"信息提示框。

④ 单击【是】按钮，系统显示"自动勾兑结果"对话框。单击【确定】按钮，系统自动将已达账项打上已结清的标志，如图4-46所示。

图 4-46　个人往来两清

(3) 查询项目账。进行"产品"项目大类的统计分析。

① 执行"账簿"|"项目辅助账"|"项目统计分析"命令，打开"项目统计条件"对话框。

② 选择项目大类"产品"下的全部统计项目，单击【下一步】按钮。

③ 选择"500101生产成本/直接材料"科目作为统计科目，单击【下一步】按钮。

④ 选择统计月份"2019.04"，单击【完成】按钮，显示项目统计情况，如图4-47所示。

图 4-47　项目统计表

凭证处理完成后，将账套备份至"4-2凭证处理"。

三、出纳管理

【实训要求】

以W03王菲出纳身份完成以下工作。

(1) 查询现金日记账。

(2) 查询2019-04-03日资金日报。

(3) 登记支票登记簿。

12日，采购部李丽借转账支票一张采购大芯板，票号为90768906，预计金额20 000元。

(4) 银行对账。爱家家具银行账的启用日期为2019-04-01，工行人民币户企业日记账调整前余额为1 224 699.5元，银行对账单调整前余额为1 256 699.5元，未达账项一笔，系2019-03-28银行已收企业未收款32 000元(转账支票)。

2019年4月份银行对账单如表4-4所示。

表4-4　2019年4月份银行对账单

日　　期	结算方式	票　　号	借方金额	贷方金额
2019.04.01	201	07521678		8000
2019.04.03	202	18890768903		2120
2019.04.04	202	18890768908		83 013
2019.04.05	9			396 725
2019.04.05	9			39 540
2019.04.06	9		18 231.89	
2019.04.12	202	18890768909		123 900

【实训指导】

以系统管理员身份在系统管理中引入"4-2凭证处理"账套，以W03王菲身份登录总账，登录日期为2019-04-12，完成以下工作。

1. 查询现金日记账 （视频：sy040301）

① 执行"出纳"|"现金日记账"命令，打开"现金日记账查询条件"对话框。

② 选择科目"1001库存现金"，默认月份为"2019.04"，单击【确定】按钮，进入"现金日记账"窗口，如图4-48所示。

图 4-48　现金日记账

❖ **提示：**

双击某行或将光标定在某行再单击【凭证】按钮，可查看相应的凭证。单击【总账】按钮，可查看此科目的三栏式总账。此前由于没有赋予出纳查询账表和查询凭证的权限，因此单击相应按钮也无法跳转，系统会弹出提示"该操作员无此功能权限！"。

2. 查询资金日报 （视频：sy040302）

① 执行"出纳"|"资金日报"命令，打开"资金日报表查询条件"对话框。

② 输入查询日期"2019-04-03"。选择"有余额无发生额也显示"复选框。

③ 单击【确定】按钮，进入"资金日报表"窗口，如图4-49所示。单击【退出】按钮。

图 4-49　资金日报表

❖ **提示：**

◇　在资金日报中可以查询现金、银行存款科目某日的发生额和余额情况。

◇　如果选中"有余额无发生额也显示"，那么即使现金或银行存款科目在查询日没有发生业务也显示。

---

3. 登记支票登记簿 （视频：sy040303）

① 执行"出纳"|"支票登记簿"命令，打开"银行科目选择"对话框。

② 选择科目：人民币户"10020101"，单击【确定】按钮，进入"支票登记簿"窗口。

③ 单击【增加】按钮。

④ 输入领用日期"2019.04.12"，领用部门"采购部"，领用人"李丽"，支票号"90768906"，预计金额"20 000"，用途"采购大芯板"，单击【保存】按钮，如图4-50所示。关闭"支票登记簿"窗口。

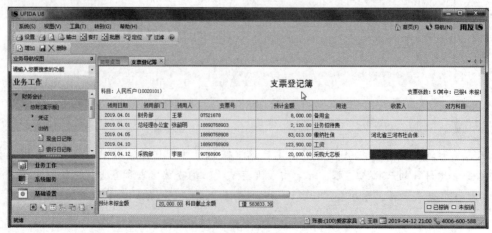

图 4-50　支票登记

◇ 只有在总账选项中选择了"支票控制"且在结算方式设置中选择"票据管理标志"功能才能在此选择登记。

◇ 不同的银行账户分别登记支票登记簿。

◇ 领用日期和支票号必须输入，其他内容可输可不输。

◇ 支票登记簿中报销日期为空时，表示该支票未报销。已报销的支票可成批删除。

◇ 当支票支出后，在填制凭证时输入该支票的结算方式和结算号，系统会自动在支票登记簿中为该支票标注报销日期。

4. 银行对账

(1) 输入银行对账期初数据。 〔视频：sy04030401〕

① 在总账系统中，执行"出纳"|"银行对账"|"银行对账期初录入"命令，打开"银行科目选择"对话框。

② 选择科目"10020101人民币户"，单击【确定】按钮，进入"银行对账期初"窗口。

③ 输入单位日记账的调整前余额"1 224 699.5"；输入银行对账单的调整前余额"1 256 699.5"。

④ 单击【对账单期初未达项】按钮，进入"银行方期初"窗口。

⑤ 单击【增加】按钮，输入日期"2019.03.28"，结算方式"202"，票号"16221622"，借方金额"32 000"。

⑥ 单击【保存】按钮，再单击【退出】按钮，如图4-51所示。

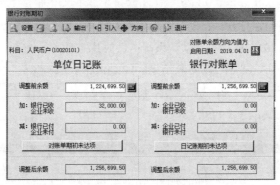

图 4-51 银行对账期初

◇ 第一次使用银行对账功能前，系统要求录入日记账及对账单未达账项，在开始使用银行对账之后不再使用。

◇ 在录入完单位日记账、银行对账单期初未达账项后，请不要随意调整启用日期，尤其是向前调，这样可能会造成启用日期后的期初数不能再参与对账。

(2) 录入银行对账单。 〔视频：sy04030402〕

① 执行"出纳"|"银行对账"|"银行对账单"命令，打开"银行科目选择"对话框。

② 选择科目"10020101人民币户"，月份"2019.04—2019.04"，单击【确定】按钮，进入"银行对账单"窗口。

③ 单击【增加】按钮，输入银行对账单数据，单击【保存】按钮，如图4-52所示。

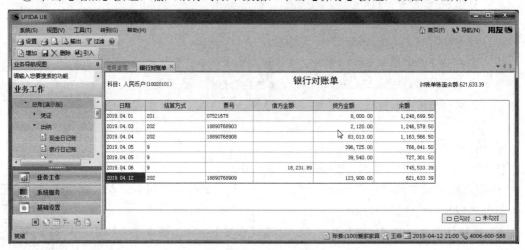

图 4-52　录入银行对账单

(3) 银行对账。　〔视频：sy04030403〕

   ○　自动对账

① 执行"出纳" | "银行对账" | "银行对账"命令，打开"银行科目选择"对话框。

② 选择科目"10020101人民币户"，月份"2019.04—2019.04"，单击【确定】按钮，进入"银行对账"窗口。

③ 单击【对账】按钮，打开"自动对账"条件对话框。

④ 输入截止日期"2019.04.12"，默认系统提供的其他对账条件。

⑤ 单击【确定】按钮，显示自动对账结果，如图4-53所示。

图 4-53　银行对账

❖ 提示：

   ◇　对账条件中的"方向、金额相同"是必选条件，对账截止日期可输入可不输入。

   ◇　对于已达账项，系统自动在银行存款日记账和银行对账单双方的"两清"栏打上圆圈标志。

○　手工对账

手工对账是对自动对账的补充。自动对账完成后，可能还有一些特殊的已达账项没有对出来，而被视为未达账项，为了保证对账正确，可以用手工对账来进行调整。

① 在银行对账窗口，对于一些应勾对而未勾对上的账项，可分别双击"两清"栏，直接进行手工调整。手工对账的标记为"Y"，以区别于自动对账标记。

② 对账完毕，单击【检查】按钮，检查结果平衡，单击【确定】按钮。

(4) 输出余额调节表。

① 执行"出纳"|"银行对账"|"余额调节表查询"命令，进入"银行存款余额调节表"窗口。

② 选中科目"10020101人民币户"。

③ 单击【查看】或双击该行，即显示该银行账户的银行存款余额调节表。

> ❖ **提示：**
>
> ◇ 银行存款余额调节表应显示账面余额平衡，如果不平衡应找出原因。
> ◇ 银行对账完成后，如果确定对账结果无误，可以使用"核销银行账"功能核销已达账。

5. 备份账套

全部完成后，将账套输出至"4-3出纳管理"文件夹中。

▐ 应 用 拓 展 ▐

1. 取消记账

岗位角色： W01账套主管。

操作路径：

(1) 激活"恢复记账前状态"功能。期末—对账，在对账界面按Ctrl+H键，弹出系统信息提示如图4-54所示。

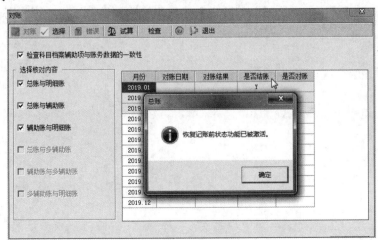

图 4-54　激活"恢复记账前状态"功能

(2) 恢复记账。

总账—凭证—恢复记账前状态，如图4-55所示。

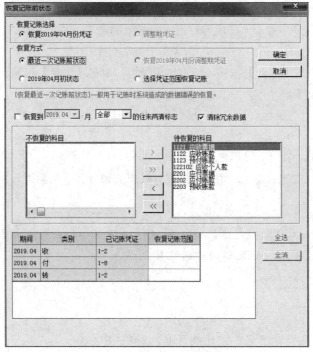

图 4-55　恢复记账前状态

2. 生成常用凭证

【示例】将从工行提现金凭证定义为常用凭证。

岗位角色：W02主管会计。

操作路径：总账—填制凭证—常用凭证—生成常用凭证。

重点提示：

❑ 录入凭证后，单击【常用凭证】【生成常用凭证】按钮，打开"常用凭证生成"对话框，输入常用凭证代号和说明，单击【确认】按钮保存。

❑ 在填制凭证界面，单击【常用凭证】【调用常用凭证】按钮，可复制已定义的常用凭证。

第五章 薪资管理

理论认知

一、薪资管理基本功能

薪资管理系统的任务是以职工个人的薪资原始数据为基础，计算应发工资、扣款小计和实发工资等，编制工资结算单；按部门和人员类别进行汇总，进行个人所得税计算；提供多种方式的查询、打印薪资发放表、各种汇总表及个人工资条；进行工资费用分配与计提，并实现自动转账处理。薪资管理系统具体包括以下内容。

1. 工资类别管理

薪资系统提供处理多个工资类别的功能。如果单位按周或按月多次发放薪资，或者是单位中有多种不同类别(部门)的人员，薪资发放项目不同，计算公式也不同，但需进行统一薪资核算管理，就选择多个工资类别。

2. 人员档案管理

可以设置人员的基础信息并对人员变动进行调整，系统同时还提供了设置人员附加信息的功能。

3. 薪资数据管理

根据不同企业的需要设计工资项目和计算公式；管理所有人员的工资数据，并对平时发生的工资变动进行调整；自动计算个人所得税，结合工资发放形式进行扣零处理或向代发的银行传输工资数据；自动计算、汇总工资数据；自动完成工资分摊、计提、转账业务。

4. 薪资报表管理

提供多层次、多角度的工资数据查询。

二、薪资管理初始化

1. 建立工资账套

工资账套与系统管理中的账套是不同的概念，系统管理中的账套是针对整个核算系统，而工资账套是针对工资子系统。要建立工资账套，前提是在系统管理中建立本单位的核算账套。

建立工资账套时可以根据建账向导分四步进行，即参数设置、扣税设置、扣零设置、人员编码设置。

2. 基础信息设置

建立工资账套以后，要对整个系统运行所需的一些基础信息进行设置，包括如下几项。

1) 部门设置

员工薪资一般是按部门进行管理的。

2) 人员类别设置

人员类别与工资费用的分配、分摊有关，以便于按人员类别进行工资汇总计算。

3) 人员附加信息设置

此项设置可增加人员信息，丰富人员档案的内容，便于对人员进行更加有效的管理，例如，增加设置人员的性别、民族、婚否等。

4) 工资项目设置

工资项目设置即定义工资项目的名称、类型、宽度、小数、增减项。系统中有一些固定项目，是工资账中必不可少的，包括"应发合计""扣款合计""实发合计"，这些项目不能删除和重命名。其他项目可根据实际情况定义或参照增加，如基本工资、奖励工资、请假天数等。在此设置的工资项目是针对所有工资类别的全部工资项目。

5) 银行名称设置

发放工资的银行可按需要设置多个，这里银行名称设置是对所有工资类别。例如，同一工资类别中的人员由于在不同的工作地点，需在不同的银行代发工资；或者不同的工资类别由不同的银行代发工资，均需设置相应的银行名称。

6) 计件工资设置

除计时工资外，U8系统还支持计件工资核算。计件工资设置包括计件工资标准设置和计件工资方案设置。

3. 工资类别管理

工资系统是按工资类别来进行管理的。每个工资类别下有职工档案、工资变动、工资数据、报税处理、银行代发等。对工资类别的维护包括建立工资类别、打开工资类别、删除工资类别、关闭工资类别和汇总工资类别。

1) 人员档案

人员档案的设置用于登记工资发放人员的姓名、职工编号、所在部门、人员类别等信息，此外，员工的增减变动也必须在本功能中处理。人员档案的操作是针对某个工资类别的，即应先打开相应的工资类别。

人员档案管理包括增加/修改/删除人员档案、人员调离与停发处理、查找人员等。

2) 设置工资项目和计算公式

在系统初始中设置的工资项目包括本单位各种工资类别所需要的全部工资项目。由于不同的工资类别，工资发放项目不同，计算公式也不同，因此应对某个指定工资类别所需的工资项目进行设置，并定义此工资类别的工资数据计算公式。

(1) 选择建立本工资类别的工资项目。

这里只能选择系统初始中设置的工资项目，不可自行输入。工资项目的类型、长度、小数位数、增减项等不可更改。

(2) 设置计算公式。

定义某些工资项目的计算公式及工资项目之间的运算关系。例如，缺勤扣款=基本工资/月工作日×缺勤天数。运用公式可直观表达工资项目的实际运算过程，灵活地进行工资计算处理。定义公式可通过选择工资项目、运算符、关系符、函数等组合完成。

系统固定的工资项目"应发合计""扣款合计""实发合计"等的计算公式，由系统根据工资项目设置的"增减项"自动给出，用户在此只能增加、修改、删除其他工资项目的计算公式。

定义工资项目计算公式要符合逻辑，系统将对公式进行合法性检查，不符合逻辑的公式系统将给出错误提示。定义公式时要注意先后顺序，先得到的数据应先设置公式。应发合计、扣款合计和实发合计公式应是公式定义框的最后三个公式，并且实发合计的公式要在应发合计和扣款合计公式之后。可通过单击公式框的"▲""▼"上下箭头调整计算公式顺序。如出现计算公式超长，可将所用到的工资项目名称缩短(减少字符数)，或设置过渡项目。定义公式时可使用函数公式向导参照输入。

3) 设置个人所得税税率

随着经济的发展和社会进步，个人所得税起征点、税率等都不是一成不变的，U8系统中预置了软件版本同时代的个人所得税税率表，如若与现实情况不符，可进行修订和调整，以正确计算个人所得税。

三、薪资管理日常业务

1. 工资数据处理

第一次使用工资系统必须将所有人员的基本工资数据录入计算机，平时如每月发生工资数据的变动也在此进行调整。为了快速、准确地录入工资数据，系统提供以下功能。

1) 筛选和定位

如果对部分人员的工资数据进行修改，最好采用数据过滤的方法，先将所要修改的人员过滤出来，然后进行工资数据修改，修改完毕后进行"重新计算"和"汇总"。

2) 页编辑

在工资变动界面提供了"编辑"按钮，可以对选定的个人进行快速录入。单击"上一人""下一人"可变更人员，录入或修改其他人员的工资数据。

3) 替换

将符合条件的人员的某个工资项目的数据，统一替换成某个数据，如将管理人员的奖金上调100元。

4) 过滤器

如果只对工资项目中的某一个或几个项目进行修改，可将要修改的项目过滤出来，如只对事假天数、病假天数两个工资项目的数据进行修改。对于常用的过滤项目可以在项目过滤选择后，输入一个名称进行保存，以后可通过过滤项目名称调用，不用时也可以删除。

2. 个人所得税的计算与申报

鉴于许多企事业单位计算职工工资薪金所得税工作量较大，本系统特提供个人所得税自动计算功能，用户只需自定义所得税率，系统自动计算个人所得税。

3. 银行代发

目前社会上许多单位发放工资时都采用职工凭工资卡去银行取款。银行代发业务处理，是指每月末单位应向银行提供银行给定文件格式的软盘。这样做既减轻了财务部门发放工资工作的繁重，又有效地避免了财务去银行提取大笔款项所承担的风险，同时还提高了对员工个人工资的保密程度。

4. 工资分摊

工资是费用中人工费最主要的部分，还需要对工资费用进行工资总额的计提计算、分配及各种经费的计提，并编制转账会计凭证，供登账处理之用。

5. 工资数据查询统计

工资数据处理结果最终通过工资报表的形式反映，工资系统提供了主要的工资报表，报表的格式由系统提供，如果对报表提供的固定格式不满意，可以通过"修改表"和"新建表"功能自行设计。

1) 工资表

工资表包括工资发放签名表、工资发放条、工资卡、部门工资汇总表、人员类别工资汇总表、条件汇总表、条件统计表、条件明细表、工资变动明细表、工资变动汇总表等由系统提供的原始表，主要用于本月工资发放和统计。工资表可以进行修改和重建。

2) 工资分析表

工资分析表是以工资数据为基础，对部门、人员类别的工资数据进行分析和比较，产生各种分析表，供决策人员使用。

6. 工资类别汇总

各工资类别日常业务处理完成后，需要进行工资类别汇总，从而实现统一工资核算的功能。

7. 月末结转

月末处理是将当月数据经过处理后结转至下月。每月工资数据处理完毕后均可进行月末结转。由于在工资项目中，有的项目是变动的，即每月的数据均不相同，在每月工资处理时，均需将其数据清为0，而后输入当月的数据，此类项目即为清零项目。

因月末处理功能只有主管人员才能执行，所以应以账套主管的身份登录系统。

月末结转只有在会计年度的1月至11月进行，且只有在当月工资数据处理完毕后才可进行。若要处理多个工资类别，则应打开工资类别，分别进行月末结转。若本月工资数据未汇总，系统将不允许进行月末结转。进行期末处理后，当月数据将不允许变动。

实务训练

一、薪资管理初始化设置

【实训要求】

1. 建立工资账套

工资类别个数：单个；核算币种：人民币RMB；要求代扣个人所得税；不进行扣零处理；启用日期：2019年4月1日。

2. 工资项目设置

爱家家具薪资项目如表5-1所示。

表5-1 爱家家具薪资项目

工资项目名称	类型	长度	小数	增减项
基本工资	数字	8	2	增项
岗位工资	数字	8	2	增项
奖金	数字	8	2	增项
事假天数	数字	8	2	其他
事假扣款	数字	8	2	减项
病假天数	数字	8	2	其他
病假扣款	数字	8	2	减项
住房公积金	数字	8	2	减项
养老保险	数字	8	2	减项
医疗保险	数字	8	2	减项
失业保险	数字	8	2	减项
五险一金计提基数	数字	8	2	其他
日工资	数字	8	2	其他
白班加班天数	数字	8	2	其他
白班加班工资	数字	10	2	增项
夜班加班天数	数字	8	2	其他
夜班加班工资	数字	10	2	增项
个人所得税计提基数	数字	8	2	其他
工龄	数字	8	2	其他
工龄工资	数字	8	2	增项
工资费用分配	数字	8	2	其他
应发合计	数字	10	2	增项
实发合计	数字	10	2	增项
扣款合计	数字	10	2	减项
代扣税	数字	10	2	减项

职工工资条工资项目排列为：基本工资、岗位工资、奖金、白班加班工资、夜班加班工资、工龄工资、应发合计、病假扣款、事假扣款、住房公积金、养老保险、医疗保险、失业保险、代扣税、扣款合计、实发合计、病假天数、事假天数、白班加班天数、夜班加班天数、工

龄。其他项目任意。

3. 银行设置

银行编码：01001；银行名称：中国工商银行三河支行。

个人账号规则：定长14位，自动带出账号长度10位。

4. 在职职工人员档案设置

在职职工人员档案如表5-2所示。

表5-2 在职职工人员档案

人员编码	人员姓名	薪资部门	人员类别	银行账号	中方人员	计税
A01	张韶明	总经理办公室	企业管理人员	20190101009001	是	是
W01	高秀文	财务部	企业管理人员	20190101009002	是	是
W02	刘畅	财务部	企业管理人员	20190101009003	是	是
W03	王菲	财务部	企业管理人员	20190101009004	是	是
H01	马洁	人力资源部	企业管理人员	20190101009005	是	是
G01	李丽	采购部	企业管理人员	20190101009006	是	是
C01	何伟	仓储部	企业管理人员	20190101009007	是	是
X01	曹金	销售部	销售人员	20190101009008	是	是
X02	江林	销售部	销售人员	20190101009009	是	是
P01	何翔	生产部	车间管理人员	20190101009010	是	是
P02	周强	生产部	生产人员	20190101009011	是	是
P03	张庆	生产部	生产人员	20190101009012	是	是

注：以上所有人员的代发银行均为中国工商银行三河支行。

5. 设置计算公式

工资计算公式如表5-3所示。

表5-3 工资计算公式

工资项目	定义公式
工龄工资	工龄*50
夜班加班工资	夜班加班天数*50
五险一金计提基数	基本工资+岗位工资
日工资	(基本工资+岗位工资+工龄工资)/21.75
住房公积金	五险一金计提基数*0.12
养老保险	五险一金计提基数*0.08
医疗保险	五险一金计提基数*0.02
失业保险	五险一金计提基数*0.002
白班加班工资	白班加班天数*日工资
事假扣款	日工资*事假天数
病假扣款	iff(工龄>=10,日工资*病假天数*0.2,iff(工龄>=5 and 工龄<10,日工资*病假天数*0.3,日工资*病假天数*0.4))
个人所得税计提基数	基本工资+岗位工资+工龄工资+白班加班工资+夜班加班工资-事假扣款-病假扣款-养老保险-医疗保险-失业保险-住房公积金
工资费用分配	基本工资+岗位工资+工龄工资+白班加班工资+夜班加班工资-事假扣款-病假扣款
应发合计	基本工资+岗位工资+奖金+白班加班工资+夜班加班工资+工龄工资
扣款合计	代扣税+事假扣款+病假扣款+住房公积金+失业保险+医疗保险+养老保险
实发合计	应发合计-扣款合计

6. 个人所得税设置

修改个人所得税申报表"收入额合计"项所对应的工资项目为"个人所得税计提基数"。设置个税免征额即扣税基数为5000元。个人所得税税率表如表5-4所示。

表5-4　2019年开始实行的7级超额累进个人所得税税率表

级数	全年应纳税所得额	按月换算	税率(%)	速算扣除数
1	不超过36 000元	不超过3000元	3	0
2	超过36 000元至144 000元的部分	3000<X≤12 000	10	210
3	超过144 000元至300 000元的部分	12 000<X≤25 000	20	1410
4	超过300 000元至420 000元的部分	25 000<X≤35 000	25	2660
5	超过420 000元至660 000元的部分	35 000<X≤55 000	30	4410
6	超过660 000元至960 000元的部分	55 000<X≤80 000	35	7160
7	超过960 000元的部分	超过80 000元	45	15 160

【实训指导】

由系统管理员在系统管理中引入"4-3出纳管理"账套作为基础数据。以W02刘畅身份登录企业应用平台，登录日期为2019-04-01，进行薪资管理初始化设置。

1. 建立工资账套　（视频：sy050101）

① 在企业应用平台的"业务工作"选项卡中，选择"人力资源"中的"薪资管理"，打开"建立工资套"对话框。

② 在建账第一步"参数设置"中，选择本账套所需处理的工资类别个数"单个"，默认币别名称为"人民币"，如图5-1所示。单击【下一步】按钮。

③ 在建账第二步"扣税设置"中，选中"是否从工资中代扣个人所得税"复选框，如图5-2所示。单击【下一步】按钮。

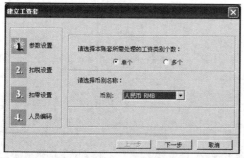

图 5-1　建立工资套—参数设置

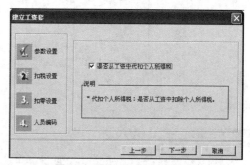

图 5-2　建立工资套—扣税设置

❖ 提示：

选择代扣个人所得税后，系统将自动生成工资项目"代扣税"，并在工资计算的同时自动进行代扣个人所得税的计算。

④ 在建账第三步"扣零设置"中，不做选择，直接单击【下一步】按钮。

❖ 提示：

扣零处理是指每次发放工资时零头扣下，积累取整，于下次工资发放时补上。系统在计算工资时将依据扣零类型(扣零至元、扣零至角、扣零至分)进行扣零计算。

⑤ 在建账第四步"人员编码"中，系统要求和公共平台中的人员编码保持一致。单击【完成】按钮，完成工资账套的创建。

❖ 提示：

建账完毕后，部分建账参数可以通过执行"设置"|"选项"命令进行修改。

2. 工资项目设置 （视频：sy050102）

① 在薪资管理系统中，执行"设置"|"工资项目设置"命令，打开"工资项目设置"对话框。工资项目列表中显示8个系统自动生成的工资项目，这些项目不能删除。

② 单击【增加】按钮，工资项目列表中增加一空行。

③ 从"名称参照"下拉列表中选择"基本工资"选项，默认其他项目。如果需要修改某栏目，只需要双击栏目，按需要进行修改即可。

④ 单击【增加】按钮，增加其他工资项目。可以利用【上移】【下移】【置顶】【置底】调整工资项目的位置。完成后，如图5-3所示。

⑤ 单击【确定】按钮。

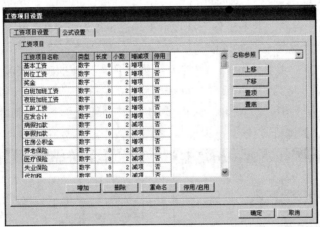

图 5-3 工资项目设置

❖ 提示：

✧ 系统提供若干常用工资项目供参考，可选择输入。对于参照中未提供的工资项目，可以通过双击"工资项目名称"一栏直接输入，或先从"名称参照"中选择一个项目，然后单击【重命名】按钮将其修改为需要的项目。

3. 银行设置 （视频：sy050103）

① 在企业应用平台基础设置中，执行"基础档案"|"收付结算"|"银行档案"命令，打开"银行档案"对话框。

② 单击【增加】按钮，增加"01001中国工商银行三河支行"，默认个人账号定长且账号长度为"14"，自动带出的个人账号长度为"10"，如图5-4所示。

③ 单击【保存】按钮。关闭退出。

❖ 提示：

可设置多个代发工资的银行以满足不同人员在不同地点代发工资的情况。

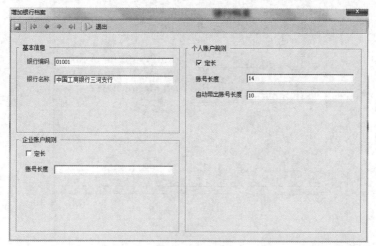

图 5-4　银行档案设置

4. 在职职工人员档案设置　（视频：sy050104）

① 执行"设置"|"人员档案"命令，进入"人员档案"窗口。

② 单击【批增】按钮，打开"人员批量增加"对话框。

③ 单击【查询】按钮，系统显示在企业应用平台中已经增加的人员档案，且默认是选中状态，如图5-5所示。单击【确定】按钮，返回"人员档案"窗口。

图 5-5　人员批量增加

④ 单击【修改】按钮，打开"人员档案明细"对话框，补充输入代发银行名称及账号信息，如图5-6所示。

⑤ 单击【确定】按钮，系统弹出"写入该人员档案信息吗"信息提示框，单击【确定】按钮。

⑥ 单击【下一个】按钮，继续修改其他人员信息。

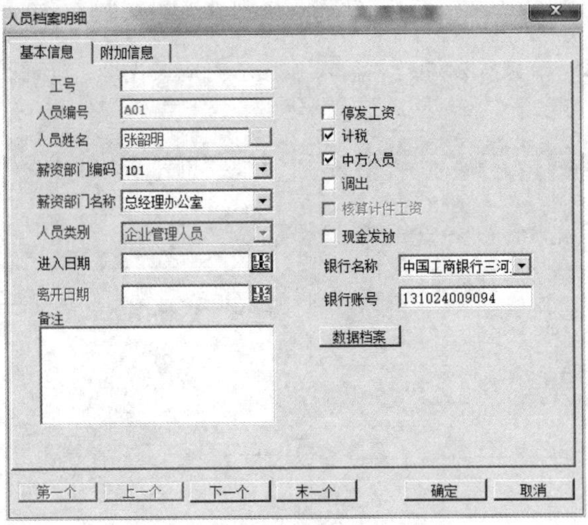

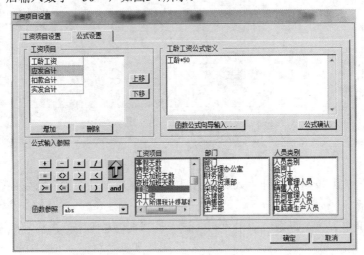

图 5-6 人员档案

5. 设置计算公式

计算公式存在先后顺序，按照计算逻辑，需要按以下顺序设置计算公式。

第一顺序：工龄工资、夜班加班工资、五险一金计提基数。

第二顺序：日工资、住房公积金、养老保险、医疗保险、失业保险。

第三顺序：白班加班工资、事假扣款、病假扣款。

第四顺序：个人所得税计提基数、工资费用分配。

(1) 设置第一顺序工资项目计算公式。 （视频：sy05010501）

以设置工龄工资计算公式为例：工龄工资=工龄×50

① 在"工资项目设置"对话框中，单击"公式设置"选项卡。

② 单击【增加】按钮，在工资项目列表中增加一空行，从下拉列表中选择"工龄工资"。

③ 单击"工龄工资公式定义"文本框，选择工资项目列表中的"工龄"，输入运算符"*"，在"*"后输入数字"50"，如图5-7所示。

图 5-7 工龄工资公式设置

④ 单击【公式确认】按钮。

请学员自行完成工龄工资、夜班加班工资、五险一金计提基数的公式设置。同一层级计算公式设置不分先后顺序。

(2) 设置第二顺序工资项目计算公式。

请学员自行完成日工资、住房公积金、养老保险、医疗保险、失业保险公式设置。

(3) 设置第三顺序工资项目计算公式。 〔视频：sy05010503〕

以设置病假扣款公式为例：iff(工龄>=10,日工资*病假天数*0.2,iff(工龄>=5 and 工龄<10,日工资*病假天数*0.3,日工资*病假天数*0.4))

① 单击【增加】按钮，在工资项目列表中增加一空行，从下拉列表中选择"病假扣款"。

② 单击"病假扣款公式定义"文本框，单击【函数公式向导输入】按钮，打开"函数向导—步骤之1"对话框。

③ 从"函数名"列表中选择"iff"，单击【下一步】按钮，打开"函数向导—步骤之2"对话框。单击【完成】按钮返回，公式定义文本框中显示"iff(,,)"。

④ 在IFF函数括号中的第1个参数位置(即第1个逗号前)单击鼠标，从工资项目列表中选择"工龄"，单击公式输入参照区中的【>=】按钮，输入数字10，完成"工龄>=10"的定义。在IFF函数括号中的第2个参数位置输入"日工资*病假天数*0.2"。在IFF函数括号中的第3个参数位置输入"iff(工龄>=5 and 工龄<10,日工资*病假天数*0.3,日工资*病假天数*0.4)"。

❖ 提示：

在"and"前后应有空格，且空格为英文半角格式。

⑤ 完成后，如图5-8所示。单击【完成】按钮，返回"公式设置"窗口，单击【公式确认】按钮。

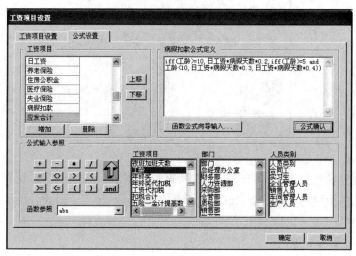

图 5-8 "病假扣款"公式设置

⑥ 完成本级次其他计算公式的设置。

(4) 设置第四顺序工资项目计算公式。

请学员自行完成个人所得税计提基数、工资费用分配公式设置。

(5) 排列顺序。

所有公式设置完成后，按照分析的公式先后顺序，利用【上移】【下移】按钮调整公式先后顺序，完成后如图5-9所示。单击【确定】按钮。

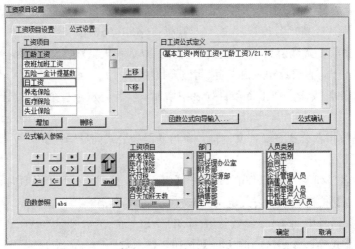

图 5-9　调整公式顺序

6. 个人所得税纳税设置　（视频：sy050106）

① 执行"设置"|"选项"命令，打开"选项"对话框。

② 单击【编辑】按钮，单击"扣税设置"选项卡，单击"实发工资"下拉列表框，从中选择"个人所得税计税基数"，如图5-10所示。

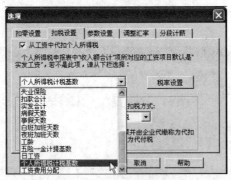

图 5-10　选项—扣税设置

③ 单击【税率设置】按钮，打开"个人所得税申报表—税率表"对话框。

④ 修改个人所得税纳税基数为"5000"，附加费用为"0"。修改各级次应纳税所得额上限、税率和速算扣除数，如图5-11所示。

⑤ 单击【确定】按钮返回。

7. 备份账套

全部完成后，将账套备份至"5-1薪资初始化"文件夹中。

图 5-11　个人所得税税率表

二、薪资日常业务处理

【实训要求】

1. 工资计算与汇总

(1) 基本工资数据。爱家家具2019年4月份人员工资基本情况如表5-5所示。

表5-5　爱家家具2019年4月份人员工资基本情况

人员编码	人员姓名	基本工资	岗位工资	病假天数	事假天数	白天加班天数	夜班加班天数	工龄
A01	张韶明	4400	1800	2		5	2	10
W01	高秀文	4200	1600			6		8
W02	刘畅	3800	1200		1	8	4	7
W03	王菲	3000	1000			8	6	4
H01	马洁	3200	1200	1		3	3	6
G01	李丽	3800	1400			2		1
C01	何伟	3500	1400			4		1
X01	曹金	3500	1600			8		5
X02	江林	3500	1600	1		7	2	6
P01	何翔	4200	1600			6		4
P02	周强	3800	1200		1	6	1	2
P03	张庆	3800	1200			6		2
合计		44 700	16 800	4	2	69	18	56

(2) 特殊奖励。因第1季度销售部推广产品业绩较好，为销售部门员工发放奖金1000元，为企业管理人员发放奖金500元。

(3) 工资计算与汇总。

2. 工资分摊设置

与职工工资相关的工资费用分配及相关计提如下。

(1) 工资费用分配(比例100%)，如表5-6所示。

表5-6　工资费用分配

部门	人员类别	工资项目	借方科目	贷方科目
总经理办公室，财务部，人力资源部，采购部，仓储部	企业管理人员	工资费用分配	660203	221101
销售部	销售人员	工资费用分配	660103	221101
生产部	车间管理人员	工资费用分配	5101	221101
生产部	生产人员	工资费用分配	500102	221101

(2) 分摊个人承担的五险一金，如表5-7所示。

表5-7　分摊个人承担的五险一金

部门	人员类别	工资项目	住房公积金(12%)		养老保险(8%)	医疗保险(2%)	失业保险(0.2%)
			借方科目	贷方科目	贷方科目	贷方科目	贷方科目
总经理办公室，财务部，人力资源部，采购部，仓储部	企业管理人员	五险一金计提基数	221101	224101	224102	224103	224104
销售部	销售人员	五险一金计提基数	221101	224101	224102	224103	224104
生产部	车间管理人员	五险一金计提基数	221101	224101	224102	224103	224104
生产部	生产人员	五险一金计提基数	221101	224101	224102	224103	224104

(3) 分摊公司承担的五险一金及经费，如表5-8所示。

表5-8　分摊公司承担五险一金及经费

人员类别	工资项目	住房公积金(12%)	养老保险(20%)	医疗保险(10%)	失业保险(1%)	工伤保险(1%)	生育保险(0.8%)	工会经费(2%)	职工教育经费(2.5%)
		借方科目	贷方科目	贷方科目	贷方科目	贷方科目	贷方科目	贷方科目	贷方科目
企业管理人员	五险一金计提基数	660203	221108	221103	221104	221105	221106	221107	221109	221110
销售人员	五险一金计提基数	660103	221108	221103	221104	221105	221106	221107	221109	221110
车间管理人员	五险一金计提基数	5101	221108	221103	221104	221105	221106	221107	221109	221110
生产人员	五险一金计提基数	500102	221108	221103	221104	221105	221106	221107	221109	221110

(4) 代扣个人所得税(100%)，如表5-9所示。

表5-9　代扣个人所得税

部门	人员类别	工资项目	借方科目	贷方科目
总经理办公室，财务部，人力资源部，采购部，仓储部	企业管理人员	代扣税	221101	222104
销售部	销售人员	代扣税	221101	222104
生产部	车间管理人员	代扣税	221101	222104
生产部	生产人员	代扣税	221101	222104

3. 工资分摊账务处理

根据工资分摊公式生成凭证。生成凭证时，合并科目相同、辅助项相同的分录。

4. 月末处理

保留基本工资、岗位工资、工龄项目，其余项目清零。

【实训指导】

由系统管理员在系统管理中引入"5-1薪资初始化"账套。

以W02刘畅身份完成薪资日常业务处理。

1. 工资计算与汇总

(1) 基本工资数据。　（视频：sy05020101）

① 执行"业务处理"|"工资变动"命令，进入"工资变动"窗口。

② 在"过滤器"下拉列表中选择"过滤设置"，打开"项目过滤"对话框。

③ 选择"工资项目"列表中的"基本工资"，单击按钮；同样再选择"岗位工资""事假天数""病假天数""白班加班天数""夜班加班天数""工龄"，如图5-12所示。

图 5-12　工资变动—过滤设置

④ 单击【确定】按钮，返回"工资变动"窗口，此时每个人的工资项目只显示过滤出的工资项目。

⑤ 按照表5-5输入上述数据，如图5-13所示。

⑥ 在"过滤器"下拉列表中选择"所有项目"，屏幕上显示所有工资项目。

图 5-13　基本数据录入

(2) 特殊激励。　（视频：sy05020102）

① 在工资变动界面，单击【全选】按钮，人员前面的"选择"栏出现选中标记"Y"。

② 在工具栏中单击【替换】按钮，在"将工资项目"下拉列表中选择"奖金"，在"替换成"文本框中输入"奖金+1000"。

③ 在替换条件处分别选择"部门""="销售部"，如图5-14所示。

图 5-14　数据替换—为销售人员设置奖金

④ 单击【确定】按钮，系统弹出提示"数据替换后将不可恢复。是否继续？"，单击【是】按钮，系统弹出提示"2条记录被替换，是否重新计算？"，单击【否】按钮，暂不进行工资计算。

⑤ 同理，利用数据替换为所有企业管理人员发放奖金500元，如图5-15所示。

图 5-15　数据替换—为企业管理人员设置奖金

(3) 工资计算与汇总。

① 在"工资变动"窗口中，在工具栏中单击【计算】按钮，计算工资数据。

② 在工具栏中单击【汇总】按钮，汇总工资数据。退出"工资变动"窗口。

2. 工资分摊设置

(1) 工资费用分配。 （视频：sy05020201）

① 执行"业务处理"|"工资分摊"命令，打开"工资分摊"对话框。

② 单击【工资分摊设置】按钮，打开"分摊类型设置"对话框。

③ 单击【增加】按钮，打开"分摊计提比例设置"对话框。

④ 输入计提类型名称"工资费用分配"；如图5-16所示。

  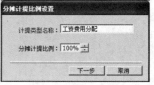

图 5-16　工资分摊设置

⑤ 单击【下一步】按钮，打开"分摊构成设置"对话框。按实训资料内容进行设置，设置完成后如图5-17所示。单击【完成】按钮返回"分摊类型设置"对话框。

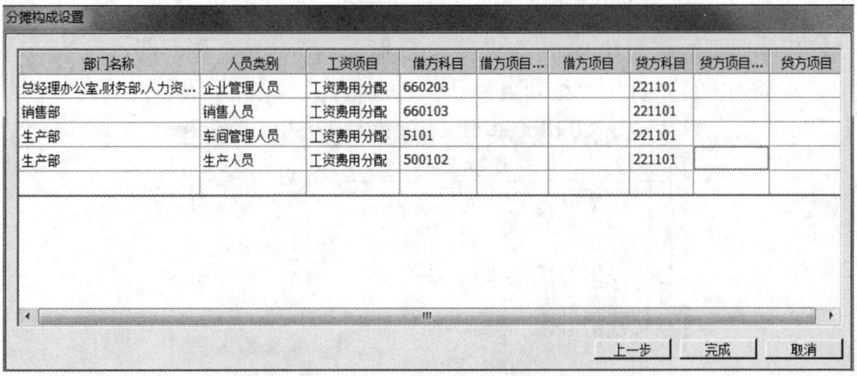

部门名称	人员类别	工资项目	借方科目	借方项目...	借方项目	贷方科目	贷方项目...	贷方项目
总经理办公室,财务部,人力资...	企业管理人员	工资费用分配	660203			221101		
销售部	销售人员	工资费用分配	660103			221101		
生产部	车间管理人员	工资费用分配	5101			221101		
生产部	生产人员	工资费用分配	500102			221101		

图 5-17 分摊构成设置—工资费用分配

(2) 分摊个人承担的五险一金。 （视频：sy05020202）

① 单击【增加】按钮，打开"分摊计提比例设置"对话框。输入计提类型名称"个人承担的住房公积金"，分摊计提比例"12%"，如图5-18所示。

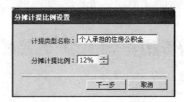

图 5-18 五险一金设置

② 单击【下一步】按钮，进行分摊构成设置，如图5-19所示。单击【完成】按钮。

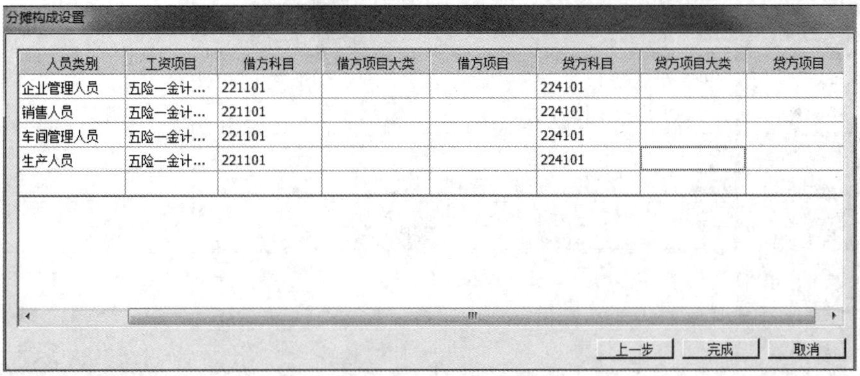

人员类别	工资项目	借方科目	借方项目大类	借方项目	贷方科目	贷方项目大类	贷方项目
企业管理人员	五险一金计...	221101			224101		
销售人员	五险一金计...	221101			224101		
车间管理人员	五险一金计...	221101			224101		
生产人员	五险一金计...	221101			224101		

图 5-19 分摊个人承担的五险一金

③ 同理，完成个人承担的养老保险、医疗保险和失业保险的设置。

(3) 分摊公司承担的五险一金。

请学员自行定义。

(4) 代扣个人所得税(100%)。

请学员自行定义。

3. 工资分摊账务处理（视频：sy050203）

① 执行"业务处理"|"工资分摊"命令，打开"工资分摊"对话框。

② 选择需要分摊的计提费用类型，确定分摊计提的月份"2019.04"。

③ 选择核算部门：行政管理部门、采购部、仓储部、销售部、生产部。

④ 选中"明细到工资项目""按项目核算"复选框，如图5-20所示。

图 5-20 进行工资分摊

⑤ 单击【确定】按钮，打开"工资费用分配一览表"对话框。

⑥ 选中"合并科目相同、辅助项相同的分录"复选框，如图5-21所示。单击【制单】按钮。

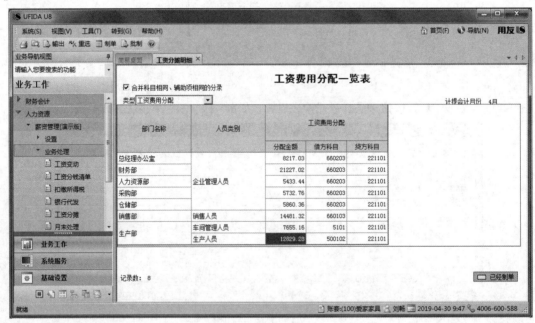

图 5-21 应付工资一览表

⑦ 单击凭证左上角的"字"处，选择"转账凭证"，输入附单据数，单击【保存】按钮，凭证左上角出现"已生成"标志，代表该凭证已传递到总账，如图5-22所示。关闭当前窗口。

❖ 提示：

　　薪资系统生成的凭证在薪资系统中可以进行查询、删除、冲销等操作。传递到总账后需要在总账中进行审核、记账。

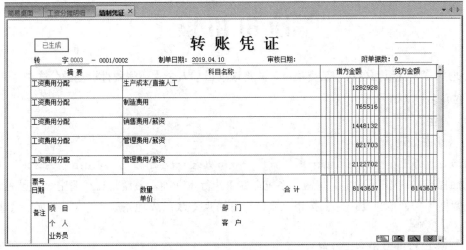

图 5-22 工资分摊生成凭证

⑧ 从应付工资一览表"类型"下拉列表中选择其他分摊类型，依次生成凭证。根据前面的设置，本处共生成14笔会计分录。

4. 月末处理 （视频：sy050204）

① 执行"业务处理"|"月末处理"命令，打开"月末处理"对话框。单击【确定】按钮，系统弹出提示"月末处理之后，本月工资将不许变动，继续月末处理吗？"，单击【是】按钮。系统弹出提示"是否选择清零项？"，单击【是】按钮，打开"选择清零项目"对话框。

② 在"请选择清零项目"列表中，单击  按钮，将所有工资项目选择到右侧列表。再选择"基本工资"，单击 < 按钮，移回左侧。同理将岗位工资、工龄移回左侧，如图5-23所示。

图 5-23 选择清零项目

③ 单击【确定】按钮，系统弹出提示"月末处理完毕！"，单击【确定】按钮返回。

❖ **提示：**

✧ 若本月工资数据未汇总，系统将不允许进行月末结转。

✧ 进行期末处理后，当月数据将不再允许变动。

全部完成后，将账套输出至"5-2薪资日常业务"文件夹中。

▌应用拓展▌

1. 增加"非货币性福利"工资项目，并将该项目加入个人所得税计提基数公式中

岗位角色：W01 账套主管。

操作路径：

(1) 反结账处理。

双击"业务工作—人力资源—薪资管理—业务处理—反结账"，弹出结账会计期间为2019年4月份的窗口，单击【确定】按钮，系统提示"执行本功能，系统将自动清空该月已完成的工资变动数据！"，单击【确定】按钮，系统提示"反结账已成功完成"，单击【确定】按钮完成本月的反结账。

(2) 工资项目设置和公式设置。

① 双击"业务工作—人力资源—薪资管理—设置—工资项目设置"，在"工资项目设置"选项卡下单击【增加】按钮，增加非货币性福利工资项目，如图5-24所示。

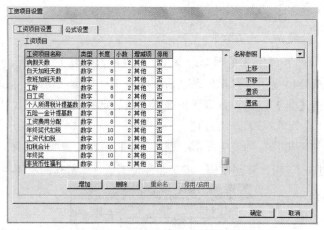

图 5-24　工资项目设置

② 单击"公式设置"选项卡，找到"个人所得税计提基数"项目的公式，在原有的基础上再键入"+非货币性福利"，如图5-25所示。单击【公式确认】按钮，再单击【确定】按钮退出。

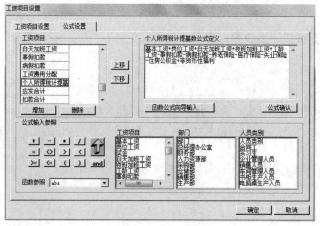

图 5-25　公式设置

2. 增加人员附加信息"性别"和"身份证号"

岗位角色：W01 账套主管。

操作路径：设置—人员附加信息设置。

① 单击【增加】按钮，从栏目参照中选择要增加的人员附加信息，如图5-26所示。

图 5-26 人员附加信息设置

② 完成后，单击【确定】按钮返回。

③ 人员附加信息增加完成后，在"人员档案明细"界面，单击"附加信息"选项卡，就可以录入人员的性别和身份证号信息，如图5-27所示。

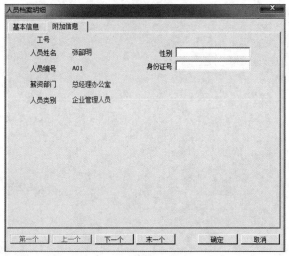

图 5-27 人员档案中的附加信息

第六章 固定资产管理

理论认知

一、固定资产基本功能

固定资产系统主要提供资产管理、折旧计算、统计分析等功能。其中，资产管理主要包括原始设备的管理、新增资产的管理、资产减少的处理、资产变动的管理等，并提供资产评估及计提固定资产减值准备功能，支持折旧方法的变更。可以按月自动计算折旧，生成折旧分配凭证，同时输出有关的报表和账簿。固定资产核算系统可以用于固定资产总值、累计折旧数据的动态管理，协助设备管理部门做好固定资产实体的各项指标的管理、分析工作。具体包括以下内容。

1. 初始设置

初始设置是指根据用户的具体情况，建立一个合适的固定资产子账套的过程。初始设置包括系统初始化、部门设置、类别设置、使用状况定义、增减方式定义、折旧方法定义、卡片项目定义、卡片样式定义等。

2. 卡片管理

固定资产管理在企业中分为两部分，一是固定资产卡片台账管理，二是固定资产的会计处理。系统提供了卡片管理的功能，主要从卡片、变动单及资产评估三方面来实现卡片管理。卡片管理主要包括卡片录入、卡片修改、卡片删除、资产增加及资产减少等功能，不仅实现了固定资产文字资料的管理，而且实现了固定资产的图片管理。

3. 折旧管理

自动计提折旧形成折旧清单和折旧分配表，按分配表自动制作记账凭证，并传递到总账系统。在对折旧进行分配时可以在单位和部门之间进行分配。

4. 月末对账结账

月末按照系统初始设置的账务系统接口，自动与账务系统进行对账，并根据对账结果和初始设置决定是否结账。

5. 账表查询

通过"我的账表"对系统所能提供的全部账表进行管理，资产管理部门可随时查询分析表、统计表、账簿和折旧表，提高资产管理效率。另外，还提供固定资产的多种自定义功能。

二、固定资产初始化

固定资产系统初始化是根据用户单位的具体情况，建立一个适合的固定资产管理系统的过程。初始化的内容包括建立固定资产账套、基础信息设置和初始数据录入。

1. 建立固定资产账套

建立固定资产账套是根据企业的具体情况，在已经建立的企业会计核算账套的基础上，设置企业进行固定资产核算的必需的参数，包括关于固定资产折旧计算的一些约定及说明、启用月份、折旧信息、编码方式、账务接口等。

建账完成后，当需要对账套中的某些参数进行修改或补充时，可以在"设置"中的"选项"中修改；但也有些参数无法通过"选项"修改但又必须改正，那么只能通过"重新初始化"功能实现，重新初始化将清空对该固定资产账套所做的一切操作。

2. 基础信息设置

固定资产系统的基础信息设置包括以下各项。

1) 资产类别设置

固定资产种类繁多，规格不一，为强化固定资产管理，及时准确地进行固定资产核算，需建立科学的资产分类核算体系，为固定资产的核算和管理提供依据。目前，我国固定资产管理使用的是国家技术监督局1994年1月24日批准发布的《固定资产分类与代码》国家标准(GB/T 14885—94)，其中规定的类别编码最多可以设置4级，编码总长度是6位(即2112)。参照此标准，企业可以根据自身的特点和要求，设定较为合理的资产分类方法。

2) 部门对应折旧科目设置

对应折旧科目是指折旧费用的入账科目。固定资产计提折旧后，需将折旧费用归入相应的成本或费用中，根据不同企业的情况可以按照部门归集，也可以按类别归集。固定资产折旧费用的分配去向和其所属部门密切相关，部门对应折旧科目的设置就是给每个部门选择一个折旧科目，这样在输入卡片时，该科目将自动添入卡片中，不必一个一个输入，并且属于该部门的固定资产在计提折旧时，折旧费用将对应分配到其所属的部门。如果对某一上级部门设置了对应的折旧科目，下级部门继承上级部门的设置。

3) 增减方式设置

固定资产增减方式设置即资产增加的来源和减少的去向。增减方式包括增加方式和减少方式两大类。增加方式主要包括直接购买、投资者投入、捐赠、盘盈、在建工程转入、融资租入。减少方式主要包括出售、盘亏、投资转出、捐赠转出、报废、毁损、融资租出。增减方式可根据用户的需要自行增加。在增减方式的设置中还可以定义不同增减方式的对应入账科目，当发生相应的固定资产增减变动时可以快速生成转账凭证，减少手工输入数据的业务量。

4) 使用状况设置

固定资产的使用状况一般分为使用中、未使用和不需用三大类，不同的使用状况决定了固定资产计提折旧与否。因此，正确判定固定资产的使用状况是准确计算累计折旧、进行资产数据统计分析、提高固定资产管理水平的重要依据。

5) 折旧方法设置

固定资产折旧的计算是固定资产管理系统的重要功能,固定资产折旧的计提由系统根据用户选择的折旧方法自动计算得出,因此折旧方法的定义是计算资产折旧的重要基础。根据财务制度的规定,企业固定资产的折旧方法为:平均年限法、工作量法、双倍余额递减法、年限总和法。企业可根据国家规定和自身条件选择采用其中的一种,如果系统中预置的折旧方法不能满足企业管理与核算的需要,用户也可以定义新的折旧方法与相应的计算公式。

由于计算机系统基本不必考虑处理能力的问题,因此在向计算机系统过渡时只需根据企业细化会计核算的需要,在会计制度允许的范围内选择折旧计算方法即可。

6) 卡片项目和卡片样式设置

固定资产卡片是固定资产管理系统中重要的管理工具,固定资产卡片文件是重要的数据文件。固定资产文件中包含的数据项目形成一个卡片项目,卡片项目也是固定资产卡片上用来记录固定资产资料的栏目,如原值、资产名称、所属部门、使用年限、折旧方法等是卡片上最基本的项目。固定资产系统提供的卡片上常用的项目称为系统项目,但这些项目不一定能满足所有单位的需求。为了增加固定资产系统的通用性,一般都系统地为用户留下足够的增减卡片项目的余地,在初始设置中由用户定义的项目称为自定义项目。系统项目和自定义项目一起构成固定资产卡片的全部内容。

固定资产卡片样式指卡片的外观,即卡片的格式和卡片上包含的项目及项目的位置。不同资产核算管理的内容与重点各不相同,因此,卡片样式也可能不同。系统默认的卡片样式一般能够满足企业日常管理的要求,用户可以在此基础上略做调整,形成新卡片模板,也可以自由定义新卡片式样。

3. 初始数据录入

固定资产系统的初始数据是指系统投入使用前企业现存固定资产的全部有关数据,主要是固定资产原始卡片的有关数据。固定资产原始卡片是固定资产管理系统处理的起点。因此,准确录入原始卡片内容是保证历史资料的连续性、正确进行固定资产核算的基本要求。为了保证所输入原始卡片数据的准确无误,应该在开始输入前对固定资产进行全面的清查盘点,做到账实相符。

传统方式下,固定资产是按卡片进行管理的。固定资产卡片的原值合计应与总账系统固定资产科目余额数据相符;卡片已提折旧的合计应与总账系统累计折旧账户的余额相符。

原始卡片的输入不限制必须在第一个期间结账前,任何时候都可以输入原始卡片。

三、固定资产日常业务

固定资产日常业务处理主要包括固定资产增加、固定资产减少、固定资产变动、固定资产盘点、计提折旧、计提减值准备、对账、凭证处理、月末结账。

1. 固定资产增加

企业通过购买或其他方式取得固定资产时要进行固定资产增加的处理,填制新的固定资产卡片。一方面要求对新增固定资产按经济用途或其他标准分类,并确定其原始价值。另一方面,要求办理交接手续,填制和审核有关凭证,作为固定资产核算的依据。

2. 固定资产减少

固定资产的减少是指资产在使用过程中，由于毁损、出售、盘亏等各种原因而被淘汰。此时需进行固定资产减少的处理，输入固定资产减少的记录，说明减少的固定资产、减少方式、减少原因等。资产减少信息经过确认后，系统搜索出相应的固定资产卡片，更新卡片文件数据，以反映固定资产减少的相关情况。

只有当账套开始计提折旧后，才可以使用资产减少功能，否则，资产减少只能通过删除卡片来完成。

对于误减少的资产，可以使用系统提供的纠错功能来恢复。只有当月减少的资产才可以恢复。如果资产减少操作已制作凭证，必须删除凭证后才能恢复。

只要卡片未被删除，就可以通过卡片管理中的"已减少资产"来查看减少的资产。

3. 固定资产变动

固定资产的变动包括原值变动、部门转移、使用状况变动、使用年限调整、折旧方法调整、净残值(率)调整、工作总量调整、累计折旧调整、资产类别调整等情况时，需通过变动单进行管理。其他项目的修改，如名称、编号、自定义项目等的变动可直接在卡片上进行。

资产变动要求输入相应的"变动单"来记录资产调整的结果。变动单是指资产在使用过程中由于固定资产卡片上某些项目的调整而编制的原始凭证。

1) 原值变动

原值变动包括原值增加和原值减少两部分。资产在使用过程中，其原值增减有5种情况：根据国家规定对固定资产重新估价；增加补充设备或改良设备；将固定资产的一部分拆除；根据实际价值调整原来的暂估价值；发现原记录固定资产价值有误。

2) 部门转移

资产在使用过程中，因内部调配而发生的部门变动应及时处理，否则将影响部门的折旧计算。

3) 资产使用状况调整

资产使用状况分为在用、未使用、不需用、停用、封存5种。资产在使用过程中，可能会因为某种原因，使得资产的使用状况发生变化，这种变化会影响设备折旧的计算，因此应及时调整。

4) 资产使用年限调整

资产在使用过程中，可能会由于资产的重估、大修等原因调整资产的使用年限。进行使用年限调整的资产在调整的当月就应按调整后的使用年限计提折旧。

5) 资产折旧方法调整

一般来说，资产折旧方法一年之内很少改变，但如有特殊情况需调整改变的可以调整。如所属类别是"总提折旧"的资产调整后的折旧方法不能是"不提折旧"；相应地，所属类别是"总不提折旧"的资产折旧方法不能调整。一般来说，进行折旧方法调整的资产调整的当月就应按调整后的折旧方法计提折旧。

本月录入的卡片和本月增加的资产，不允许进行变动处理。

4. 固定资产盘点

企业要定期对固定资产进行清查，至少每年清查一次，清查通过盘点实现。

U8固定资产系统中的固定资产盘点，是在对固定资产进行实地清查后，将清查的实物数据录入固定资产系统与账面数据进行对比，由系统自动生成盘点结果清单。

固定资产盘点内容包括以下3项。

1) 选择要盘点的范围

可以选择按资产类别盘点、按使用部门盘点、按使用状态盘点。

2) 进行项目设置

每次盘点的侧重点不同，要录入的盘点数据与要核对的数据也不尽相同，系统提供了相关卡片项目供选择。

3) 录入盘点数据并生成盘点结果清单

根据所选盘点范围以及项目设置，录入盘点数据，生成盘点结果清单供企业对比分析。

5. 计提折旧

自动计提折旧是固定资产管理系统的主要功能之一。可以根据录入系统的资料，利用系统提供的"折旧计提"功能，对各项资产每期计提一次折旧，并自动生成折旧分配表，然后制作记账凭证，将本期的折旧费用自动登账。

当开始计提折旧时，系统将自动计提所有资产当期折旧额，并将当期的折旧额自动累加到累计折旧项目中。计提工作完成后，需要进行折旧分配，形成折旧费用，系统除了自动生成折旧清单外，同时还会生成折旧分配表，从而完成本期折旧费用的登账工作。

系统提供的折旧清单显示了所有应计提折旧资产所计提的折旧数据额。

折旧分配表是制作记账凭证，把计提折旧额分配到有关成本和费用的依据，折旧分配表有两种类型：类别折旧分配表和部门折旧分配表。生成折旧分配表由"折旧汇总分配周期"决定，因此，制作记账凭证要在生成折旧分配表后进行。

计提折旧遵循以下原则。

- 在一个期间内可以多次计提折旧，每次计提折旧后，只是将计提的折旧累加到月初的累计折旧上，不会重复累计。
- 若上次计提折旧已制单并传递到总账管理系统，则必须删除该凭证才能重新计提折旧。
- 计提折旧后，又对账套进行了影响折旧计算或分配的操作，必须重新计提折旧，否则系统不允许结账。
- 若自定义的折旧方法月折旧率或月折旧额出现负数，则系统自动中止计提。
- 资产的使用部门和资产折旧要汇总的部门可能不同，为了加强资产管理，使用部门必须是明细部门，而折旧分配部门不一定要分配到明细部门。不同的单位处理可能不同，因此要在计提折旧后、分配折旧费用时做出选择。

6. 计提减值准备

企业应当在期末或至少在每年年度终止时，对固定资产逐项进行检查，如果由于市价持续下跌，或技术陈旧等原因导致其可回收金额低于账面价值的，应当将可回收金额低于账面价值的差额作为固定资产减值准备，固定资产减值准备必须按单项资产计提。

如已计提的固定资产价值又得以恢复，应在原计提的减值准备范围内转回。

7. 对账

当初次启动固定资产的参数设置，或选项中的参数设置选择了"与账务系统对账"参数时，才可使用本系统的对账功能。

为保证固定资产管理系统的资产价值与总账管理系统中固定资产科目的数值相等，可随时使用对账功能对两个系统进行审查。系统在执行月末结账时自动对账一次，并给出对账结果。

8. 凭证处理

固定资产管理系统的凭证处理功能主要是根据固定资产各项业务数据自动生成转账凭证传递到总账系统进行后续处理。一般，当固定资产发生资产增加、资产减少、原值变动、累计折旧调整、资产评估(涉及原值和累计折旧时)、计提折旧等业务时就要编制转账凭证。

编制凭证可以采用"立即制单"和"批量制单"两种方法。编制转账凭证的过程中系统会根据固定资产和累计折旧对应科目设置、增减方式设置、部门对应折旧科目设置以及业务数据来自动生成转账凭证，凭证中不完整的部分可由用户进行补充。

9. 月末结账

当固定资产管理系统完成了本月全部制单业务后，可以进行月末结账，月末结账每月进行一次，结账后当期数据不能修改。如有错必须修改，可通过系统提供的"恢复月末结账前状态"功能反结账，再进行相应的修改。

本期不结账，将不能处理下期的数据；结账前一定要进行数据备份，否则数据一旦丢失，将造成无法挽回的后果。

实 务 训 练

一、固定资产初始化设置

【实训要求】

1. 固定资产账套参数

爱家家具固定资产账套参数如表6-1所示。

表6-1 爱家家具固定资产账套参数

建 账 向 导	参 数 设 置
约定与说明	我同意
启用月份	2019.04
折旧信息	本账套计提折旧； 折旧方法：平均年限法(二)； 折旧汇总分配周期：1个月； 当(月初已计提月份=可使用月份-1)时，将剩余折旧全部提足
编码方式	资产类别编码方式：2 1 1 2； 固定资产编码方式：按"类别编号+序号"自动编码；卡片序号长度为3

（续表）

建 账 向 导	参 数 设 置
账务接口	与账务系统进行对账； 对账科目： 固定资产对账科目：1601固定资产； 累计折旧对账科目：1602累计折旧； 在对账不平的情况下允许固定资产月末结账

2. 初始设置

1) 选项

业务发生后立即制单。

月末结账前一定要完成制单登账业务。

固定资产缺省入账科目：1601；累计折旧缺省入账科目：1602；固定资产减值准备缺省入账科目：1603；增值税进项税额缺省入账科目：22210101；固定资产清理缺省入账科目：1606。

2) 资产类别(见表6-2)

表6-2　资产类别

编码	类别名称	计提属性	折旧方法	卡片样式	净残值率
01	运输设备	正常计提	平均年限法(二)	通用样式(二)	2%
011	轿车	正常计提	平均年限法(二)	通用样式(二)	2%
012	货车	正常计提	年数总和法	含税卡片样式	2%
02	房屋及建筑物	正常计提	平均年限法(二)	通用样式(二)	2%
03	办公设备	正常计提	平均年限法(二)	通用样式(二)	2%
04	生产设备	正常计提	平均年限法(二)	通用样式(二)	2%

3) 部门及对应折旧科目(见表6-3)

表6-3　部门及对应折旧科目

部门	对应折旧科目
行政管理部门	
总经理办公室	660204 管理费用——折旧费
财务部	660204 管理费用——折旧费
人力资源部	660204 管理费用——折旧费
采购部	660204 管理费用——折旧费
仓储部	660204 管理费用——折旧费
销售部	660104 销售费用——折旧费
生产部	5101 制造费用

4) 增减方式(见表6-4)

表6-4　增减方式

固定资产增加方式			固定资产减少方式		
编码	方式	对应科目	编码	方式	对应科目
101	直接购入	10020101	201	出售	1606
102	投资者投入	400101	202	盘亏	1901
103	捐赠	6301	203	投资转出	1511
104	盘盈	1901	204	捐赠转出	1606
105	在建工程转入	1604	205	报废	1606
106	融资租入	2701	206	毁损	1606

3. 录入固定资产原始卡片

固定资产原始卡片如表6-5所示。

表6-5 固定资产原始卡片

固定资产编号	固定资产名称	类别编号	使用部门	增加方式	可使用年限(月)	开始使用日期	原值/元	已提折旧/元	使用状况	净残值率
02001	办公楼	02	总经理办公室(20%)、财务部(20%)、人力资源部(20%)、采购部(20%)、销售部(20%)	直接购入	240	2013.3.10	510 200	125 000	在用	2%
02002	厂房	02	生产部	直接购入	120	2013.3.15	204 000	100 000	在用	2%
03001	电脑	03	财务部	直接购入	60	2017.3.12	20 400	4000	在用	2%
04001	生产线	04	生产部	直接购入	60	2017.3.12	183 600	36 000	在用	2%

【实训指导】

由系统管理员在系统管理中引入"5-2 薪资日常业务"账套作为基础数据。以W02刘畅身份登录企业应用平台，登录日期为2019-04-01，进行固定资产初始化设置。

1. 建立固定资产账套 （视频：sy060101）

① 在企业应用平台的"业务工作"选项卡中，执行"财务会计"|"固定资产"命令，系统弹出提示"这是第一次打开此账套，还未进行过初始化，是否进行初始化？"，单击【是】按钮，打开"初始化账套向导"对话框。

② 在"初始化账套向导—约定及说明"对话框中，仔细阅读相关条款，选中【我同意】单选按钮。

③ 单击【下一步】按钮，打开"初始化账套向导—启用月份"对话框，确认账套启用月份为"2019.04"。

④ 单击【下一步】按钮，打开"初始化账套向导—折旧信息"对话框。选中"本账套计提折旧"复选框；选择主要折旧方法为"平均年限法(二)"，折旧汇总分配周期为"1个月"；选中"当(月初已计提月份=可使用月份-1)时将剩余折旧全部提足(工作量法除外)"复选框，如图6-1所示。

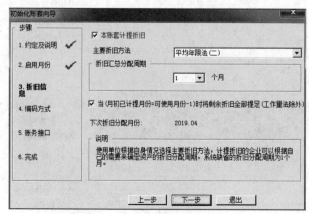

图 6-1 固定资产初始化—折旧信息

❖ **提示：**

◇　如果是行政事业单位，不选中"本账套计提折旧"复选框，则账套内所有与折旧有关的功能都会被屏蔽，该选项在初始化设置完成后不能修改。

◇　虽然这里选择了某种折旧方法，但在设置资产类别或定义具体固定资产时可以更改该设置。

⑤　单击【下一步】按钮，打开"初始化账套向导—编码方式"对话框。确定资产类别编码长度为"2112"；选中"自动编码"单选按钮，选择固定资产编码方式为"类别编号+序号"，选择序号长度为"3"，如图6-2所示。

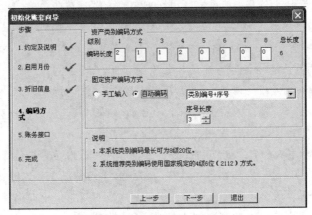

图6-2　固定资产初始化—编码方式

⑥　单击【下一步】按钮，打开"初始化账套向导—账务接口"对话框。选中"与账务系统进行对账"复选框；选择固定资产对账科目为"1601，固定资产"，累计折旧对账科目为"1602，累计折旧"；选中"在对账不平情况下允许固定资产月末结账"复选框，如图6-3所示。

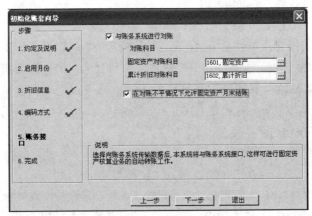

图6-3　固定资产初始化—账务接口

⑦　单击【下一步】按钮，打开"初始化账套向导—完成"对话框。单击【完成】按钮，完成本账套的初始化，系统弹出提示"是否确定所设置的信息完全正确并保存对新账套的所有设置"，单击【是】按钮。

⑧　系统弹出提示"已成功初始化本固定资产账套！"，单击【确定】按钮。

◆ 提示：

◇ 在固定资产"初始化账套向导—启用月份"对话框中所列示的启用月份只能查看，不能修改。启用日期确定后，在该日期前的所有固定资产都将作为期初数据，在启用月份开始计提折旧。

◇ 在固定资产"初始化账套向导—折旧信息"中，当(月初已计提月份=可使用月份–1)时，将剩余折旧全部提足(工作量法除外)，是指除工作量法外，只要上述条件满足，则该月折旧额=净值–净残值，并且不能手工修改；如果不选择该项，则该月不提足折旧，并且可手工修改，但如果以后各月按照公式计算的月折旧率或折旧额是负数时，则认为公式无效，令月折旧率=0，月折旧额=净值–净残值。

◇ 固定资产编码方式包括"手工输入"和"自动编码"两种方式。自动编码方式包括"类别编号+序号""部门编号+序号""类别编号+部门编号+序号"和"部门编号+类别编号+序号"。类别编号中的序号长度可自由设定为1～5位。

◇ 资产类别编码方式设定以后，一旦某一级设置类别，则该级的长度不能修改，未使用过的各级长度可以修改。每一个账套的自动编码方式只能选择一种，一经设定，该自动编码方式不得修改。

◇ 固定资产对账科目和累计折旧对账科目应与账务系统内的对应科目一致。

◇ 对账不平不允许结账是指在存在对应的账务账套的情况下，本系统在月末结账前自动执行一次对账，给出对账结果。如果不平，则说明两系统出现偏差，应予以调整。

◇ 初始化设置完成后，有些参数不能修改，所以要慎重。如果发现参数有错，则必须改正，只能通过在固定资产系统中执行"维护"|"重新初始化账套"命令实现，该操作将清空您对该子账套所做的一切工作。

2. 初始设置

(1) 选项设置。 〔视频：sy06010201〕

① 执行"设置"|"选项"命令，打开"选项"对话框。

② 单击【编辑】按钮，单击打开"与账务系统接口"选项卡，选中"业务发生后立即制单"复选框，设置固定资产缺省入账科目为1601；累计折旧缺省入账科目为1602；减值准备缺省入账科目为1603；增值税进项税额科目为22210101；固定资产清理缺省入账科目为1606，如图6-4所示。

③ 单击【确定】按钮返回。

(2) 资产类别设置。 〔视频：sy06010202〕

① 执行"设置"|"资产类别"命令，进入"资产类别"窗口。

② 单击【增加】按钮，输入类别名称为"运输设备"，净残值率为"2%"，选择卡片样式为"通用样式(二)"，如图6-5所示，单击【保存】按钮。

③ 继续增加"房屋及建筑物""办公设备"和"生产设备"三个一级类别。完成后，单击【放弃】按钮，系统提示"是否取消本次操作"，单击【是】按钮，返回"资产类别"窗口。

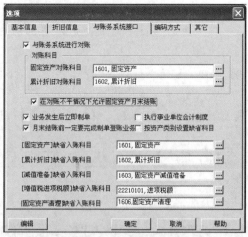

图6-4　选项设置—与账务系统接口

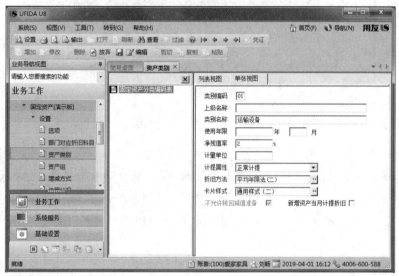

图6-5　增加资产类别

④ 单击选中"固定资产分类编码表"中的"01 运输设备"分类，再单击【增加】按钮，增加"011轿车"，单击【保存】按钮。

⑤ 继续增加"012货车"，注意选择货车的折旧方法为"年数总和法"，卡片样式为"含税卡片样式"，单击【保存】按钮。

❖ 提示：

◇　应先建立上级固定资产类别后再建立下级类别。由于在建立上级类别"房屋与建筑物"时就设置了使用年限、净残值率，其下级类别如果与上级类别设置相同，可自动继承不用修改；如果下级类别与上级类别设置不同，可以修改。

◇　类别编码、名称、计提属性及卡片样式不能为空。

◇　非明细级类别编码不能修改和删除，明细级类别编码修改时只能修改本级的编码。

◇　使用过的类别的计提属性不能修改。

◇　系统已使用的类别不允许增加下级和删除。

(3) 设置部门对应折旧科目。 （视频：sy06010203）

① 执行"设置"|"部门对应折旧科目"命令，进入"部门对应折旧科目—列表视图"窗口。

② 从左侧的部门编码目录中，选择"行政管理部门"，单击【修改】按钮，打开"单张视图"窗口。

③ 在"折旧科目"栏录入或选择"660204"，单击【保存】按钮，系统弹出信息提示框如图6-6所示。

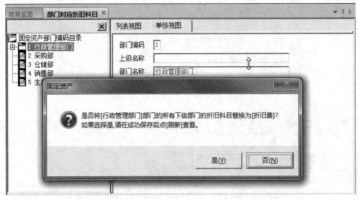

图 6-6 "部门对应折旧科目—单张视图"窗口

④ 单击【是】按钮。以此方法继续录入其他部门对应的折旧科目。

❖ **提示：**

◇ 因本系统录入卡片时，只能选择明细级部门，所以设置折旧科目也只有给明细级部门设置才有意义。如果某一上级部门设置了对应的折旧科目，则下级部门自动继承上级部门的设置，也可以选择不同的科目，即上下级部门的折旧科目可以相同，也可以不同。

◇ 设置部门对应的折旧科目时，必须选择末级会计科目。

(4) 设置固定资产的增减方式及对应入账科目。 （视频：sy06010204）

① 执行"设置"|"增减方式"命令，打开"增减方式"窗口。

② 在左侧的"增加方式"目录中，选择"直接购入"，再单击【修改】按钮，打开"增减方式—单张视图"窗口，在"对应入账科目"栏录入"10020101"，如图6-7所示。

③ 单击【保存】按钮。以此方法继续设置其他增减方式对应的入账科目。

❖ **提示：**

◇ 在资产增减方式中所设置的对应入账科目是为了生成凭证时默认。

◇ 因为本系统提供的报表中有固定资产盘盈盘亏报表，所以增减方式中"盘盈、盘亏、毁损"不能修改和删除。

◇ 非明细增减方式不能删除；已使用的增减方式不能删除。

◇ 生成凭证时，如果入账科目发生了变化，可以即时修改。

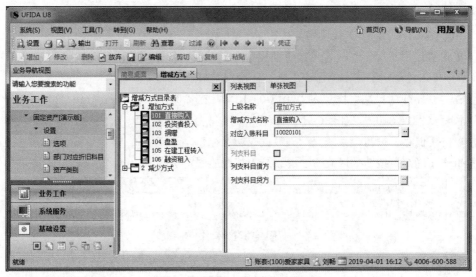

图 6-7 "增减方式—单张视图"窗口

3. 录入固定资产原始卡片 （视频：sy060103）

① 执行"卡片"|"录入原始卡片"命令，打开"固定资产类别档案"对话框。

② 选择"02房屋及建筑物"前的复选框，单击【确定】按钮进入"固定资产卡片"窗口。

③ 在"固定资产名称"栏录入"办公楼"，单击"部门名称"栏，再单击【部门名称】按钮，打开"本资产部门使用方式"对话框。选择"多部门使用"单选按钮，单击【确定】按钮，进入"使用部门"窗口。单击【增加】按钮，按实训资料增加所有使用部门，如图6-8所示。最后，单击【确定】按钮返回。

图 6-8 多部门使用同一资产

④ 单击"增加方式"栏，再单击【增加方式】按钮，打开"固定资产增减方式"对话框，选择"101 直接购入"，单击【确定】按钮。

⑤ 单击"使用状况"栏，再单击【使用状况】按钮，打开"使用状况参照"对话框。默认"在用"，单击【确定】按钮。在使用年限栏输入"240"月。

⑥ 在"开始使用日期"栏录入"2013-03-10"，在"原值"栏录入"510 200"，在"累计折旧"栏录入"125 000"，如图6-9所示。

⑦ 单击【保存】按钮，系统提示"数据成功保存！"。

⑧ 单击【确定】按钮。以此方法继续录入其他的固定资产卡片。

图6-9 录入固定资产原始卡片

❖ **提示：**

◇ 在"固定资产卡片"界面中，除"固定资产卡片"选项卡外，还有若干的附属选项卡，附属选项卡上的信息只供参考，不参与计算也不回溯。

◇ 在执行原始卡片录入或资产增加功能时，可以为一个资产选择多个使用部门。

◇ 当资产为多部门使用时，原值、累计折旧等数据可以在多部门间按设置的比例分摊。

◇ 单个资产对应多个使用部门时，卡片上的"对应折旧科目"处不能输入，默认为选择使用部门时设置的折旧科目。

◇ 录入完成后，可以执行"处理"|"对账"命令，验证固定资产系统中录入的固定资产明细资料是否与总账中的固定资产数据一致。

4. 账套备份

全部完成后，将账套输出至"6-1固定资产初始化"文件夹中。

二、固定资产日常业务处理

【实训要求】

爱家家具2019年4月发生以下业务。

(1) 16日，购入福田牌卡车一辆，价款120 000元，进项增值税额为19 200元。使用部门为销售部，预计使用年限为5年。工行转账支票支付。凭证如图6-10和图6-11所示。

河北省增值税专用发票　　No18890768928

1401946572　　　　　　　开票日期：2019年4月16日

购货单位	名　称：河北爱家家具有限公司						密码区		略	
	纳税人识别号：320302897896723									
	地址、电话：河北省三河市瑶海区友谊路128号；0316-87826668									
	开户行及账号：中国工商银行三河支行131024009094									
货物或应税劳务名称	规格型号	单位	数量	单价	金　额	税率	税额			
福田欧马可货车	8s4117V	台	1	120 000	120,000.00	16%	19,200.00			
合　计					￥120,000.000		￥19,200.00			
价税合计	(大写)人民币壹拾叁万玖仟贰佰元整					(小写)￥139,200.00				
销货单位	名　称：三河市天和汽车贸易有限公司						备注			
	纳税人识别号：140103789256489									
	地址、电话：河北三河工业园东座0316-86962979									
	开户行及账号：中国建设银行三河支行6227156789098257890									
收款人：略		复核：略		开票人：略		销货单位：(章)				

第三联：记账联　销货方记账凭证

图6-10　增值税专用发票

中国工商银行转账支票存根

支票号码：18890768916

科　目：

对方科目：

签发日期：2019年4月16日

收款人：三河市天和汽车贸易有限公司
金　额：￥139,200.00
用　途：
备　注：

单位主管：(略)　　　　　会计：(略)

复　核：(略)　　　　　记账：(略)

图6-11　转账支票存根

(2) 16日，计提本月折旧。

(3) 18日，财务部电脑毁损，编号为03001。凭证如图6-12所示。

固定资产减少盘点表

盘点日期：2019年4月18日

盘点部门：财务部　　　　　　　　　　　　　　　　　　　　　　　单位：元

资产编号	资产名称	账面原值	盘存金额	减少原因
03001	电脑	20,400.00	0	毁损
合计		￥20,400.00		

图6-12　固定资产减少盘点表

(4) 4月30日，与总账进行对账。

(5) 4月30日，固定资产月末结账。

爱家家具2019年5月发生以下业务。

(1) 8日，生产线经技术改造、增加配件，原值增加10 000元。工行转账支票支付，如图6-13所示。暂不生成凭证。

中国工商银行转账支票存根

支票号码：18890798919

科　　目：_____

对方科目：_____

签发日期：2019年5月8日

收款人：	三河市中强机械制造有限公司
金　额：	￥10,000.00
用　途：	
备　注：	

单位主管：(略)　　　　　　　会计：(略)
复　核：(略)　　　　　　　记账：(略)

图6-13　转账支票存根

(2) 8日，经评估，厂房使用年限变更为15年。凭证如图6-14所示。

固定资产变动汇总表

盘点日期：2019年5月8日

盘点部门：生产部　　　　　　　　　　　　　　　　　　　　　　单位：元

资产编号	资产名称	开始使用日期	原使用期限	现使用期限	变动原因
02002	厂房	2013-03-15	120	180	评估调整
合计			120	180	

图6-14　固定资产变动汇总表

(3) 8日，完成批量制单。

【实训指导】

由系统管理员在系统管理中引入"6-1固定资产初始化"账套。2019年4月16日，由W02刘畅登录U8进行固定资产业务处理。

1. 新增固定资产（视频：sy060201）

① 在固定资产系统中，执行"卡片"|"资产增加"命令，打开"固定资产类别档案"对话框。选择"012货车"，进入"固定资产卡片"窗口。

② 在"固定资产名称"栏录入"福田卡车"；选择使用部门为"销售部"；增加方式为"直接购入"；使用状况为"在用"；折旧方法为"年数总和法"；输入原值为"120 000"；增值税为"19 200"；使用年限为"60"月；开始使用日期为"2019-04-16"，如图6-15所示。

③ 单击【保存】按钮，进入"填制凭证"窗口。

④ 选择凭证类型为"付款凭证"，修改制单日期、附单据数，单击【保存】按钮，生成凭证如图6-16所示。

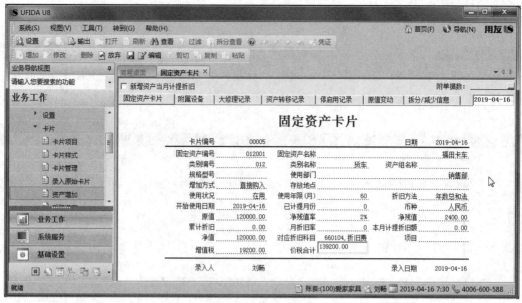

图 6-15 新增资产

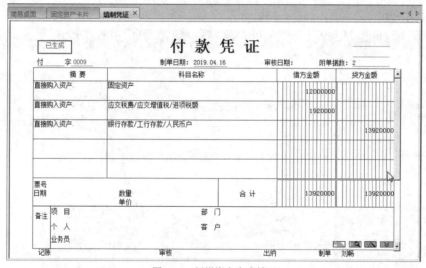

图 6-16 新增资产生成凭证

❖ 提示：

◇ 新卡片录入的第一个月不提折旧，折旧额为空或为零。

◇ 原值录入的必须是卡片录入月初的价值，否则将会出现计算错误。

◇ 如果录入的累计折旧、累计工作量大于零，说明是旧资产，该累计折旧或累计工作量是进入本单位前的值。

◇ 已计提月份必须严格按照该资产在其他单位已经计提或估计已计提的月份数，不包括使用期间停用等不计提折旧的月份。

◇ 只有当资产开始计提折旧后才可以使用资产减少功能，否则，减少资产只有通过删除卡片来完成。

2. 计提折旧 （视频：sy060202）

① 执行"处理"|"计提本月折旧"命令，系统弹出"是否要查看折旧清单？"信息提示框。

② 单击【是】按钮，系统提示"本操作将计提本月折旧，并花费一定时间，是否继续？"，单击【是】按钮，打开"折旧清单"窗口，如图6-17所示。

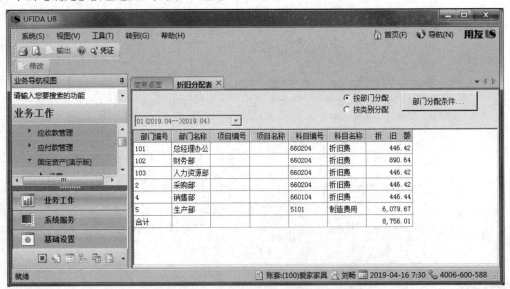

图 6-17　折旧清单

③ 单击【退出】按钮，打开"折旧分配表"窗口，系统弹出"计提折旧完成！"信息提示框，单击【确定】按钮返回，如图6-18所示。

图 6-18　折旧分配表

④ 单击【凭证】按钮，生成一张记账凭证。修改凭证类别为"转账凭证"。单击【保存】按钮，凭证左上角出现"已生成"字样，表示凭证已传递到总账，如图6-19所示。

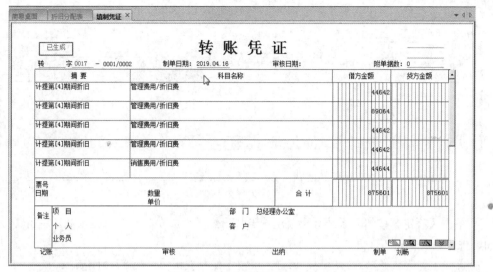

图 6-19 计提折旧转账凭证生成

❖ **提示：**

◇ 计提折旧功能对各项资产每期计提一次折旧，并自动生成折旧分配表，然后制作记账凭证，将本期的折旧费用自动登账。

◇ 部门转移和类别调整的资产当月计提的折旧分配到变动后的部门和类别。

◇ 在一个期间内可以多次计提折旧，每次计提折旧后，只是将计提的折旧累加到月初的累计折旧上，不会重复累计。

◇ 若上次计提折旧已制单并已传递到总账系统，则必须删除凭证才能重新计提折旧。

◇ 如果计提折旧后又对账套进行了影响折旧计算或分配的操作，则必须重新计提折旧，否则系统不允许结账。

◇ 资产的使用部门和资产折旧要汇总的部门可能不同，为了加强资产管理，使用部门必须是明细部门，而折旧分配部门不一定分配到明细部门。不同的单位处理可能不同，因此要在计提折旧后、分配折旧费用时做出选择。

◇ 在折旧费用分配表界面中，可以单击【制单】按钮制单，也可以以后利用"批量制单"功能进行制单。

3. 固定资产减少 （视频：sy060203）

2019年4月18日，由W02刘畅重注册登录U8进行固定资产业务处理。

① 执行"卡片"|"资产减少"命令，打开"资产减少"对话框。

② 在"资产编号"栏录入"03001"，或单击"资产编号"栏对照按钮，选择"03001"。

③ 单击【增加】按钮，双击"减少方式"栏，再单击"减少方式"栏参照按钮，选择"206 毁损"，如图6-20所示。

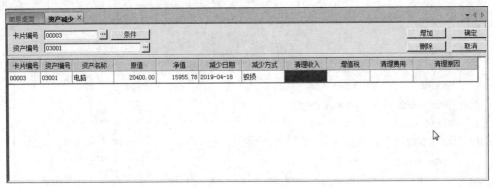

图 6-20　资产减少

④ 单击【确定】按钮，系统弹出"所选卡片已经减少成功！"信息提示框。单击【确定】按钮，进入"填制凭证"窗口。

⑤ 选择"转账凭证"，修改其他项目，单击【保存】按钮，如图6-21所示。

❖ 提示：

　　◇　本账套需要进行计提折旧后，才能减少资产。

　　◇　如果要减少的资产较多并且有共同点，则通过单击"条件"按钮，输入一些查询条件，将符合该条件的资产挑选出来进行批量减少操作。

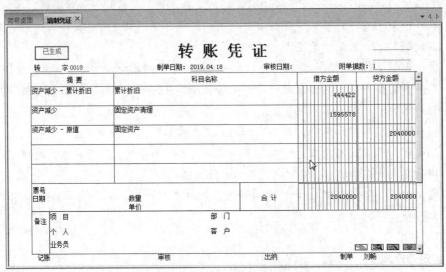

图 6-21　资产减少生成凭证

4. 与总账对账（视频：sy060204）

① 由W03号操作员进入总账系统，对固定资产系统生成的出纳凭证进行出纳签字。

② 由W01号操作员进入总账系统，对薪资管理、固定资产系统生成的凭证进行审核、记账。

③ 由W02号操作员在固定资产系统中，执行"处理"|"对账"命令，出现"与账务对账结果"对话框，如图6-22所示。单击"确定"按钮。

图 6-22　与总账对账

5. 月末结账

① 在固定资产系统中，执行"处理"|"月末结账"命令，打开"月末结账"对话框。

② 单击【开始结账】按钮，出现"与总账对账结果"对话框。

③ 单击【确定】按钮，出现系统提示，再单击【确定】按钮。

❖ **提示：**

- ❖ 在固定资产系统中完成了本月全部制单业务后，可以进行月末结账。月末结账每月进行一次，结账后当期数据不能修改。
- ❖ 本期不结账，将不能处理下期的数据；结账前一定要进行数据备份，否则数据一旦丢失，将造成无法挽回的后果。
- ❖ 如果结账后发现有未处理的业务或者需要修改的事项，可以通过系统提供的"恢复月末结账前状态"功能进行反结账。但是，不能跨年度恢复数据，即本系统年末结转后，不能利用本功能恢复年末结转。
- ❖ 恢复到某个月的月末结账前状态后，本账套对该结账后所做的所有工作都可以无痕迹删除。

6. 4 月份账套备份

4月份业务完成后，将账套输出至"6-2固定资产4月日常业务"文件夹中。

7. 固定资产原值变动 （视频：sy060207）

2019年5月8日，由W02重新进入固定资产系统。

① 在固定资产系统中，执行"卡片"|"变动单"|"原值增加"命令，进入"固定资产变动单"窗口。

② 选择"资产编号"为"04001"；"增加金额"为"10 000"；"变动原因"为"增加配件"，如图6-23所示。

③ 单击【保存】按钮，进入"填制凭证"窗口。

④ 关闭填制凭证窗口，系统弹出"还有1张凭证未保存"信息提示框，单击【确定】按钮，系统再次弹出"还有没保存的凭证，是否退出？"信息提示框，单击【是】按钮退出。

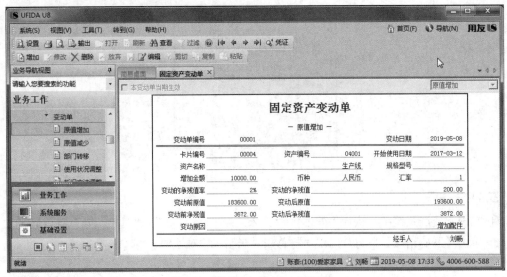

图 6-23　固定资产变动单—原值增加

8. 使用年限调整 （视频：sy060208）

① 执行"卡片"|"变动单"|"使用年限调整"命令，打开"固定资产变动单"窗口。

② 选择卡片编号"00002"，输入变动后使用年限"180"月，变动原因"评估调整"，如图6-24所示。单击【保存】按钮，保存变动单。

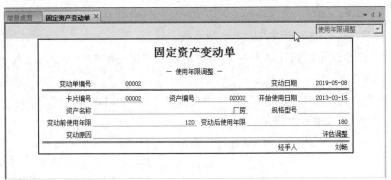

图 6-24　使用年限调整

9. 批量制单 （视频：sy060209）

① 在固定资产系统中，执行"处理"|"批量制单"命令，打开"查询条件选择"对话框，单击【确定】按钮，进入"批量制单"窗口。

② 单击【全选】按钮，或双击"选择"栏，选中要制单的业务，如图6-25所示。

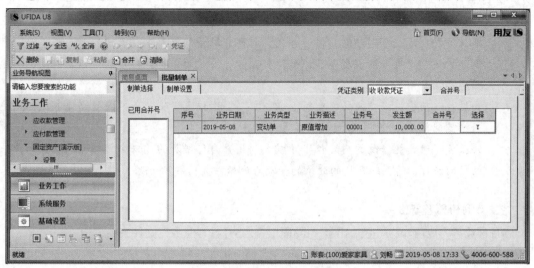

图 6-25　批量制单—制单选择

③ 单击打开"制单设置"选项卡，进行制单科目设置，如图6-26所示。

图 6-26　制单设置

④ 单击【凭证】按钮，修改凭证类别为"付款凭证"，单击【保存】按钮，如图6-27所示。

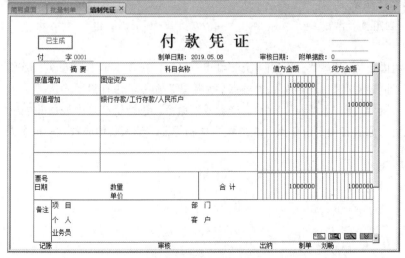

图 6-27　增加配件生成凭证

❖ 提示：

- ◇ "批量制单"功能可以同时将一批需要制单的业务连续制作凭证传递到总账系统。凡是业务发生时没有制单的，该业务自动排列到批量制单表中，表中列示应制单而没有制单的业务发生日期、类型、原始单据编号、默认的借贷方科目和金额，以及制单选择标志。
- ◇ 如果在选项中选择"业务发生时立即制单"，则摘要根据业务情况自动输入；如果使用批量制单方式，则摘要为空，需要手工输入。
- ◇ 修改凭证时，能修改的内容仅限于摘要、用户自行增加的凭证分录、系统默认的分录的折旧科目，而系统默认的分录的金额与原始的数据不能修改。

10. 5 月份账套备份

5月份业务完成后，将账套输出至"6-3固定资产5月日常业务"文件夹中。

‖ 应 用 拓 展 ‖

1. 购入需要安装的固定资产

【示例】生产部购入中央空调一套，单价60 000元，增值税税率为16%，另付安装费2000元，税率为6%。

(1) 购进。

岗位角色：W02刘畅。

路径：在总账系统中填制购置空调凭证和支付安装费的凭证。

(2) 安装完成达到可使用状态。

岗位角色：W02刘畅。

路径：在固定资产系统中执行"固定资产"｜"卡片"｜"资产增加"命令，录入固定资产卡片。保存卡片生成凭证。

2. 固定资产盘点

【示例】固定资产盘亏。

路径：

① 执行"固定资产"｜"卡片"｜"资产盘点"命令，在盘点单中删除盘亏资产。

② 执行"固定资产"｜"卡片"｜"盘点盘亏确认"命令，进行盘亏确认。

③ 执行"固定资产"｜"卡片"｜"资产盘亏"命令，进行资产减少处理并生成凭证。

④ 如果盘亏原因有确定责任人，在总账中填制凭证，计入其他应收款——个人。

第七章 应收款管理

理论认知

一、应收款管理的基本功能

应收款管理系统主要是实现企业与客户之间业务往来账款的核算与管理。在应收款管理系统中，以销售发票、费用单、其他应收单等原始单据为依据，记录销售业务及其他业务所形成的往来款项，处理应收款项的收回、坏账及转账等情况，提供票据处理的功能，实现对应收款的管理。

1. 初始化设置

系统初始化包括系统参数设置、基础信息设置和期初数据录入。

2. 日常处理

日常处理是对应收款项业务的处理工作，主要包括应收单据处理、收款单处理、票据管理、转账处理和坏账处理等内容。

(1) 应收单据处理。应收单据包括销售发票和其他应收单，是确认应收账款的主要依据。应收单据处理主要包括应收单据录入和应收单据审核。

(2) 收款单据处理。收款单据主要指收款单。收款单据处理包括收款单据录入、收款单据审核。

(3) 核销处理。单据核销的主要作用是解决收回客户款项核销该客户应收的处理，建立收款与应收款的核销记录，监督应收款及时核销，加强往来款项的管理。

(4) 票据管理。票据管理主要是对银行承兑汇票和商业承兑汇票进行管理。票据管理可以提供票据登记簿，记录票据的利息、贴现、背书、结算和转出等信息。

(5) 转账处理。转账处理是在日常业务处理中经常发生的应收冲应付、应收冲应收、预收冲应收以及红票对冲的业务处理。

(6) 坏账处理。坏账处理是指计提应收坏账准备的处理、坏账发生后的处理、坏账收回后的处理等。其主要作用是自动计提应收款的坏账准备，当坏账发生时即可进行坏账核销，当被核销坏账又收回时，即可进行相应的处理。

3. 信息查询

信息查询是指用户在进行各种查询结果的基础上所进行的各项分析。一般查询包括单据查询、凭证查询以及账款查询等。统计分析包括欠款分析、账龄分析、综合分析以及收款预测分析等。便于用户及时发现问题，加强对往来款项动态的监督管理。

4. 期末处理

期末处理指用户在月末进行的结算汇兑损益以及月末结账工作。如果企业有外币往来，在月末需要计算外币单据的汇兑损益并对其进行相应的处理。如果当月业务已全部处理完毕，就需要执行月末结账处理，只有月末结账后，才可以开始下月工作。月末处理主要包括进行汇兑损益结算和月末结账。

应收款管理系统初始化的主要内容包括选项设置、初始设置和期初数据录入。

二、应收款管理系统初始化

1. 选项设置

通过对应收款管理系统提供的选项进行设置，满足企业自身的核算和管控要求。需要企业做出选择的选项主要包括四类：常规、凭证、权限与预警、核销设置。下面介绍一部分常用选项。

1) 常规选项

(1) 选择单据审核日期的依据。应收款管理系统中的单据包括应收单据和收款单据，这两种单据都需要经过审核才能生成业务凭证。系统提供了两种确认单据审核日期的依据，即单据日期和业务日期。因为单据审核后记账，因此单据的审核日期是依据单据日期还是业务日期，决定业务总账、业务明细账、余额表等的查询期间取值。

如果选择单据日期，则进行单据审核时，自动将单据日期记为该单据的审核日期。

如果选择业务日期，则进行单据审核时，自动将单据的审核日期记为当前业务日期(业务日期一般为系统登录日期)。

(2) 选择计算汇兑损益的方式。系统提供了两种计算汇兑损益的方式：外币余额结清时计算和月末计算。

① 外币余额结清时计算是仅当某种外币余额结清时才计算汇兑损益，在计算汇兑损益时，界面中仅显示外币余额为0且本币余额不为0的外币单据。

② 月末计算即每个月月末计算汇兑损益，在计算汇兑损益时，界面中显示所有外币余额不为0或者本币余额不为0 的外币单据。

(3) 选择坏账处理方式。系统提供两种坏账处理的方式：备抵法、直接转销法。

备抵法又分为应收余额百分比法、销售收入百分比法和账龄分析法3种。选择了备抵法，还需要在初始设置中录入坏账准备期初余额和计提比例。

如果选择了直接转销法，当坏账发生时，直接在坏账发生处将应收账款转为费用即可。

(4) 选择核算代垫费用的单据类型。如果企业同时启用了销售管理系统，那么从销售管理系统传递过来的代垫费用单在应收系统中体现为其他应收单。用户也可以在单据类型设置中自行定义单据类型，然后在此选用何种单据类型接收代垫费用单。

(5) 选择是否自动计算现金折扣。企业为了鼓励客户在信用期间内提前付款，通常采用现金折扣政策。选择自动计算现金折扣，需要在发票或应收单中输入付款条件，在进行核销处理时系统根据付款条件自动计算该发票或应收单可享受折扣，原币余额=原币金额-本次结算金额-本次折扣。

2) 凭证选项

(1) 选择受控科目的制单方式。在设置会计科目时，如果指定了"应收账款""预收账款"和"应收票据"为"客户往来"辅助核算，那么系统自动将这些科目设置为受控"应收系统"。这些科目即为应收系统的受控科目，只能在应收款系统中使用。受控科目的制单方式有两种选择：明细到客户或明细到单据。

① 明细到客户。如果同一客户的多笔业务的控制科目相同，系统将自动将其合并成一条分录。在总账中按照客户来查询其详细信息。

② 明细到单据。将一个客户的多笔业务合并生成一张凭证时，系统会将每一笔业务形成一条分录。这种方式的目的是在总账系统中能够查看到每个客户的每笔业务的详细情况。

(2) 选择非控科目的制单方式。非控科目有3种制单方式：明细到客户、明细到单据和汇总制单。

明细到客户、明细到单据意义同上。如果选择汇总制单，就是将多个客户的多笔业务合并生成一张凭证时，如果核算这多笔业务的非控制科目相同且其所带辅助核算项目也相同，则系统将自动将其合并成一条分录。这种方式的目的是精简总账中的数据，在总账系统中只能查看到该科目的一个总的发生额。

(3) 选择控制科目依据。设置控制科目依据是指根据什么来确定应收账款和预收账款入账时的明细科目。系统提供了6种设置控制科目的依据，即按客户分类、按客户、按地区、按销售类型、按存货分类、按存货。

(4) 选择销售科目依据。设置销售科目依据是指根据什么来确定销售收入入账时的明细科目。

系统提供了5种设置存货销售科目的依据，即按存货分类、存货、客户、客户分类、销售类型设置存货销售科目。

3) 权限与预警

(1) 启用客户权限。选择启用客户权限，则在所有的处理、查询中均需要根据登录用户的客户数据权限进行限制。

(2) 选择录入发票显示提示信息。如果选择了显示提示信息，则在录入发票时，系统会显示该客户的信用额度余额，以及最后的交易情况。这样可能会降低录入的速度，反之可选择不提示任何信息。

(3) 选择单据报警。可以选择按信用方式报警、按折扣方式报警和超过信用额度报警。

如果选择了按信用方式报警，那么还需要设置报警的提前天数。系统会将单据到期日-提前天数≤当前登录日期的已审核单据显示出来，以提醒哪些款项应该回款了。

如果选择了按折扣方式报警，那么也需要设置报警的提前天数。系统会将单据最大折扣日期-提前天数≤当前登录日期的已审核单据显示出来，以提醒您及时通知客户哪些业务再不付款就不能享受现金折扣待遇。

如果选择了超过信用额度报警，则满足上述设置的单据报警条件的同时，还需满足该客户已超过其设置的信用额度这个条件才可报警。

(4) 选择信用额度控制。如果选择信用额度控制，则在应收款管理系统中保存录入的发票和应收单据时，当票面金额+应收借方余额-应收贷方余额>信用额度时，系统会提示本张单据不予保存处理。

4) 核销设置

(1) 选择应收款的核销方式。收到客户货款后，可以选择与客户应收款进行核销。系统提供了两种应收款的核销方式：按单据核销和按产品核销。

① 按单据核销。系统将满足条件的未结算单据全部列出，系统根据用户选择的单据进行核销。

② 按产品核销。系统将满足条件的未结算单据按存货列出，系统根据用户所选择的存货进行核销。

(2) 收付款单审核后核销。该选项默认为不选择，表示收付款单审核后不进行立即核销操作。选中该选项，系统默认收付款单审核后自动核销。

2. 初始设置

初始设置的作用是建立应收款管理的业务处理规则，如应收款系统自动凭证科目的设置、单据类型的设置、账龄区间的设置等。

1) 设置科目

如果企业的应收业务类型较固定，生成的凭证类型也较固定，为了简化凭证生成操作，可以在此处将各业务类型凭证中的常用科目预先设置好。系统将依据制单规则在生成凭证时自动带入。

(1) 基本科目设置。基本科目是在应收款业务管理中最常使用的科目，包括应收账款、预收账款、销售收入、税金科目、销售退回科目、商业承兑科目、银行承兑科目、坏账入账科目等。

(2) 控制科目设置。如果在选项设置中设置了控制科目依据，那么需要在此根据选择的控制科目依据进行应收科目和预收科目的设置。如果选择了控制科目的依据为"按客户分类"，则需要按客户分类设置不同的应收科目和预收科目。

如果不做设置，则系统默认控制科目即为基本科目中设置的应收科目和预收科目。

(3) 产品科目设置。如果在选项设置中设置了销售科目依据，那么需要在此根据选择的销售科目依据进行销售收入科目、应交增值税科目、销售退回科目和税率的设置。如果选择了控制科目的依据为"按客户分类"，则需要按客户分类设置不同的销售收入科目、应交增值税科目、销售退回科目。

如果不做设置，则系统默认产品科目即为基本科目中设置的销售收入科目、应交增值税科目和销售退回科目。

(4) 结算方式科目设置。可以为前期定义的每一种结算方式设置一个科目，以便在进行收款结算时，通过收款单据上选择的结算方式生成对应的入账科目。

2) 坏账准备设置

企业应于期末针对不包含应收票据的应收款项计提坏账准备，其基本方法是销售收入百分比法、应收余额百分比法、账龄分析法等。可以在此设置计提坏账准备的方法和计提的有关参数。

坏账准备设置是设置坏账准备提取比率、坏账准备期初余额、坏账准备科目以及对方科目。

3) 账龄区间设置

为了对应收账款进行账龄分析，评估客户信誉，并按一定的比例估计坏账损失，应首先在此设置账龄区间。

U8应收款账龄设置分为两部分：账期内账龄区间设置、逾期账龄区间设置。

4) 报警级别设置

通过对报警级别的设置，将客户按照客户欠款余额与其授信额度的比例分为不同的类型，以便于掌握各个客户的信用情况。

5) 设置单据类型

单据类型设置是将企业的往来业务与单据类型建立对应关系，达到快速处理业务以及进行分类汇总、查询、分析的效果。

系统提供了发票和应收单两大类型的单据。

如果同时使用销售管理系统，则发票的类型包括增值税专用发票、普通发票、销售调拨单和销售日报。如果单独使用应收款管理系统，则发票的类型不包括后两种。发票的类型不能修改和删除。

应收单记录销售业务之外的应收款情况。在本功能中，只能增加应收单，应收单可划分为不同的类型，以区分应收货款之外的其他应收款，如应收代垫费用款、应收利息款、应收罚款、其他应收款等。应收单的对应科目由自己定义。

3. 期初数据录入

初次使用应收款管理系统时，需要将未处理完的单据录入系统，以保证数据的连续性和完整性。需要输入的期初数据包括未结算完的发票和应收单、预收款单据、未结算完的应收票据以及未结算完毕的合同金额。

在应收款管理系统中，期初余额按单据形式录入。应收账款通过发票录入、预收账款通过收款单录入、其他应收通过其他应收单录入，以便在日常业务中对这些单据进行后续的核销、转账处理。

期初余额录入后，可以与总账中客户往来账进行核对，检查明细与科目账是否相等。

三、应收款管理系统日常业务

初始化工作虽然工作量比较大，但属于一次性任务。日常业务处理是每个月需要重复使用的功能。

1. 应收单据处理

应收单据处理是应收款子系统处理的起点，在应收单据处理中可以输入销售业务中的各类发票以及销售业务之外的应收单据。应收单据处理的基本操作流程是：单据输入—单据审核—单据制单。

1) 单据输入

单据输入是对未收款项的单据进行输入，输入时先用代码输入客户名称，与客户相关的内容由系统自动显示。然后进行货物名称、数量和金额等内容的输入。

在进行单据输入之前，首先应确定单据名称、单据类型以及方向，然后根据业务内容输入有关信息。

2) 单据审核

单据审核是在单据保存后对单据的正确性进一步审核确认。单据输入后必须经过审核才能参与结算。审核人和制单人可以是同一个人。单据被审核后，将从单据处理功能中消失，但可以通过单据查询功能查看此单据的详细资料。

3) 单据制单

单据制单是可在单据审核后由系统自动编制凭证，也可以集中处理。在应收款子系统中生成的凭证将由系统自动传送到总账子系统中，并由有关人员进行审核和记账等账务处理工作。

2. 收款单据处理

收款单据处理是对已收到款项的单据进行输入，并进一步核销的过程。在单据结算功能中，输入收款单、付款单，并对发票及应收单进行核销，形成预收款并核销预收款，处理代付款。

应收款子系统的收款单用来记录企业所收到的客户款项，款项性质包括应收款、预收款、其他费用等。其中应收款、预收款性质的收款单将与发票、应收单、付款单进行核销处理。

应收款子系统的付款单用来记录发生销售退货时，企业开具的退付给客户的款项。该付款单可与应收、预收性质的收款单、红字应收单、红字发票进行核销处理。

1) 输入结算单据

输入结算单据是对已交来应收款项的单据进行输入，由系统自动进行结算。在根据已收到应收款项的单据进行输入时，首先必须先输入客户的名称。在进行相应操作时，系统会自动显示相关客户的信息。其次必须输入结算科目、金额和相关部门、业务员名称等内容。

单据输入完毕后，由系统自动生成相关内容。如果输入的是新的结算方式，则应先在"结算方式"中增加新的结算方式。如果要输入另一客户的收款单，则需重新选择客户的名称。

2) 单据核销

单据核销是对往来已达账做删除处理的过程，表示本笔业务已经结清，即确定收款单与原始发票之间的对应关系后，进行机内自动冲销的过程。单据核销的作用是解决收回客商款项并核销该客商应收款的处理，建立收款与应收款的核销记录，监督应收款及时核销，加强往来款项的管理。明确核销关系后，可以进行精确的账龄分析，更好地管理应收账款。

如果结算金额与上期余额相等，则销账后余额为零，如果结算金额比上期余额小，则其余额为销账后的余额。单据核销可以由计算机自动进行核销，也可以由手工进行核销。

由于计算机处理采用建立往来辅助账进行往来业务的管理，为了避免辅助账过于庞大而影响计算机运行速度，对于已核销的业务应进行删除。删除工作通常在年底结账时进行。

当会计人员准备核销往来账时，应在确认往来已达账后，才能进行核销处理，删除已达账。为了防止操作不当误删记录，会计信息系统软件中一般都会设计有放弃核销或核销前做两清标记功能。如有的财务软件中设置有往来账两清功能，即在已达账项上打上已结清标记，待核实后才执行核销功能，经删除后的数据不能恢复；有的财务软件则设置了放弃核销功能，一旦发现操作失误，可通过此功能把被删除掉的数据恢复。

3. 票据管理

可以在票据管理中对银行承兑汇票和商业承兑汇票进行管理，包括记录票据详细信息和记录票据处理情况。如果要进行票据登记簿管理，必须将应收票据科目设置成带有客户往来辅助核算的科目。

当用户收到银行承兑汇票或商业承兑汇票时，应将该汇票在应收款子系统的票据管理中录入。系统会自动根据票据生成一张收款单，用户可以对收款单进行查询，并可以与应收单据进行核销勾对，冲减客户应收账款。在票据管理中，用户还可以对该票据进行计息、贴现、转出、结算、背书等处理。

4. 转账处理

转账处理，是在日常业务处理中经常发生的应收冲应付、应收冲应收、预收冲应收以及红票对冲的业务处理。

1) 应收冲应付

应收冲应付是指用某客户的应收账款冲抵某供应商的应付款项。系统通过应收冲应付功能将应收款业务在客户和供应商之间进行转账，实现应收业务的调整，解决应收债权与应付债务的冲抵。

2) 应收冲应收

应收冲应收是指将一家客户的应收款转到另一家客户中。通过应收冲应收功能可将应收款业务在客商之间进行转入、转出，实现应收业务的调整，解决应收款业务在不同客商之间入错户或合并户等问题。

3) 预收冲应收

预收冲应收是指处理客户的预收款和该客户应收欠款的转账核销业务，即某一个客户有预收款时，可用该客户的一笔预收款冲其一笔应收款。

4) 红票对冲

红票对冲可实现某客户的红字应收单与蓝字应收单、收款单与付款单中间进行冲抵。例如：当发生退票时，用红字发票对冲蓝字发票。红票对冲通常可以分为系统自动冲销和手工冲销两种处理方式。自动冲销可同时对多个客户依据红票对冲规则进行红票对冲，提高红票对冲的效率。手工冲销对一个客户进行红票对冲，可自行选择红票对冲的单据，提高红票对冲的灵活性。

5. 坏账处理

所谓"坏账"，是指购货方因某种原因不能付款，造成货款不能收回的信用风险。坏账处理就是对"坏账"采取的措施，主要包括计提坏账准备、坏账发生、坏账收回、生成输出催款单等。

1) 计提坏账准备

计提坏账准备的方法主要有销售收入百分比法、应收账款余额百分比法和账龄分析法。

(1) 销售收入百分比法。由系统自动算出当年销售收入总额，并根据计提比率计算出本次计提金额。

初次计提时，如果没有预先的设置，则应先进行初始设置。设置的内容包括提取比率、坏账准备期初余额。销售总额的默认值为本会计年度发票总额，企业可以根据实际情况进行修改，但计提比率不能在此修改，只能到初始设置中改变。

(2) 应收账款余额百分比法。由系统自动算出当年应收账款余额，并根据计提比率计算出本次计提金额。

初次计提时，如果没有预先的设置，应先进行初始设置。设置的内容包括提取比率及坏账准备期初余额。应收账款的余额默认值为本会计年度最后一天的所有未结算完的发票和应收单据余额之和减去预收款数额的差值。有外币账户时，用其本位币余额。企业可以根据实际情况对默认值进行修改。计提比率在此不能修改，只能在初始设置中改变计提比率。

(3) 账龄分析法。账龄分析法是根据应收账款入账时间的长短来估计坏账损失的方法。它是企业加强应收账款回收与管理的重要方法之一。一般来说，账款拖欠的时间越长，发生坏账的可能性就越大。

系统自动算出各区间应收账款余额，并根据计提比率计算出本次计提金额。

初次计提时，如果没有预先的设置，应先进行初始设置。各区间余额由系统自动生成(由本会计年度最后一天的所有未结算完的发票和应收单据余额之和减去预收款数额的差值)，企业也可以根据实际情况对其进行修改。但计提比率在此不能修改，只能在初始设置中更改。

2) 坏账发生

发生坏账损失业务时，一般需输入以下内容：客户名称、日期(指发生坏账日期，该日期应大于已经记账的日期，小于当前业务日期)、业务员(指业务员编号或业务员名称)以及部门(指部门编号或部门名称，如果不输入部门，表示选择所有的部门)等。

3) 坏账收回

处理坏账收回业务时，一般需输入以下内容：客户名称、收回坏账日期(如果不输入日期，系统默认为当前业务日期。输入的日期应大于已经记账的日期，小于当前业务日期)、收回的金额、业务员编号或名称、部门编号或名称、选择所需要的币种、结算单号(系统将调出该客户所有未经过处理的并且金额等于收回金额的收款单，可选择该次收回业务所形成的收款单)。

4) 生成输出催款单

催款单是对客户或对本单位职工的欠款催还的管理方式。催款单用于设置有辅助核算的应收账款和其他应收款的科目中。

根据不同的行业，催款单预制的格式不同，其内容主要包括两个部分：系统预置的文字性的叙述和由系统自动取数生成的应收账款或其他应收款对账单。通常可以对其内容进行修改编辑，在修改退出时，系统会自动保存本月所做的最后一次修改。

催款单打印输出时，可以打印所有客户的应收账款或所有职员的其他应收款(备用金)情况，也可以有选择地打印某一个客户或某一位职员的催款单。催款单中还可以按条件显示所有的账款和未核销的账款金额。

6. 制单处理

使用制单功能进行批处理制单，可以快速、成批地生成凭证。制单类型包括应收单据制单、结算单制单、坏账制单、转账制单、汇兑损益制单等。企业可根据实际情况选取需要制单的类型。

7. 信息查询

应收款系统的一般查询主要包括单据查询、凭证查询以及账款查询等。用户在进行各种查询结果的基础上可以进行各项统计分析。统计分析包括欠款分析、账龄分析、综合分析以及收款预测分析等。通过统计分析，可以按用户定义的账龄区间，进行一定期间内应收账款账龄分析、收款账龄分析、往来账龄分析，了解各个客户应收款的周转天数、周转率，了解各个账龄区间内应收款、收款及往来情况，及时发现问题，加强对往来款项的动态管理。

1) 单据查询

单据的查询包括发票、应收单、结算单和凭证的查询。可以查询已经审核的各类型应收单据的收款、结余情况；也可以查询结算单的使用情况；还可以查询本系统所生成的凭证，并且对其进行修改、删除、冲销等。

2) 业务账表查询

业务账表查询可以进行业务总账、业务明细账、业务余额表和对账单的查询，并可以实现总账、明细账、单据之间的联查。

通过业务账表查询可以查看客户、客户分类、地区分类、部门、业务员、客户总公司、主管业务员、主管部门在一定期间所发生的应收、收款以及余额情况。

3) 业务账表分析

业务账表分析是应收款管理的一项重要功能，对于资金往来比较频繁、业务量大、金额也比较大的企业，业务账表分析功能更能满足企业的需要。业务账表分析功能主要包括应收账款的账龄分析、收款账龄分析、欠款分析、收款预测等。

8. 期末处理

企业在期末主要应完成计算汇兑损益和月末结账两项业务处理工作。

1) 汇兑损益

如果客户往来有外币核算，且在应收子系统中核算客户往来款项，则在月末需要计算外币单据的汇兑损益并进行相应的处理。在计算汇兑损益之前，应首先在系统初始设置中选择汇兑损益的处理方法。通常系统会提供两种汇兑损益的处理方法：月末计算汇兑损益和单据结清时计算汇兑损益。

2) 月末结账

如果确认本月的各项业务处理已经结束，可以选择执行月末结账功能。结账后本月不能再进行单据、票据、转账等任何业务的增加、删除、修改等处理。另外，如果上个月没有结账，则本月不能结账，同时一次只能选择一个月进行结账。

如果用户觉得某月的月末结账有错误，可以取消月末结账。但取消结账操作只有在该月账务子系统未结账时才能进行。如果启用了销售子系统，销售子系统结账后，应收款子系统才能结账。

结账时还应注意本月的单据(发票和应收单)在结账前应该全部审核；若本月的结算单还有未核销的，不能结账；如果结账期间是本年度最后一个期间，则本年度进行的所有核销、坏账、转账等处理必须制单，否则不能向下一个年度结转，而且对于本年度外币余额为零的单据必须将本币余额结转为零，即必须执行汇兑损益。

实务训练

一、应收款初始化

【实训要求】

1. 选项设置 (见表 7-1)

表7-1　应收款选项设置

选 项 卡	参 　 数	设 置 要 求
常规	坏账处理方式	应收余额百分比法
	自动计算现金折扣	是
凭证	销售科目依据	按存货
	核销生成凭证	否

注：其他选项保持系统默认。

2. 初始设置

(1) 设置基本科目(见表7-2)。

表7-2　基本科目设置

科目类别	设 置 方 式
基本科目设置	应收科目(本币)：1122应收账款
	预收科目(本币)：2203预收账款
	商业承兑科目：1121应收票据
	银行承兑科目：1121应收票据
	票据利息科目、票据费用科目和现金折扣科目：6603 财务费用
	税金科目：22210103 销项税额
	坏账入账科目：1231 坏账准备
产品科目设置	整体书柜：销售收入和销售退回科目均为600101
	实用电脑桌：销售收入和销售退回科目均为600102
结算方式科目设置	现金结算；币种：人民币；科目：1001
	现金支票；币种：人民币；科目：10020101
	转账支票；币种：人民币；科目：10020101
	银行汇票；币种：人民币；科目：10020101
	银行本票；币种：人民币；科目：10020101
	电汇；币种：人民币；科目：10020101

(2) 设置坏账准备(见表7-3)。

表7-3 坏账准备设置

控 制 参 数	参 数 设 置
提取比例	0.5%
坏账准备期初余额	0
坏账准备科目	1231
对方科目	6701

3. 期初余额

(1) 112101 应收票据(见表7-4)

表7-4 应收票据

日期	开票单位	摘要信息	业务员	科目	金额
2019-01-22	北京如意家具有限公司	票据编号：08989；承兑银行：中国建设银行；面值：138 000；票面利率10%；到期日：2019-04-22	江林	1121	138 000

(2) 1122 应收账款(见表7-5)

表7-5 应收账款

单据名称	方向	票号	开票日期	客户名称	销售部门	科目编码	货物名称	数量	单价	价税合计
销售专用发票	正向	111234	2019.2.25	山东银座	销售部	1122	整体书柜	42	2000 无税	97 440
其他应收单	正向		2019.2.25	山东银座	销售部	1122	代垫运费			1660
销售专用发票	正向	111238	2019.03.10	河北卓越	销售部	1122	实用电脑桌	100	500 无税	58 000
其他应收单	正向		2019.03.10	河北卓越	销售部	1122	代垫运费			500

【实训指导】

由系统管理员在系统管理中引入"6-2固定资产4月日常业务"账套作为基础数据。以账套主管A01身份进行应收款初始化设置。

1. 选项设置 （视频：sy070101）

① 在应收款系统中，执行"设置"|"选项"命令，打开"账套参数设置"对话框。

② 单击【编辑】按钮，系统提示"选项修改需要重新登录才能生效"，单击【确定】按钮。在"常规""凭证""权限与预警"选项卡中按照实验资料完成设置，如图7-1所示。

③ 单击"凭证"选项卡，销售科目控制选择"按存货"。核销不生成凭证。

④ 单击【确定】按钮。

2. 初始设置

(1) 设置基本科目。 （视频：sy07010201）

① 执行"设置"|"初始设置"命令，进入"初始设置"窗口。

② 在"设置科目"项下选择"基本科目设置"，单击【增加】按钮，按实验资料设置基本科目，如图7-2所示。

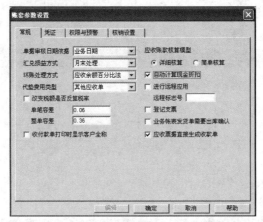

图 7-1　选项设置—常规

图 7-2　基本科目设置

✦ **提示：**

◇ 在基本科目设置中设置的应收科目"1122应收账款"、预收科目"2203预收账款"及"1121应收票据"，应在总账系统中设置其辅助核算内容为"客户往来"，并且其受控系统为"应收系统"，否则在此不能被选中。

◇ 只有在此设置了基本科目，在生成凭证时才能直接生成凭证中的会计科目，否则凭证中将没有会计科目，相应的会计科目只能手工再录入。

◇ 如果应收科目、预收科目按不同的客户或客户分类分别进行设置，则可在"控制科目设置"中进行设置，在此可以不设置。

◇ 如果针对不同的存货分别设置销售收入核算科目，则在此不用设置，可以在"产品科目设置"中进行设置。

③ 选择"设置科目"下的"产品科目设置"，按实训资料设置产品科目，如图7-3所示。

④ 选择"设置科目"下的"结算方式科目设置"，按实训资料设置结算方式科目。

✦ **提示：**

结算方式科目设置是针对已经设置的结算方式来设置相应的结算科目，即在收款或付款时只要告诉系统结算时使用的结算方式，就可以由系统自动生成该种结算方式所使用的会计科目。

图 7-3　产品科目设置

(2) 设置坏账准备。　〔视频：sy07010202〕

① 在应收款管理系统中，执行"设置"|"初始设置"命令，进入"初始设置"窗口。

② 选择"坏账准备设置"，设置坏账准备相关资料，如图7-4所示。

图 7-4　坏账准备设置

③ 单击【确定】按钮，弹出"存储完毕"信息提示对话框，再单击【确定】按钮。

> ❖ 提示：
>
> ◇ 如果在选项中并未选中坏账处理的方式为"应收余额百分比法"，则在此处就不能录入"应收余额百分比法"所需要的初始设置，即此处的初始设置是与选项中所选择的坏账处理方式相对应的。
>
> ◇ 坏账准备的期初余额应与总账系统中所录入的坏账准备的期初余额相一致，但是，系统没有坏账准备期初余额的自动对账功能，只能人工核对。坏账准备的期初余额如果在借方，则用"−"号表示。如果没有期初余额，应将期初余额录入为"0"，否则，系统将不予确认。
>
> ◇ 坏账准备期初余额被确认后，只要进行了坏账准备的日常业务处理就不允许再修改。下一年度使用本系统时，可以修改提取比率、区间和科目。
>
> ◇ 如果在系统选项中默认坏账处理方式为直接转销，则不用进行坏账准备设置。

3. 期初余额

(1) 录入银行承兑汇票。　〔视频：sy07010301〕

① 执行"设置"|"期初余额"命令，打开"期初余额—查询"对话框。单击【确定】按钮，进入"期初余额明细表"窗口。

② 单击【增加】按钮，打开"单据类别"对话框。选择单据名称"应收票

据"，单据类型"银行承兑汇票"，单击【确定】按钮，进入"期初票据"窗口。

③ 按实训资料输入相关信息，如图7-5所示。单击【保存】按钮。关闭期初单据录入界面，返回期初余额明细表窗口。

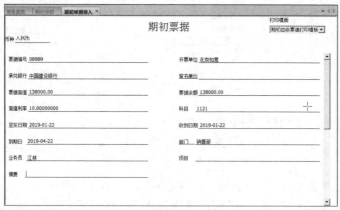

图 7-5 期初银行承兑汇票

(2) 输入销售专用发票。 （视频：sy07010302）

① 单击【增加】按钮，打开"单据类别"对话框。选择单据名称"销售发票"，单据类型"销售专用发票"。单击【确定】按钮，进入"销售专用发票"窗口。

② 单击【增加】按钮，录入开票日期"2019-02-25"，客户名称"山东银座"，其他信息自动带出。

③ 选择货物名称"02001整体书柜"；输入数量"42"，无税单价"2000"，金额自动算出，单击【保存】按钮，如图7-6所示。

图 7-6 录入期初销售专用发票

✧ 提示：

　✧ 在初次使用应收款系统时，应将启用应收款系统时未处理完的所有客户的应收账款、预收账款、应收票据等数据录入本系统。当进入第二年度时，系统自动将上年度未处理完的单据转为下一年度的期初余额。在下一年度的第一会计期间里，可以进行期初余额的调整。

◇　如果退出了录入期初余额的单据，在"期初余额明细表"窗口中并没有看到新录入的期初余额，单击【刷新】按钮，就可以列示出所有的期初余额的内容。

(3) 输入其他应收单。　（视频：sy07010303）

① 在"期初余额"窗口，单击【增加】按钮，打开"单据类别"对话框。

② 选择单据名称"应收单"，单据类型"其他应收单"，单击【确定】按钮，进入"应收单"窗口。

③ 单击【增加】按钮，输入应收信息，如图7-7所示。

简易桌面	期初余额	单据录入 ×								

应收单

打印模版　应收单打印模版

表体排序　[　　　　]

单据编号 0000000001　　单据日期 2019-02-25　　客户 山东银座
科目 1122　　币种 人民币　　汇率 1
金额 1660.00　　本币金额 1660.00　　数量 0.00
部门 销售部　　业务员 江林　　项目
付款条件　　摘要 代垫运费

	方向	科目	币种	汇率	金额	本币金额	部门	业务员	项目	摘要
1										
2										
3										
4										
5										
6										
7										
8										
9										
10										
11										
12										
13										
14										
合计										

录入人 张韶明　　审核人 张韶明

图 7-7　录入期初应收单

❖ **提示：**

◇　在录入应收单时只需录入表格上半部分的内容，表格下半部分的内容由系统自动生成。

◇　应收单中的会计科目必须录入正确，否则将无法与总账进行对账。

请学员自行完成河北卓越销售专用发票及其他应收单的录入。

(4) 期初对账。

① 在"期初余额明细表"窗口中，单击【对账】按钮，进入"期初对账"窗口，如图7-8所示。

简易桌面	期初余额	期初对账 ×						
科目		应收期初		总账期初		差额		
编号	名称	原币	本币	原币	本币	原币	本币	
1121	应收票据	138,000.00	138,000.00	138,000.00	138,000.00	0.00	0.00	
1122	应收账款	157,600.00	157,600.00	157,600.00	157,600.00	0.00	0.00	
2203	预收账款	0.00	0.00	0.00	0.00	0.00	0.00	
	合计		295,600.00		295,600.00		0.00	

图 7-8　期初对账

② 查看应收系统与总账系统的期初余额是否平衡。

❖ **提示：**

◇ 当完成全部应收款期初余额录入后，应通过"对账"功能将应收系统期初余额与总账
系统期初余额进行核对。

◇ 应收系统与总账系统的期初余额的差额应为零，即两个系统的客户往来科目的期初余
额应完全一致。

◇ 当第一个会计期已结账后，期初余额只能查询不能再修改。

4. 备份账套

全部实验完成后，将账套输出至"7-1应收款初始化"文件夹中。

二、单据处理

【实训要求】

1. 应收单据录入

由W02填制应收单据。

(1) 8日，向山东银座家居有限公司销售300组实用电脑桌，单价500元，价款150 000元，税
款24 000元，货款尚未收到，商品已经发出。凭证如图7-9所示。

图 7-9　增值税专用发票

(2) 20日，向河北卓越家具有限公司销售整体书柜200张，单价2000元，价款400 000元，税款64 000元，货款尚未收到。发票号：111246。凭证如图7-10所示。

河北省增值税专用发票　　No 0000111246

开票日期：2019年4月20日

购货单位	名　称：河北卓越家具有限公司 纳税人识别号：110112812441988 地址、电话：河北省三河市友谊路88号；0316-87826688 开户行及账号：中国工商银行三河支行； 2878999778560900988	密码区	2210895611+*2><618//* 46464161145641/*-+4164> <6758/*-46></--45487690 /*-5267812345/*980--> <-9807*90></--100989009

货物或应税劳务名称	规格型号	单位	数量	单价	金　额	税率	税额
整体书柜		张	200	2000	400,000.00	16%	64,000.00
合　计					¥400,000.00		¥64,000.00

价税合计	(大写) 人民币肆拾陆万肆仟元整		(小写) ¥464,000.00

销货单位	名　称：河北爱家家具有限公司 纳税人识别号：320302897896723 地址、电话：河北省三河市瑶海区友谊路128号；0316-87826668 开户行及账号：中国工商银行三河支行131024009094	备注	（印章：河北爱家家具有限公司 320302897896723 发票专用章）

收款人：略　　　复核：略　　　开票人：略　　　销售单位：(章)

第一联：记账联　销货方记账凭证

图 7-10　增值税专用发票

(3) 20日，开出转账支票代垫河北卓越家具销售有限公司货物运杂费6000元。凭证如图7-11所示。

中国工商银行转账支票存根

支票号码：00001885580

科　　目：

对方科目：

签发日期：2019年4月20日

收款人：	河北快捷货运有限公司
金　额：	¥6,000.00
用　途：	代垫运费
备　注：	

单位主管：(略)　　　　　会计：(略)

复　核：(略)　　　　　记账：(略)

图 7-11　支票存根

(4) 22日，销售给山东银座家居有限公司300组电脑桌，有20组有质量问题，经协商开出红字发票给予退货，价款10 000元，税款1600元，商品已经发出。凭证如图7-12所示。

图 7-12　红字增值税专用发票

2. 收款单据录入

由W03填制收款单据。

(1) 22日，预收北京如意家具有限公司电汇新品订金30 000元。凭证如图7-13所示。

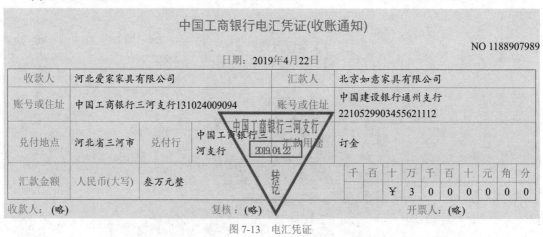

图 7-13　电汇凭证

(2) 22日，收到河北卓越家具有限公司电汇20日货款464 000元。凭证如图7-14所示。

图 7-14 收账通知

3. 审核单据

由W01审核以上单据。

4. 核销处理

由W02对河北卓越家具有限公司收款及应收进行核销处理。

5. 单据制单

由W02进行单据制单。

【实训指导】

由系统管理员在系统管理中引入"7-1应收款初始化"账套作为基础数据。

1. 应收单据录入

由W02身份填制应收单据。

(1) 第1笔业务。

① 在应收款管理系统中,执行"应收单据处理"|"应收单据录入"命令,打开"单据类别"对话框。

② 确认"单据名称"栏为"销售发票","单据类型"栏为"销售专用发票"后,单击【确定】按钮,进入"销售发票"窗口。

③ 单击【增加】按钮,按实训资料输入发票内容,单击【保存】按钮,如图7-15所示。

(2) 第2笔业务。

请学员自行填制销售专用发票。

(3) 第3笔业务。

① 在应收款管理系统中,执行"应收单据处理"|"应收单据录入"命令,打开"单据类别"对话框。单击"单据名称"栏的下三角按钮,选择"应收单",单击【确定】按钮,进入"应收单"窗口。

② 单击【增加】按钮,修改单据日期为"2019-04-20";客户选择"河北卓越";在"金额"栏录入"6000",在"摘要"栏录入"代垫运杂费";在下半部分的"科目"栏录入"10020101",如图7-16所示。

图 7-15　第1笔业务

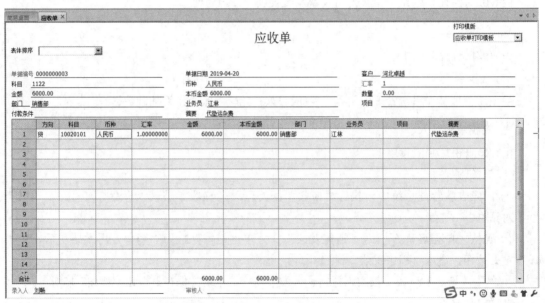

图 7-16　应收单

(4) 第4笔业务。　〔视频：sy07020104〕

① 在应收款管理系统中，执行"应收单据处理"|"应收单据录入"命令，打开"单据类别"对话框。

② 确认"单据名称"栏为"销售发票"，"单据类型"栏为"销售专用发票"，方向为"负向"，如图7-17所示。单击【确定】按钮，进入红字"销售发票"窗口。

③ 单击【增加】按钮，按实训资料输入发票内容，注意数量输入"-20"，单击【保存】按钮，如图7-18所示。

图 7-17　选择红字销售专用发票单据类别

图 7-18　填制红字销售专用发票

2. 收款单据录入

由 W03 填制收款单据。

(1) 第 1 笔业务。　〔视频：sy07020201〕

① 在应收款管理系统中，执行"收款单据处理"|"收款单据录入"命令，进入"收付款单录入"窗口。

② 单击【增加】按钮。输入相关信息，注意表体第 1 行款项类型栏选择"预收款"，单击【保存】按钮，如图 7-19 所示。

> **❖ 提示：**
>
> ◇　表体中的款项类型系统默认为"应收款"，可以修改。款项类型还包括"预收款"和"其他费用"。
>
> ◇　若一张收款单中，表头客户与表体客户不同，则视表体客户的款项为代付款。
>
> ◇　在填制收款单后，可以直接单击"核销"按钮进行单据核销的操作。
>
> ◇　如果是退款给客户，则可以单击"切换"按钮，填制红字收款单。

(2) 第 2 笔业务。

请学员自行填制本笔业务收款单。

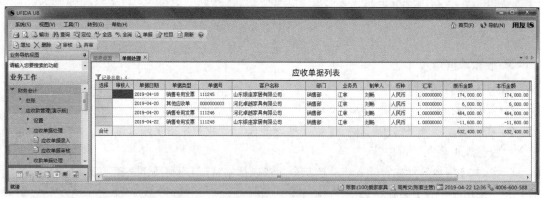

图 7-19 填制收款单

3. 审核单据

由W01审核以上应收单据和收款单据。 （视频：sy070203）

① 执行"应收单据处理"|"应收单据审核"命令，打开"应收单查询条件"对话框。单击【确定】按钮，进入"应收单据列表"窗口，如图7-20所示。

图 7-20 应收单据列表

② 单击【全选】按钮，单击【审核】按钮，完成应收单据审核。

③ 执行"收款单据处理"|"收款单据审核"命令，打开"收款单查询条件"对话框。单击【确定】按钮，进入"收付款单列表"窗口。

④ 单击【全选】按钮，再单击【审核】按钮，完成收款单据审核。

4. 核销处理 （视频：sy070204）

由W02对河北卓越家具有限公司收款及应收进行核销处理。

① 执行"核销处理"|"手工核销"命令，打开"核销条件"对话框。选择客户"河北卓越"，单击【确定】按钮，进入"单据核销"窗口。

② 在窗口下方4月20日销售专用发票"本次结算"栏录入464 000，如图7-21所示。

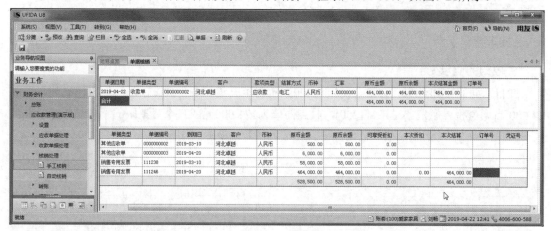

图 7-21 手工核销

③ 单击【保存】按钮，核销完成的单据不再显示。

5. 单据制单 （视频：sy070205）

① 执行"制单处理"命令，打开"制单查询"对话框。选中"发票制单""应收单制单"和"收付款单制单"复选框，单击【确定】按钮，进入"单据制单"窗口。

② 单击【全选】按钮，如图7-22所示。

图 7-22 制单处理

③ 单击【制单】按钮，进入"填制凭证"窗口。选择正确的凭证类别，单击【保存】按钮，保存凭证。

6. 备份账套

全部完成后，将账套备份至"7-2 单据处理"。

三、票据处理

【实训要求】

1. 收到商业承兑汇票

22日，向北京如意家具有限公司销售300张实用电脑桌，单价500元，价款150 000元，税款24 000元(增值税专用发票号：111250)，收到面值为174 000元的三个月期限的不带息银行承兑汇票一张(票号：29872242)，商品已经发出。凭证如图7-23和图7-24所示。

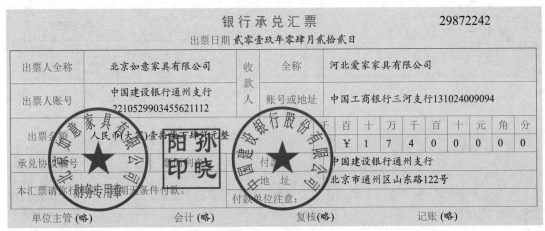

图 7-23　银行承兑汇票

图 7-24　增值税专用发票

2. 票据计息、结算并制单

对"2019-01-22"银行承兑汇票进行计息、结算。

3. 票据贴现及制单

22日，对收到的银行承兑汇票进行贴现(贴现率为12%，收款通知略，由系统自动计算完成)。

【实训指导】

由系统管理员在系统管理中引入"7-2单据处理"账套作为基础数据。

1. 收到商业承兑汇票

(1) 填制销售专用发票。

4月22日，由W02在应收款系统中填制销售专用发票，请学员自行完成。

(2) 填制商业承兑汇票。　（视频：sy07030102）

① 4月22日，由W03在应收款系统中执行"票据管理"命令，打开"查询条件选择"对话框。单击【确定】按钮，进入"票据管理"窗口。

② 单击【增加】按钮，按实训资料录入银行承兑汇票，如图7-25所示。

打印模版组　30657 商业汇票打印模版

商业汇票

银行名称		票据类型 银行承兑汇票
方向 收款	票据编号 29872242	结算方式 银行承兑汇票
收到日期 2019-04-22	出票日期 2019-04-22	到期日 2019-07-22
出票人 北京如意家具有限公司	出票人账号 2210529903455621112	付款人银行 中国建设银行通州支行
收款人 河北爱家家具有限公司	收款人账号	收款人开户银行
币种 人民币	金额 174000.00	票面利率 0.00000000
汇率 1.000000	付行行号	付款行地址
背书人	背书金额	备注
业务员 江林	部门 销售部	票据摘要
交易合同号码	制单人 王菲	

	处理方式	处理日期	贴现银行	被背书人	贴现率	利息	费用	处理金额
1								
2								
3								
4								
5								
6								
7								
合计								

图 7-25　银行承兑汇票

(3) 4月22日，审核销售专用发票和银行承兑汇票生成的收款单并制单。

由W01对销售专用发票进行审核。

由W01对收款单进行审核。

由W02对销售专用发票进行制单。

由W02对收付款单进行制单。

2. 票据计息、结算并制单

(1) 票据计息。　（视频：sy07030201）

① 4月22日，由W03执行"票据管理"命令，打开"查询条件选择"对话框。单击【确定】按钮，进入"票据管理"窗口。

② 选中"2019-01-22"银行承兑汇票，单击【计息】按钮，打开"票据计息"对话框，如图7-26所示。

图 7-26　票据计息

③ 单击【确定】按钮，弹出"是否立即制单"信息提示框，单击【否】按钮，暂不制单。

(2) 票据结算。　〔视频：sy07030202〕

① 在票据管理窗口中，选中"2019-01-22"银行承兑汇票，单击【结算】按钮，打开"票据结算"对话框。

② 输入结算科目"10020101"，如图7-27所示。单击【确定】按钮，弹出"是否立即制单"信息提示框，单击【否】按钮，暂不制单。

图 7-27　票据结算

(3) 制单处理。　〔视频：sy07030203〕

由W02对票据处理制单。生成凭证如图7-28、图7-29所示。

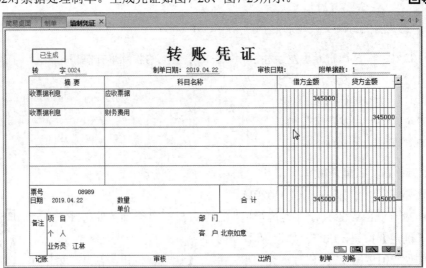

图 7-28　票据计息生成凭证

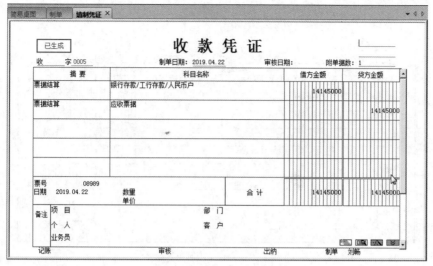

图 7-29 票据结算生成凭证

3. 票据贴现及制单

(1) 票据贴现。 （视频：sy07030301）

① 4月22日，W03在应收款管理系统中，执行"票据管理"命令，打开"查询条件选择"对话框，单击【确定】按钮，进入"票据管理"窗口。

② 选择2019-04-22收到的银行承兑汇票，单击【贴现】按钮，打开"票据贴现"对话框。选择贴现方式"异地"，贴现率"12%"，输入结算科目"10020101"，如图7-30所示。

图 7-30 票据贴现

③ 单击【确定】按钮，弹出"是否立即制单"信息提示框，单击【否】按钮，暂不制单。

(2) 票据贴现制单。 （视频：sy07030302）

由W02在应收款管理系统中，执行"制单处理"，选择票据处理制单，生成票据贴现凭证如图7-31所示。

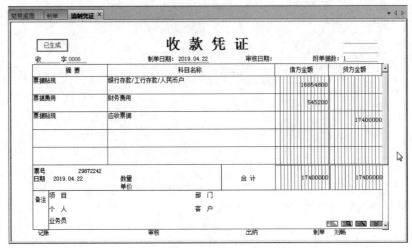

图 7-31　票据贴现制单凭证

全部完成后，将账套备份至"7-3 票据管理"文件夹。

四、转账处理

【实训要求】

(1) 23日，经三方协商，将应收河北卓越家具有限公司的58 000元期初应收转给北京如意家具有限公司。

(2) 23日，用北京如意家具有限公司30 000元预收款冲销应收58 000中的部分应收。

(3) 23日，将山东银座家居本期销售与退货部分进行对冲处理。

由W02进行以上转账处理并制单。

【实训指导】

由系统管理员在系统管理中引入"7-3 票据管理"账套作为基础数据。

1. 应收冲应收　（视频：sy070401）

① 由W02在应收款管理系统中，执行"转账"|"应收冲应收"命令，进入"应收冲应收"窗口。

② 输入日期"2019-04-23"；选择转出客户"河北卓越"，转入客户"北京如意"。

③ 单击【查询】按钮。系统列出转出户"河北卓越"未核销的应收款。

④ 在2019-03-10销售专用发票的并账金额处输入"58 000"，如图7-32所示。

⑤ 单击【保存】按钮。系统弹出提示"是否立即制单？"，单击【是】按钮，生成凭证如图7-33所示。

2. 预收冲应收　（视频：sy070402）

① 在应收款管理系统中，执行"转账"|"预收冲应收"命令，进入"预收冲应收"窗口。

② 单击"预收款"选项卡，选择客户"北京如意"。单击【过滤】按钮，系统列出该客户的预收款，输入转账金额"30 000"，如图7-34所示。

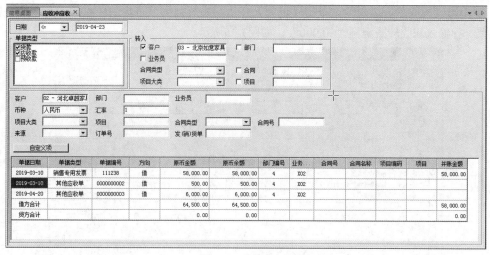

图 7-32　应收冲应收

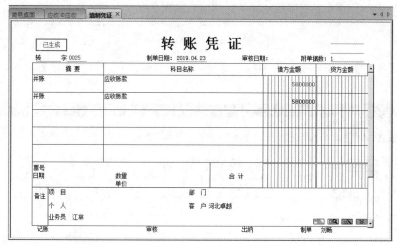

图 7-33　应收冲应收生成凭证

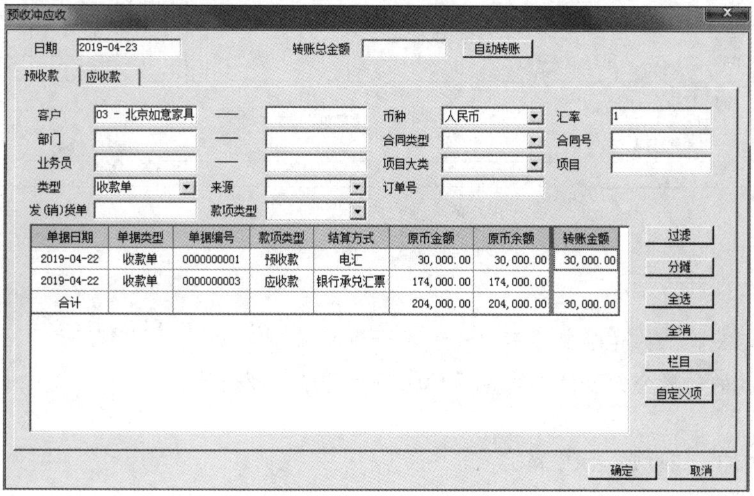

图 7-34　预收冲应收—预收款

③ 单击"应收款"选项卡，单击【过滤】按钮，系统列出该客户的应收款，在期初销售专用发票一行输入应收转账金额"30 000"，如图7-35所示。

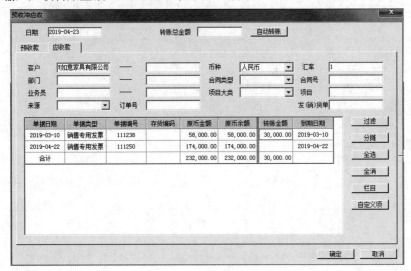

图 7-35　预收冲应收—应收款

④ 单击【确定】按钮，系统弹出提示"是否立即制单？"。单击【是】按钮，生成凭证如图7-36所示。

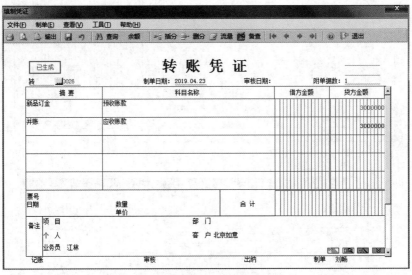

图 7-36　预收冲应收生成凭证

❖ 提示：

◇　每一笔应收款的转账金额不能大于其余额。

◇　应收款的转账金额合计应该等于预收款的转账金额合计。

3. 红票对冲（视频：sy070403）

① 在应收款管理系统中，执行"转账"|"红票对冲"|"手工对冲"命令，打开"红票对冲条件"对话框。

② 在"客户"栏录入"01"，或选择"山东银座"。单击【确定】按钮，进入"红票对冲"窗口。

③ 在"2019-04-18"填制的销售专用发票"对冲金额"栏中录入"11 600"，如图7-37所示。

④ 单击【保存】按钮，系统自动将选中的红字应收单和蓝字应收单对冲完毕。关闭红票对冲界面。

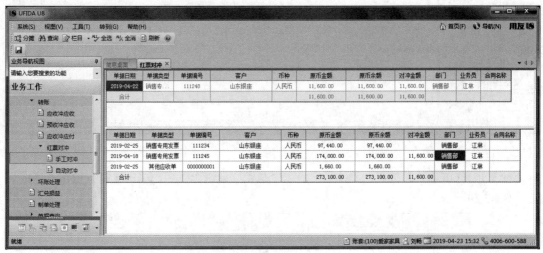

图 7-37　设置红票对冲

❖ **提示：**

◇ 红票对冲可以实现客户的红字应收单据与其蓝字应收单据、收款单与付款单之间进行冲抵的操作。可以自动对冲或手工对冲。

◇ 自动对冲可以同时对多个客户依据对冲原则进行红票对冲，提高红票对冲的效率。

◇ 手工对冲只能对一个客户进行红票对冲，可以自行选择红票对冲的单据，提高红票对冲的灵活性。

全部完成后，将账套备份至"7-4 转账处理"文件夹。

五、坏账处理

【实训要求】

(1) 23日，应收北京如意家具有限公司货款28 000元确认为坏账。

(2) 25日，收到电汇通知，已确认北京如意家具有限公司的坏账又收回20 000元。

(3) 25日，计提坏账准备。

【实训指导】

由系统管理员在系统管理中引入"7-4转账处理"账套作为基础数据。

由W02进行以上坏账处理并制单。

1. 坏账发生　（视频：sy070501）

① 4月23日，在应收款管理系统中，执行"坏账处理"|"坏账发生"命令，打开"坏账发生"对话框。选择客户"如意家具"；单击【确定】按钮，进入

"发生坏账损失"窗口，系统列出该客户所有未核销的应收单据。

② 在2019-03-10"本次发生坏账金额"处输入"28 000"，如图7-38所示。

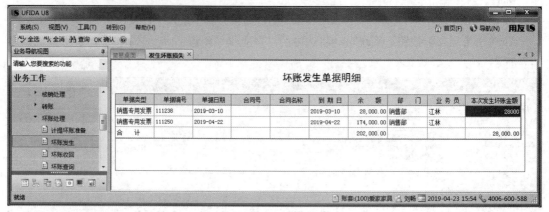

图 7-38 坏账发生

③ 单击【OK确认】按钮，系统弹出提示"是否立即制单？"，单击【是】按钮，生成凭证，如图7-39所示。

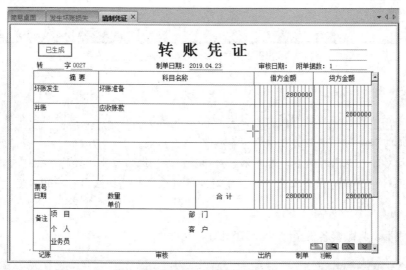

图 7-39 发生坏账生成凭证

❖ **提示：**

本次坏账发生金额只能小于等于单据余额。

2. 收回坏账 （视频：sy070502）

(1) 4月25日，由W03填制收款单。

① 在应收款管理系统中，执行"收款单据处理"|"收款单据录入"命令，进入"收款单"窗口。

② 单击【增加】按钮。选择客户"北京如意"；结算方式"电汇"；在"金额"栏录入"20 000"，在"摘要"栏录入"已做坏账处理的应收账款又收回"。

③ 单击【保存】按钮。

(2) 由W02做坏账收回处理。 （视频：sy070502）

① 在应收款管理系统中，执行"坏账处理"|"坏账收回"命令，打开"坏账收回"对话框。

② 选择客户"北京如意"；单击"结算单号"栏的参照按钮，选择相应的结算单，如图7-40所示。

图 7-40 设置坏账收回信息

③ 单击【确定】按钮，系统提示"是否立即制单"，单击【是】按钮，生成一张收款凭证，单击【保存】按钮，如图7-41所示。

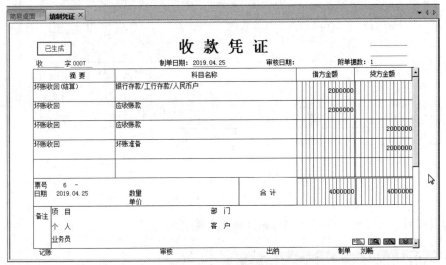

图 7-41 收回坏账凭证

❖ 提示：

✦ 在录入一笔坏账收回的款项时，应该注意不要把该客户的其他收款业务与该笔坏账收回业务录入一张收款单中。

✦ 坏账收回时制单不受系统选项中"方向相反分录是否合并"选项的控制。

3. 计提坏账准备 （视频：sy070503）

① 在应收款管理系统中，执行"坏账处理"|"计提坏账准备"命令，进入"应收账款百分比法"窗口。

② 系统根据应收账款余额、坏账准备余额、坏账准备初始设置情况自动算出本次计提金额，如图7-42所示。

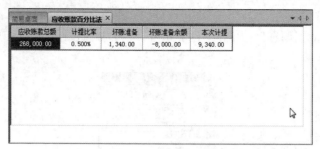

图7-42　计提坏账准备

③ 单击【OK确认】按钮，系统弹出提示"是否立即制单？"，单击【是】按钮，生成凭证如图7-43所示。

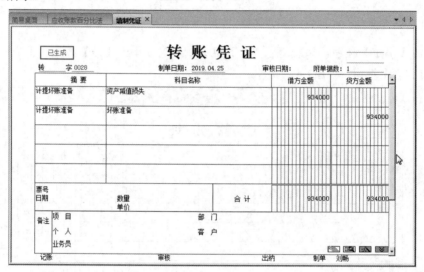

图7-43　计提坏账准备

全部完成后，将账套备份至"7-5坏账处理"文件夹。

六、应收结账及数据查询

【实训要求】

1. 单据查询

(1) 查询凭证。

(2) 查看应收核销明细表。

2. 查看业务余额表

3. 应收账龄分析

账期内账龄区间设置如表7-6所示。

表7-6 账期内账龄区间设置

序 号	起 止 天 数	总 天 数
01	1～10	10
02	11～30	30
03	31～60	60
04	61～90	90
05	91以上	

逾期账龄区间设置如表7-7所示。

表7-7 逾期账龄区间设置

序 号	起 止 天 数	总 天 数
01	1～30	30
02	31～60	60
03	61～90	90
04	91～120	120
05	121以上	

4. 月末结账处理

【实训指导】

由系统管理员在系统管理中引入"7-5坏账处理"账套作为基础数据。

由W01进行应收查询及月末结账。

1. 单据查询

(1) 查询凭证。

① 在应收款管理系统中,执行"单据查询"|"凭证查询"命令,打开"凭证查询条件"对话框。

② 单击【确定】按钮,进入"凭证查询"窗口,如图7-44所示。

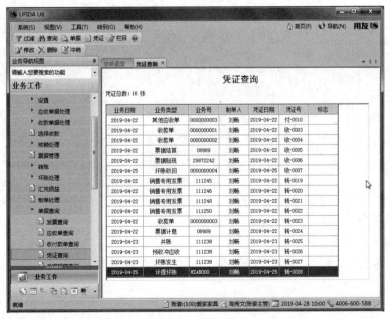

图 7-44 凭证查询

❖ 提示：

在"凭证查询"窗口中，可对应收款管理系统生成的凭证进行修改、删除和冲销。

(2) 查看应收核销明细表。

① 在应收款管理系统中，执行"单据查询"|"应收核销明细表"命令，打开"查询条件选择"对话框。

② 单击【确定】按钮，进入"应收核销明细表"窗口，如图7-45所示。

单据日期	客户	单据类型	单据编号	币种	汇率	应收原币金额	应收本币金额	结算原币金额	结算本币金额	原币余额	本币余额	结算方式	核销日期
2019-04-18	山东银座家居有限公司	销售专用发	111245	人民币	1.00000000	174,000.00	174,000.00						
								11,600.00	11,600.00	162,400.00	162,400.00		2019-04-23
2019-04-22	山东银座家居有限公司	销售专用发	111248	人民币	1.00000000	-11,600.00	-11,600.00						
								-11,600.00	-11,600.00	0.00	0.00		2019-04-23
2019-04-20	河北卓越家具有限公司	其他应收单	0000000003	人民币	1.00000000	6,000.00	6,000.00			6,000.00	6,000.00		
2019-04-20	河北卓越家具有限公司	销售专用发	111246	人民币	1.00000000	464,000.00	464,000.00						
								464,000.00	464,000.00	0.00	0.00	电汇	2019-04-22
2019-04-22	北京如意家具有限公司	销售专用发	111250	人民币	1.00000000	174,000.00	174,000.00			174,000.00	174,000.00		
合计						806,400.00	806,400.00	464,000.00	464,000.00	342,400.00	342,400.00		

图 7-45　应收核销明细表

2. 查看业务余额表

① 在应收款管理系统中，执行"账表管理"|"业务账表"|"业务余额表"命令，打开"查询条件选择"对话框。

② 单击【确定】按钮，进入"应收余额表"窗口，如图7-46所示。应收余额表中显示查询对象在一定期间所发生的应收、收款以及余额情况。

客户编码	客户名称	期初	本期应收	本期收回	余额	周转率	周转天数
		本币	本币	本币	本币	本币	本币
01	山东银座家居有限公司	99,100.00	162,400.00	0.00	261,500.00	0.90	32.22
(小计)01		99,100.00	162,400.00	0.00	261,500.00		
02	河北卓越家具有限公司	58,500.00	412,000.00	464,000.00	6,500.00	12.68	2.29
(小计)02		58,500.00	412,000.00	464,000.00	6,500.00		
03	北京如意家具有限公司	0.00	252,000.00	252,000.00	0.00	0.00	0.00
(小计)03		0.00	252,000.00	252,000.00	0.00		
总计		157,600.00	826,400.00	716,000.00	268,000.00		

图 7-46　应收余额表

3. 应收账龄分析

(1) 设置账期内账龄区间。

① 在应收款管理系统中，执行"设置"|"初始设置"命令，进入"初始设置"窗口。

② 选择“账期内账龄区间设置”。在“总天数”栏录入“10”，按Enter键，再在“总天数”栏录入“30”后按Enter键。以此方法继续录入其他的总天数，如图7-47所示。

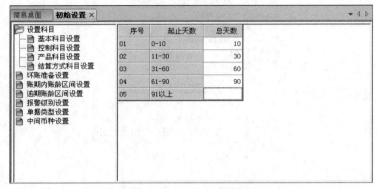

图 7-47　账龄区间设置

③ 同理，设置逾期账龄区间。

(2) 进行账龄分析。

① 在应收款管理系统中，执行“账表管理”|“统计分析”|“应收账龄分析”命令，打开“查询条件选择”对话框。

② 单击【确定】按钮，进入“应收账龄分析”窗口，如图7-48所示。

应收账龄分析

客户　全部　　　金额式　币种：全部　截止日期：2019-04-30

客户 编号	客户 名称	本币余额	账期内 本币金额	账期内 %	1-30 本币金额	1-30 %	31-60 本币金额	31-60 %	61-90 本币金额	61-90 %	91-120 本币金额	91-120 %
01	山东银座家居	261,500.00			162,400.00	62.10			99,100.00	37.90		
02	河北卓越家具	6,500.00			6,000.00	92.31	500.00	7.69				
03	北京如意家具	174,000.00			174,000.00	100.00						
数量					3		1		1			
金额		442,000.00			342,400.00	77.47	500.00	0.11	99,100.00	22.42		

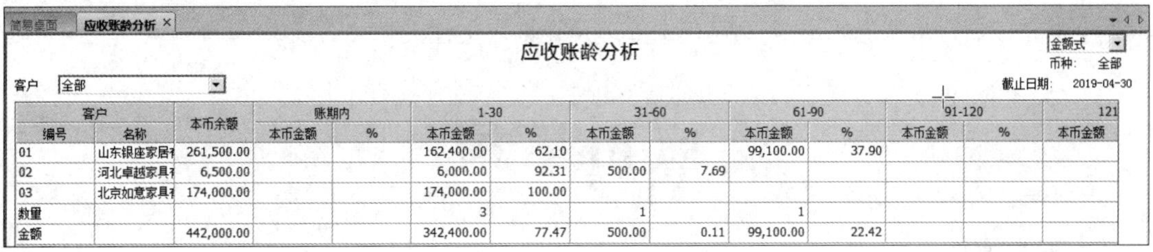

图 7-48　应收账龄分析

❖ 提示：

在统计分析功能中，可以按定义的账龄区间，进行一定期间内应收款账龄分析、收款账龄分析、往来账龄分析，了解各个客户应收款周转天数、周转率，了解各个账龄区间内应收款、收款及往来情况，能及时发现问题，加强对往来款项动态的监督管理。

4. 月末结账

① 执行“期末处理”|“月末结账”命令，打开“月末处理”对话框。

② 双击4月的结账标志栏，出现“Y”标记。单击【下一步】按钮，屏幕显示各处理类型的处理情况。

③ 在处理情况都是“是”的情况下，单击【完成】按钮，结账后，系统弹出提示“4月份结账成功”，如图7-49所示。

④ 单击【确定】按钮。系统在4月份的“结账标志”栏中标识“已结账”字样。

图 7-49　月末结账

❖ **提示：**

◇ 如果当月业务已经全部处理完毕，应进行月末结账。只有当月结账后，才能开始下月的工作。

◇ 进行月末处理时，一次只能选择一个月进行结账，若前一个月未结账，则本月不能结账。

◇ 在执行了月末结账后，该月将不能再进行任何处理。

全部完成后，将账套输出至"7-6月末处理及查询"文件夹。

应用拓展

1. 取消操作

如果对单据进行了审核、核销；对票据进行了贴现等操作后，发现操作失误，利用取消操作可将其恢复到操作前状态，以方便修改。

【示例】取消预收冲应收操作。

岗位角色：各步骤原操作人。

操作路径：

① 执行"期末处理"|"取消月结"命令，取消4月份结账。

② 执行"单据查询"|"凭证查询"命令，删除"预收冲应收"凭证。

③ 执行"其他处理"|"取消操作"命令，取消"预收冲应收"操作。

重点提示：

取消操作类型包括取消核销、取消坏账处理、取消转账、取消汇兑损益、取消票据处理及取消并账。

2. 取消月结

岗位角色：W01账套主管。

操作路径：期末处理—取消月结。

① 执行"期末处理"|"取消月结"命令，打开"取消结账"对话框。

② 单击四月"已结账"标记，再单击"确定"按钮，取消4月份结账。

第八章 应付款管理

一、应付款管理系统的基本功能

应付款管理系统主要是实现企业与供应商之间业务往来账款的核算与管理。在应付款管理系统中,以采购发票、其他应付单等原始单据为依据,记录采购业务及其他业务所形成的往来款项,处理应付款项的支付及转账处理等情况,提供票据处理的功能,实现对应付款的管理。

1. 初始化设置

系统初始化包括系统参数设置、基础信息设置和期初数据录入。

2. 日常处理

日常处理是对应付款项业务的处理工作,主要包括应付单据处理、付款单据处理、核销处理、票据管理和转账处理等内容。

(1) 应付单据处理。应付单据包括采购发票和其他应付单,是确认应付账款的主要依据。应付单据处理主要包括应付单据录入和应付单据审核。

(2) 付款单据处理。付款单据主要指付款单。付款单据处理包括付款单据录入和付款单据审核。

(3) 核销处理。单据核销的主要作用是解决向供应商支付的款项核销该供应商应付款的处理,建立付款与应付款的核销记录,监督应付款及时核销,加强往来款项的管理。

(4) 票据管理。票据管理主要是对银行承兑汇票和商业承兑汇票进行管理。票据管理可以提供票据登记簿,记录票据的利息、贴现、背书、结算和转出等信息。

(5) 转账处理。转账处理是在日常业务处理中经常发生的应付冲应收、应付冲应付、预付冲应付以及红票对冲的业务处理。

3. 信息查询

信息查询指用户在进行各种查询结果的基础上所进行的各项分析。一般查询包括单据查询、凭证查询以及账款查询等。统计分析包括欠款分析、账龄分析、综合分析以及付款预测分析等,便于用户及时发现问题,加强对往来款项动态的监督管理。

4. 期末处理

期末处理指用户在月末进行的结算汇兑损益以及月末结账工作。如果企业有外币往来,在月末需要计算外币单据的汇兑损益并对其进行相应的处理。如果当月业务已全部处理完毕，就需要执行月末结账处理，只有月末结账后，才可以开始下月工作。月末处理主要包括进行汇兑损益结算和月末结账。

二、应付款管理系统初始化

应付款管理系统初始化的主要内容包括选项设置、初始设置和期初数据录入。

1. 选项设置

通过对应付款管理系统提供的选项进行设置，满足企业自身的核算和管控要求。需要企业做出选择的选项主要包括四类：常规、凭证、权限与预警、核销设置。下面介绍一部分常用选项。

1) 常规选项

(1) 选择单据审核日期的依据。应付款管理系统中的单据包括应付单据和付款单据，这两种单据都需要经过审核才能生成业务凭证。系统提供了两种确认单据审核日期的依据，即单据日期和业务日期。因为单据审核后记账，因此单据的审核日期是依据单据日期还是业务日期，决定了业务总账、业务明细账、余额表等的查询期间取值。

如果选择单据日期，则进行单据审核时，自动将单据日期记为该单据的审核日期。

如果选择业务日期，则进行单据审核时，自动将单据的审核日期记为当前业务日期(业务日期一般为系统登录日期)。

(2) 选择计算汇兑损益的方式。系统提供了两种计算汇兑损益的方式：外币结清时处理和月末处理。

① 外币结清时处理是仅当某种外币余额结清时才计算汇兑损益，在计算汇兑损益时，界面中仅显示外币余额为0且本币余额不为0的外币单据。

② 月末处理即每个月末计算汇兑损益，在计算汇兑损益时，界面中显示所有外币余额不为0或者本币余额不为0 的外币单据。

(3) 是否自动计算现金折扣。企业为了鼓励客户在信用期间内提前付款通常采用现金折扣政策。选择自动计算现金折扣，需要在发票或应付单中输入付款条件，在进行核销处理时系统根据付款条件自动计算该发票或应付单可享受折扣，原币余额=原币金额-本次结算金额-本次折扣。

2) 凭证选项

(1) 选择受控科目的制单方式。在设置会计科目时，如果指定了"应付账款""预付账款"和"应付票据"为"供应商往来"辅助核算，那么系统自动将这些科目设置为受控"应付系统"。这些科目只能在应付款管理系统中使用。

受控科目的制单方式有两种选择：明细到供应商或明细到单据。

① 明细到供应商：如果同一供应商的多笔业务的控制科目相同，则系统自动将其合并成一条分录。这种方式的目的是在总账中能够查看到每一个供应商的详细信息。

② 明细到单据：将一个供应商的多笔业务合并生成一张凭证时，系统会将每一笔业务形成一条分录。这种方式的目的是在总账系统中能够查看到每个供应商的每笔业务的详细情况。

(2) 选择非控科目的制单方式。非控科目有3种制单方式：明细到供应商、明细到单据和汇总制单的方式。

明细到供应商、明细到单据意义同上。如果选择汇总制单，就是将多个供应商的多笔业务合并生成一张凭证时，如果核算这多笔业务的非控科目相同且其所带辅助核算项目也相同，则系统将自动将其合并成一条分录。这种方式的目的是精简总账中的数据，在总账系统中只能查看到该科目的一个总的发生额。

(3) 选择控制科目依据。设置控制科目依据是指根据什么来确定应付账款和预付账款入账时的明细科目。

系统提供了6种设置控制科目的依据，即按供应商分类、按供应商、按地区、按采购类型、按存货分类、按存货。

(4) 选择采购科目依据。设置采购科目依据是指根据什么来确定采购入账时的明细科目。

系统提供了5种设置存货销售科目的依据，即按存货分类、按存货、按供应商、按供应商分类、按采购类型设置存货销售科目。

3) 权限与预警

(1) 选择单据报警。可以选择按信用方式报警、按折扣方式报警和超过信用额度报警。

如果选择了按信用方式报警，那么还需要设置报警的提前天数。系统会将单据到期日-提前天数≤当前登录日期的已审核单据显示出来，以提醒哪些款项应该付款了。

如果选择了按折扣方式报警，那么也需要设置报警的提前天数。系统会将单据最大折扣日期-提前天数≤当前登录日期的已审核单据显示出来，以提醒哪些采购业务再不付款就不能享受现金折扣待遇。

如果选择了超过信用额度报警，则满足上述设置的单据报警条件的同时，还需满足该供应商已超过其设置的信用额度这个条件才可报警。

(2) 选择信用额度报警。选择根据信用额度进行预警时，需要输入预警的提前比率，且可以选择是否包含信用额度=0的供应商。

当使用预警平台预警时，系统根据设置的预警标准显示满足条件的供应商记录。即只要该供应商信用比率(=信用余额/信用额度，信用余额=信用额度-应付账款余额)小于等于设置的提前比率时就对该供应商进行报警处理。若选择信用额度=0的供应商也预警，则当该供应商的应付账款>0时即进行预警。

4) 核销设置

(1) 选择应付款的核销方式。系统提供了两种应付款的核销方式：按单据核销和按产品核销。

① 按单据核销。系统将满足条件的未结算单据全部列出，系统根据用户选择的单据进行核销。

② 按产品核销。系统将满足条件的未结算单据按产品列出，系统根据用户所选择的产品进行核销。

(2) 收付款单审核后核销。该选项默认为不选择，表示收付款单审核后不进行立即核销操作。选中该选项，系统默认收付款单审核后自动核销。

2. 初始设置

初始设置的作用是建立应付款管理的业务处理规则，如应付款系统自动凭证科目的设置、单据类型的设置、账龄区间的设置等。

1) 设置科目

如果企业的应付业务类型较固定，生成的凭证类型也较固定，为了简化凭证生成操作，可以在此处将各业务类型凭证中的常用科目预先设置好。系统将依据制单规则在生成凭证时自动带入。

(1) 基本科目设置。基本科目是在应付业务管理中最经常使用的科目，包括应付账款、预付账款、采购科目、税金科目、商业承兑科目、银行承兑科目等。

(2) 控制科目设置。如果在选项设置中设置了控制科目依据，那么需要在此根据选择的控制科目依据进行应付科目和预付科目的设置。如果选择了控制科目的依据为"按供应商分类"，则需要按供应商分类设置不同的应付科目和预付科目。

如果不做设置，则系统默认控制科目即为基本科目中设置的应付科目和预付科目。

(3) 产品科目设置。如果在选项设置中设置了产品科目依据，那么需要在此根据选择的产品科目依据进行采购科目、产品采购税金科目、税率的设置。

如果不做设置，则系统默认产品科目即为基本科目中设置的采购科目和税金科目。

(4) 结算方式科目设置。可以为前期定义的每一种结算方式设置一个科目，以便在进行付款结算时，通过付款单据上选择的结算方式生成对应的入账科目。

2) 账龄区间设置

为了对应付账款进行账龄分析，应首先在此设置账龄区间。

U8应付款账龄设置分为两部分：账期内账龄区间设置、逾期账龄区间设置。

3) 报警级别设置

通过对报警级别的设置，将供应商按照供应商欠款余额分为不同的类型，以便掌握对供应商的付款情况。

4) 设置单据类型

单据类型设置是将企业的往来业务与单据类型建立对应关系，达到快速处理业务以及进行分类汇总、查询、分析的效果。

系统提供了发票和应付单两大类型的单据。发票包括采购专用发票和普通发票。

应付单记录采购业务之外的应付款情况。在本功能中，只能增加应付单，应付单可划分为不同的类型，以区分应付货款之外的其他应付款。例如，可以将应付单分为应付费用款、应付利息款、应付罚款、其他应付款等。

3. 期初数据录入

初次使用应付款管理系统时，需要将未处理完的单据录入系统，以保证数据的连续性和完整性。需要输入的期初数据包括未结算完的发票和应付单、预付款单据、未结算完的应付票据以及未结算完毕的合同金额。

在应付款管理系统中，期初余额按单据形式录入。应付账款通过发票录入、预付账款通过付款单录入、其他应付通过其他应收单录入，以便在日常业务中对这些单据进行后续的核销、转账处理。

期初余额录入后，可以与总账中客户往来账进行核对，检查明细与科目账是否相等。

三、应付款管理系统日常业务

初始化工作虽然工作量比较大，但属于一次性任务。日常业务处理是每个月需要重复使用的功能。

1. 应付单据处理

应付单据处理主要是对应付单据(采购发票、应付单)进行管理，包括应付单据的录入和审核。

1) 应付单据录入

单据录入是应付款系统处理的起点。在此可以录入采购业务中的各类发票，以及采购业务之外的应付单。

如果同时使用应付款管理系统和采购管理系统，则发票由采购系统录入，在应付款系统可以对这些单据进行审核、弃审、查询、核销、制单等操作。此时，在应付款系统中需要录入的单据仅限于应付单。如果没有使用采购系统，则各类发票和应付单均在应付款管理系统中录入。

2) 应付单据审核

应付单据审核是对应付单据的正确性进一步审核确认。单据输入后必须经过审核才能参与结算。审核人和制单人可以是同一个人。单据被审核后，将从单据处理功能中消失，但可以通过单据查询功能查看此单据的详细资料。

系统提供手工审核和自动批审两种方式。

3) 单据制单

单据制单可在单据审核后由系统自动编制凭证，也可以集中处理。在应付款子系统中生成的凭证将由系统自动传送到总账子系统中，并由有关人员进行审核和记账等账务处理工作。

2. 付款单据处理

付款单据处理主要是对结算单据(付款单、收款单即红字付款单)进行管理，包括付款单据录入、审核和核销处理。

1) 付款单据录入

付款单据录入，是将支付供应商款项或供应商退回的款项，录入应付款管理系统，包括付款单与收款单(即红字付款单)的录入。

付款单用来记录企业支付给供应商的款项，当企业对外付款时，应明确该款项是结算供应商货款，还是提前支付给供应商的预付款，或是支付给供应商的其他费用。系统用款项类型来区别不同的用途。录入付款单时需要指定该笔付款的款项用途。如果一张付款单包含不同用途的款项，需要在表体记录中分行显示。

对于不同用途的款项，系统提供的后续业务处理不同。对于冲销应付款，以及形成预付款的款项，后期需要进行付款结算，即将付款单与其对应的采购发票或应付单进行核销勾对，进行冲销企业债务的操作。对于其他费用用途的款项则不需要进行核销。

若一张付款单中，表头供应商与表体供应商不同，则视表体供应商的款项为代付款。

应付款子系统的收款单用来记录发生采购退货时，供应商退回企业的款项。该收款单可与应付、预付性质的付款单、红字应付单、红字发票进行核销处理。有时，可能要付一个单位的一笔款项，但该款项包括为另外一个单位付的款。这时有以下两种处理方式。

- ○ 将付款单位直接记录为另外一个单位。金额为代付金额(即正常的付款单)。
- ○ 将付款单位仍然记录为该单位，但通过在表体输入代付供应商的功能处理代付款业务。这种方式的好处是既可以保留该笔付款业务的原始信息，又可以处理同时代多个单位付款的情况。

2) 付款单据审核

付款单据输入后必须经过审核才能进行核销、制单等后续处理。

系统提供手工审核和自动批审两种方式。

3) 核销处理

单据核销的作用是解决对供应商的付款核销该供应商应付款的处理，建立付款与应付款的核销记录，监督应付款及时核销，加强往来款项的管理。明确核销关系后，可以进行精确的账龄分析，更好地管理应付账款。

单据核销可以由计算机自动进行核销，也可以由手工进行核销。

3. 票据管理

可以在票据管理中对银行承兑汇票和商业承兑汇票进行管理，包括记录票据详细信息和记录票据处理情况。

当支付给供应商承兑汇票时，应将汇票录入应付系统的票据管理中。如果系统选项中的"应付票据直接生成付款单"为选中状态，那么系统保存当前票据的同时生成一张付款单，否则需要单击"付款"按钮才能生成付款单。

在票据管理中，可以对该票据进行计息、贴现、转出、结算、背书等处理。

4. 转账处理

转账处理，是在日常业务处理中经常发生的应付冲应收、应付冲应付、预付冲应付以及红票对冲的业务处理。

1) 应付冲应收

应付冲应收是指用某供应商的应付账款冲抵客户的应收款项。系统通过应付冲应收功能将应付款业务在供应商和客户之间进行转账，实现应付业务的调整，解决应付债务与应收债权的冲抵。

2) 应付冲应付

应付冲应付是指将一家供应商的应付款转到另一家供应商。通过应付冲应付功能可将应付款业务在供应商、部门、业务员、项目和合同之间进行转入、转出，实现应付业务的调整，解决应付款业务在不同供应商、部门、业务员、项目和合同间入错户或合并户等问题。

3) 预付冲应付

预付冲应付是指处理对供应商的预付款和该供应商应付欠款的转账核销业务。

4) 红票对冲

红票对冲可实现某供应商的红字应付单与蓝字应付单、付款单与收款单中间进行冲抵。例如，当发生退票时，用红字发票对冲蓝字发票。红票对冲通常可以分为系统自动冲销和手工冲销两种处理方式。自动冲销可同时对多个供应商依据红票对冲规则进行红票对冲，提高红票对冲的效率。手工冲销对一个供应商进行红票对冲，可自行选择红票对冲的单据，提高红票对冲的灵活性。

5. 制单处理

使用制单功能进行批处理制单，可以快速、成批地生成凭证。制单类型包括应付单据制单、结算单制单、转账制单、汇兑损益制单等。企业可根据实际情况选取需要制单的类型。

6. 信息查询

应付款系统的一般查询主要包括单据查询、凭证查询以及业务账表查询与分析等。用户在进行各种查询结果的基础上可以进行各项统计分析。统计分析包括欠款分析、账龄分析、综合分析以及收款预测分析等。通过统计分析，可以按用户定义的账龄区间，进行一定期间内应付账款账龄分析、付款账龄分析、往来账龄分析，了解各个供应商应付款的周转天数、周转率，了解各个账龄区间内应付款、付款及往来情况，及时发现问题，加强对往来款项的动态管理。

1) 单据和凭证查询

单据查询包括发票、应收单、结算单和凭证的查询。可以查询已经审核的各类型应付单据的付款、结余情况；也可以查询结算单的使用情况；还可以查询本系统所生成的凭证，并且对其进行修改、删除、冲销，等等。

2) 业务账表查询

业务账表查询可以进行业务总账、业务明细账、业务余额表和对账单的查询，并可以实现总账、明细账、单据之间的联查。

通过业务账表查询可以查看客户、客户分类、地区分类、部门、业务员、客户总公司、主管业务员、主管部门在一定期间所发生的应收、收款以及余额情况。

3) 业务账表分析

业务账表分析是应收款管理的一项重要功能，对于资金往来比较频繁、业务量大、金额也比较大的企业，业务账表分析功能更能满足企业的需要。业务账表分析功能主要包括应付账款的账龄分析、付款账龄分析、欠款分析、收款预测等。

7. 期末处理

企业在期末主要应完成计算汇兑损益和月末结账两项业务处理工作。

1) 计算汇兑损益

如果供应商往来有外币核算且在应付款子系统中核算供应商往来款项，则在月末需要计算外币单据的汇兑损益并进行相应的处理。在计算汇兑损益之前，应首先在系统初始设置中选择汇兑损益的处理方法。通常系统会提供两种汇兑损益的处理方法：月末计算汇兑损益和单据结清时计算汇兑损益。

2) 月末结账

如果确认本月的各项业务处理已经结束，可以选择执行月末结账功能。结账后本月不能再进行单据、票据、转账等任何业务的增加、删除、修改等处理。另外，如果上个月没有结账，则本月不能结账，同时一次只能选择一个月进行结账。

如果用户觉得某月的月末结账有错误，可以取消月末结账。但取消结账操作只有在该月账务子系统未结账时才能进行。如果启用了采购子系统，采购子系统结账后，应付款子系统才能结账。

结账时还应注意本月的单据(发票和应收单)在结账前应该全部审核；若本月的结算单还有未核销的，不能结账；如果结账期间是本年度最后一个期间，则本年度进行的所有核销、转账等处理必须制单，否则不能向下一个年度结转，而且对于本年度外币余额为零的单据必须将本币余额结转为零，即必须执行汇兑损益。

▎实 务 训 练 ▎

一、应付款初始化

【实训资料】

1. 选项设置（如表 8-1 所示）

表8-1　应收款选项设置

选 项 卡	参　数	设 置 要 求
常规	自动计算现金折扣	是
凭证	采购科目依据	按存货
	核销生成凭证	否

注：其他选项保持系统默认。

2. 初始设置

科目设置如表8-2所示。

表8-2　科目设置

科 目 类 别	设 置 方 式
基本科目设置	应付科目(本币)：2202应付账款
	预付科目(本币)：1123预付账款
	税金科目：22210101 进项税额
	商业承兑科目和银行承兑科目：2201应付票据
	票据利息科目、票据费用科目和现金折扣科目：6603财务费用
产品科目设置	三聚氰胺板：140301
	大芯板：140302
	进口五金：140303
	五金套组：140304
结算方式科目设置	现金结算；币种：人民币；科目：1001
	现金支票；币种：人民币；科目：10020101
	转账支票；币种：人民币；科目：10020101
	银行汇票；币种：人民币；科目：10020101
	银行本票；币种：人民币；科目：10020101
	电汇；币种：人民币；科目：10020101
	银行承兑汇票；币种：人民币；科目：10020101
	商业承兑汇票；币种：人民币；科目：10020101

3. 期初数据（存货税率均为 16%，如表 8-3 所示）

表8-3　期初数据表

单据名称	方向	开票日期	票号	供应商	采购部门	科目编码	货物名称	数量	无税单价	价税合计
采购专用发票	正向	2019.02.22	182020	光辉庆宇	采购部	2202	五金套组	1000	10	11 600
其他应付单	正向	2019.02.22		光辉庆宇	采购部	2202				100
采购专用发票	正向	2019.03.20	183020	北京东兴茂	采购部	2202	三聚氰胺板 大芯板	600 820	230 80	160 080 76 096
其他应付单	正向	2019.03.20		北京东兴茂	采购部	2202				2974
应付票据 银行承兑汇票	正向	2019.01.28	22881199	霸州光洋	采购部	2201				26 000

注：票号为22881199的应付银行承兑汇票票面利率为6%，票据到期日为2019年4月28日。

【实训指导】

由系统管理员在系统管理中引入"7-6 应收结账与数据查询"账套作为基础数据。以账套主管A01身份进行应付款初始化设置。

1. 选项设置　（视频：sy080101）

① 在应付款管理系统中，执行"设置"|"选项"命令，打开"账套参数设置"对话框。

② 单击【编辑】按钮，系统提示"选项修改需要重新登录才能生效"，单击【确定】按钮。在"常规""凭证""权限与预警"选项卡中按照实训资料完成设置，如图8-1所示。

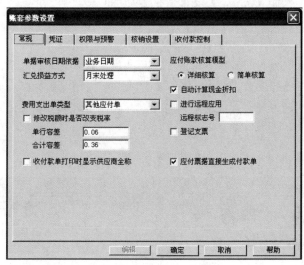

图 8-1　设置选项—常规

③ 单击【确定】按钮。

◇ 在账套使用过程中可以随时修改账套参数。

◇ 关于应付账款核算模型，在系统启用时或者还没有进行任何业务处理的情况下才允许从简单核算改为详细核算；但从详细核算改为简单核算随时可以进行。

2. 初始设置

① 在应付款管理系统中，执行"设置"|"初始设置"命令，进入"初始设置"窗口。

② 选择"基本科目设置"，单击"增加"按钮，按实训资料设置基本科目，如图8-2所示。

图 8-2　基本科目设置

◇ 在基本科目设置中设置的应付科目"2202应付账款"、预付科目"1123 预付账款"及"2201 应付票据"，应在总账系统中设置其辅助核算内容为"供应商往来"，并且其受控系统为"应付系统"，否则在此不能被选中。

◇ 只有在此设置了基本科目，在生成凭证时才能直接生成凭证中的会计科目，否则凭证中将没有会计科目，相应的会计科目只能手工再录入。

◇ 如果应付科目、预付科目按不同的供应商或供应商分类分别进行设置，则可在"控制科目设置"中进行设置，在此可以不设置。

◇ 如果针对不同的存货分别设置采购科目，则在此不用设置，可以在"产品科目设置"中进行设置。

③ 选择"产品科目设置"，按实训资料设置产品科目，如图8-3所示。

	存货编码	存货名称	存货规格	采购科目	产品采购税...
	01001	三聚氰胺板		140301	
	01002	大芯板		140302	
	01003	进口五金		140303	
	01004	五金套组		140304	
	02001	整体书柜			
	02002	实用电脑桌			
	03001	运输费			

图 8-3　产品科目设置

④ 选择"结算方式科目设置",按实训资料设置结算方式科目。

结算方式科目设置是针对已经设置的结算方式来设置相应的结算科目，即在收款或付款时只要告诉系统结算时使用的结算方式，就可以由系统自动生成该种结算方式所使用的会计科目。

3. 期初数据

(1) 输入采购专用发票。 （视频：sy08010301）

① 在应付款管理系统中，执行"设置"|"期初余额"命令，打开"期初余额—查询"对话框。单击【确定】按钮，进入"期初余额"窗口。

② 单击【增加】按钮，打开"单据类别"对话框。选择单据名称"采购发票"，单据类型"采购专用发票"。单击【确定】按钮，进入"采购专用发票"窗口。

③ 单击【增加】按钮，输入发票号"182020"、开票日期"2019-02-22"，供应商为"光辉庆宇"，其他信息自动带出。

④ 选择货物名称"1001五金套组"；输入数量"1000"，无税单价"10"，金额自动算出，单击【保存】按钮，如图8-4所示。

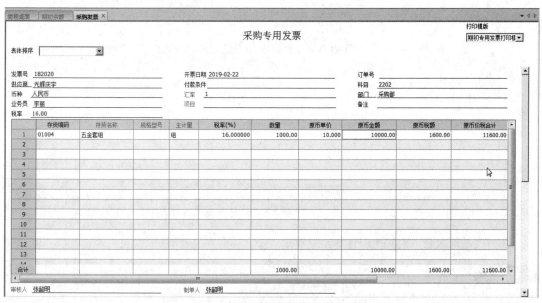

图 8-4 录入期初采购专用发票

⑤ 同理，录入其他采购专用发票。

❖ 提示：

◇ 在初次使用应付款系统时，应将启用应付款系统时未处理完的所有供应商的应付账款、预付账款、应付票据等数据录入本系统。当进入第二年度时，系统会自动将上一年度未处理完的单据转为下一年度的期初余额。在下一年度的第一会计期间里，可以进行期初余额的调整。

◇ 如果退出了录入期初余额的单据，在"期初余额明细表"窗口中并没有看到新录入的期初余额，单击【刷新】按钮，就可以列示出所有的期初余额的内容。

◇ 如果并未设置允许修改采购专用发票的编号，则在填制采购专用发票时不允许修改采购专用发票的编号。其他单据的编号也一样，系统默认的状态为不允许修改。

(2) 输入其他应付单。　〔视频：sy08010302〕

① 在"期初余额"窗口中，单击【增加】按钮，打开"单据类别"对话框。

② 选择单据名称"应付单"，单据类型"其他应付单"，单击【确定】按钮，进入"应付单"窗口。

③ 单击【增加】按钮，输入应付单信息，如图8-5所示。

图 8-5　录入期初应付单

④ 同理，录入余下的其他应付单。

❖ 提示：

◇ 在录入应付单时只需录入表格上半部分的内容，表格下半部分的内容由系统自动生成。

◇ 应付单中的会计科目必须录入正确，否则将无法与总账进行对账。

(3) 录入期初票据。　〔视频：sy08010303〕

① 在期初余额明细表界面，单击【增加】按钮，打开"单据类别"对话框。

② 选择单据名称"应付票据"，选择单据类型"银行承兑汇票"，单击【确定】按钮，进入"期初票据"窗口。

③ 按实训资料输入期初票据各项内容，如图8-6所示。

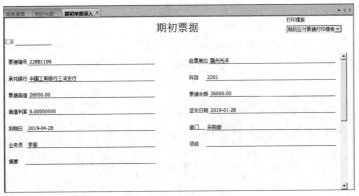

图 8-6　录入期初票据

④ 单击【保存】按钮。关闭当前窗口返回期初余额界面。

(4) 期初对账。　（视频：sy08010304）

① 在"期初余额明细表"窗口中，单击【对账】按钮，进入"期初对账"窗口，如图8-7所示。

科目		应付期初		总账期初		差额	
编号	名称	原币	本币	原币	本币	原币	本币
1123	预付账款	0.00	0.00	0.00	0.00	0.00	0.00
2201	应付票据	26,000.00	26,000.00	26,000.00	26,000.00	0.00	0.00
2202	应付账款	250,850.00	250,850.00	250,850.00	250,850.00	0.00	0.00
	合计		276,850.00		276,850.00		0.00

图 8-7　期初对账

② 查看应付系统与总账系统的期初余额是否平衡。

❖ 提示：

◇ 当完成全部应付款期初余额录入后，应通过"对账"功能将应付系统期初余额与总账系统期初余额进行核对。

◇ 应付系统与总账系统的期初余额的差额应为零，即两个系统的客户往来科目的期初余额应完全一致。

◇ 当第一个会计期已结账后，期初余额只能查询不能再修改。

4. 备份账套

全部实验完成后，将账套输出至"8-1应付款初始化"文件夹中。

二、单据处理

【实训资料】

1. 应付单据录入

(1) 25日，到临沂安顺木业有限公司采购三聚氰胺板400张，单价230元，大芯板500张，单价80元，价款合计132 000元，增值税款21 120元(采购专用发票号码：668800)。凭证如图8-8所示。

山东省增值税专用发票 No 0000668800

5401946572　　　　　　开票日期：2019年4月25日

购货单位	名　称：河北爱家家具有限公司 纳税人识别号：320302897896723 地址、电话：河北省三河市瑶海区友谊路128号；0316-87826668 开户行及账号：中国工商银行三河支行131024009094					密码区	0010895645+*2><618//* 46464161145641/*-+4164> <6758/*-46></--45487690 /*-5267812345/*980--> <-9807*90></--100989700		
货物或应税劳务名称	规格型号	单位	数量	单价	金额		税率	税额	
三聚氰胺板		张	400	230	92,000.00		16%	14,720.00	
大芯板		张	500	80	40,000.00		16%	6,400.00	
合　计					￥132,000.00			￥21,120.00	
价税合计	(大写)人民币壹拾伍万叁仟壹佰贰拾元整				(小写) ￥153,120.00				
销货单位	名　称：临沂安顺木业有限公司 纳税人识别号：371300228058489 地址、电话：山东省临沂市兰山区朱保工业区；0539-8553588 开户行及账号：中国工商银行临沂支行7859240596872632333					备注			
收款人：略		复核：略		开票人：略		销货单位：(章)			

图8-8　增值税专用发票

(2) 25日，到光辉庆宇五金机电有限公司采购进口五金件800套，单价20元，五金套组1000套，单价10元，价款合计26 000元，增值税款4160元，卖方承担运费，价款付款条件为"2/10,1/20,n/30"，款项未付。凭证如图8-9所示。

河北省增值税专用发票 No 0000668908

5401946572　　　　　　开票日期：2019年4月25日

购货单位	名　称：河北爱家家具有限公司 纳税人识别号：320302897896723 地址、电话：河北省三河市瑶海区友谊路128号；0316-87826668 开户行及账号：中国工商银行三河支行131024009094					密码区	0010895645+*2><618//* 46464161145641/*-+4164> <6758/*-46></--45487690 /*-5267812345/*980--> <-9807*90></--100989700		
货物或应税劳务名称	规格型号	单位	数量	单价	金　额		税率	税额	
五金套组		套	1000	10	10,000.00		16%	1,600.00	
进口五金		套	800	20	16,000.00		16%	2,560.00	
								￥4,160.00	
合　计					￥26,000.00				
价税合计	(大写)人民币叁万零壹佰陆拾元整				(小写) ￥30,160.00				
销货单位	名　称：光辉庆宇五金机电有限公司 纳税人识别号：110128123559817 地址、电话：河北省廊坊市三河市燕郊开发区迎宾北路西侧 开户行及账号：中国建设银行三河支行2878900259283560999					备注			
收款人：略		复核：略		开票人：略		销货单位：(章)			

图8-9　增值税专用发票

2. 付款单据录入

(1) 26日，电汇支付临沂安顺木业有限公司货款。凭证如图8-10所示。

图 8-10 电汇付款凭证

(2) 26日，以电汇方式支付光辉庆宇五金机电有限公司采购五金货款29 556.80元。凭证如图8-11所示。

图 8-11 电汇付款凭证

(3) 26日，以电汇方式预付北京东兴茂货款20 000元。凭证如图8-12所示。

图 8-12 电汇付款凭证

3. 单据审核

由W01审核以上应付单据和付款单据。

4. 核销处理

26日，由W02对安顺木业和光辉庆宇应付及付款进行核销处理。

5. 单据制单

由W02进行单据制单。

【实训指导】

1. 应付单据录入

由W02填制应收单据。

(1) 业务1：填制采购专用发票。 〔视频：sy080201〕

① 在应付款管理系统中，执行"应付单据处理"|"应付单据录入"命令，
打开"单据类别"对话框。

② 确认"单据名称"栏为"采购发票"、"单据类型"栏为"采购专用发票"后，单击【确定】按钮，进入"专用发票"窗口。

③ 单击【增加】按钮，录入"发票号"为"668800"，修改"开票日期"为"2019-04-25"；输入发票其他相关信息，完成后如图8-13所示。

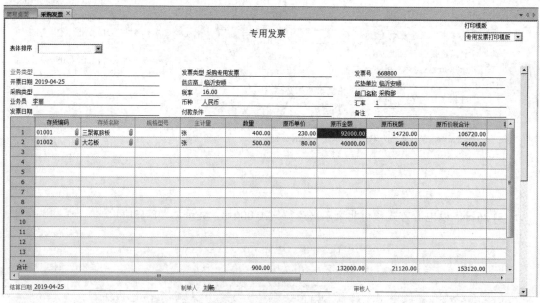

图 8-13 填制采购专用发票

❖ **提示：**

◇ 采购发票与应付单是应付款管理系统日常核算的单据。如果应付款系统与采购系统集成使用，采购发票在采购管理系统中录入，则在应付系统中可以对这些单据进行查询、核销及制单等操作，此时应付系统需要录入的只限于应付单。

◇ 如果没有使用采购系统，则所有发票和应付单均需在应付系统中录入。

◇ 在不启用供应链的情况下，在应付款系统中只能对采购业务的资金流进行会计核算，即可以对应付款、已付款，以及采购情况进行核算；而其物流的核算，即货入库成本的核算还需在总账系统中手工进行结转。

◇ 已审核的单据不能修改或删除，已生成凭证或进行过核销的单据在单据界面中不再显示。

◇ 在录入采购发票后可以直接进行审核，在直接审核后系统会提示："是否立即制单"，此时可以直接制单。如果录入采购发票后不直接审核，则可以在审核功能中审核，再到制单功能中制单。

◇ 已审核的单据在未进行其他处理之前应取消审核后再进行修改。

(2) 业务2：填制采购专用发票(付款条件)。

请学员自行填制采购专用发票，如图8-14所示。注意录入付款条件。

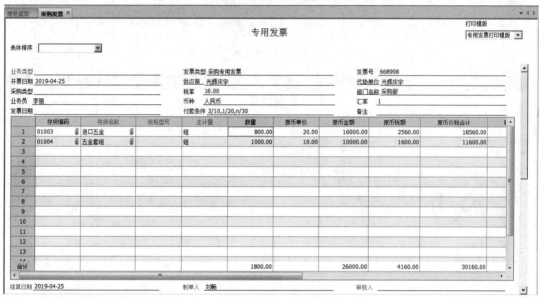

图 8-14 填制采购专用发票—带付款条件

2. 付款单据录入

4月26日，由W03填制付款单据。

(1) 业务3：填制付款单 （视频：sy080202）

① 在应付款管理系统中，执行"付款单据处理"|"付款单据录入"命令，进入"付款单"窗口。

② 录入付款单，如图8-15所示。

(2) 业务4：填制付款单

请学员自行填制付款单。

(3) 业务5：填制付款单

请学员自行填制付款单。注意款项类型选择"预付款"，如图8-16所示。

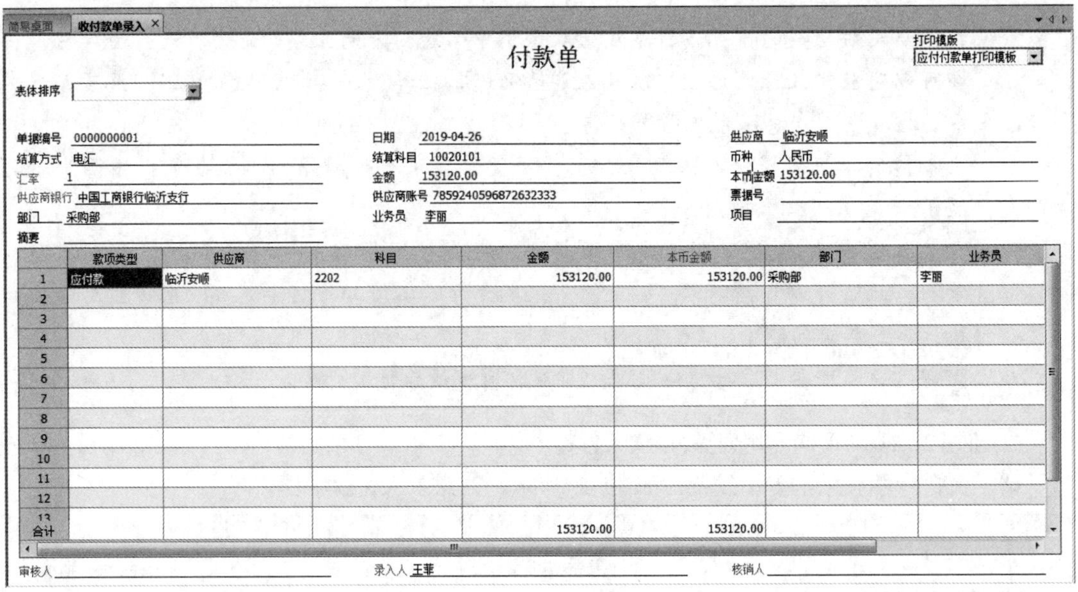

图 8-15　付款单

图 8-16　填制付款单—预付款

3. 单据审核

4月26日，以W01身份审核以上单据。　（视频：sy080203）

① 执行"应付单据处理"|"应付单据审核"命令，打开"应付单查询条件"对话框。单击【确定】按钮，进入"应付单据列表"窗口。如图8-17所示。

② 单击【全选】按钮，单击【审核】按钮，完成应付单据审核。

③ 执行"付款单据处理"|"付款单据审核"命令，打开"付款单查询条件"对话框。单击【确定】按钮，进入"收付款单列表"窗口。

④ 单击【全选】按钮，单击【审核】按钮，完成付款单据审核。

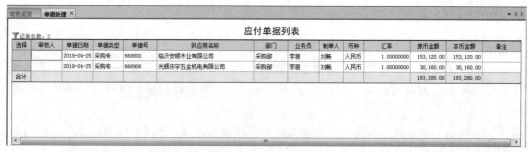

图 8-17 应付单据列表

4. 核销处理

以W02身份进行核销处理。

(1) 核销安顺木业应付账款。

① 执行"核销处理"|"手工核销"命令，打开"核销条件"对话框。选择供应商"临沂安顺"，单击【确定】按钮，进入"单据核销"窗口。

② 在窗口下方4月25日采购专用发票本次结算栏录入153 120，如图8-18所示。

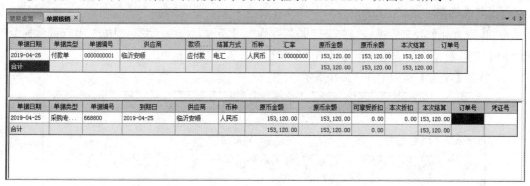

图 8-18 单据核销—正常单据核销

③ 单击【保存】按钮，核销完成的单据不再显示。

(2) 核销光辉庆宇应付账款。 （视频：sy080204）

① 执行"核销处理"|"手工核销"命令，打开"核销条件"对话框。选择供应商"光辉庆宇"，单击【确定】按钮，进入"单据核销"窗口。

② 在窗口下方4月25日采购专用发票系统自动显示可享受的现金折扣，在本次结算栏输入"29 556.8"，如图8-19所示。

图 8-19 单据核销—考虑付款条件

③ 单击【保存】按钮，核销完成的单据不再显示。

❖ **提示：**

- ◇ 在结算单列表中，单击【分摊】按钮，系统将当前结算单列表中的本次结算金额合计自动分摊到被核销单据列表的"本次结算"栏中。核销顺序依据被核销单据的排序顺序。
- ◇ 手工核销时一次只能显示一个供应商的单据记录，且结算单列表根据表体记录明细显示。当结算单有代付处理时，只显示当前所选供应商的记录。
- ◇ 一次只能对一种结算单类型进行核销，即手工核销的情况下需要将收款单和付款单分开核销。
- ◇ 保存手工核销时，若结算单列表的本次结算金额大于或小于被核销单据列表的本次结算金额合计，系统将提示"结算金额不相等，不能保存"。
- ◇ 若发票中同时存在红蓝记录，则核销时先进行单据的内部对冲。
- ◇ 如果核销后未进行其他处理，可以在期末处理的"取消操作"功能中取消核销操作。

5. 单据制单

① 执行"制单处理"命令，打开"制单查询"对话框。选中"发票制单""应付单制单"和"收付款单制单"复选框，单击【确定】按钮，进入"应付制单"窗口。

② 单击【全选】按钮，如图8-20所示。

图 8-20　应付制单

③ 单击【制单】按钮，进入"填制凭证"窗口。选择正确的凭证类别，单击【保存】按钮，保存凭证，如图8-21所示。

6. 备份账套

依次保存凭证，全部完成后，将账套备份至"8-2 单据处理"文件夹。

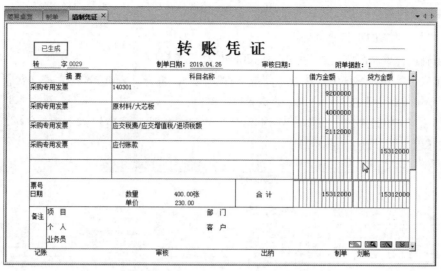

图 8-21　应付制单—采购专用发票制单

三、票据处理

【实训资料】

1. 开具银行承兑汇票

28日，向北京东兴茂签发并承兑商业承兑汇票一张(No.56562018)，利率为6%，用以结算前期欠款。票据面值为200 000元，到期日为2019年7月28日。凭证如图8-22所示。

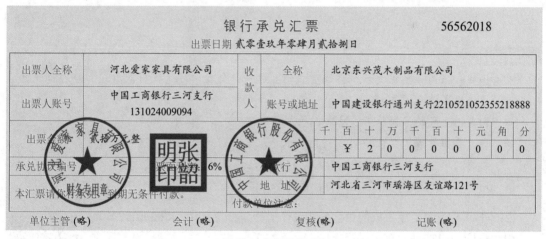

图 8-22　银行承兑汇票

2. 票据计息、结算并制单

28日，对2019-04-28银行承兑汇票进行计息、结算。

3. 月末结账

【实训指导】

由系统管理员在系统管理中引入"8-2单据处理"账套作为基础数据。

1. 开具银行承兑汇票

4月28日，由W03进行票据处理。

(1) 填制银行承兑汇票。 （视频：sy08030101）

① 在应付款管理系统中，执行"票据管理"命令，打开"查询条件选择"对话框。单击【确定】按钮，进入"票据管理"窗口。

② 单击【增加】按钮，进入"商业汇票"窗口。按业务资料输入各项信息，单击【保存】按钮，如图8-23所示。

图 8-23 填制商业汇票

> ❖ **提示：**
>
> ◇ 保存一张商业票据之后，系统会自动生成一张付款单。这张付款单还需经过审核之后才能生成记账凭证。
>
> ◇ 由票据生成的付款单不能修改。
>
> ◇ 在"票据管理"功能中可以对商业承兑汇票和银行承兑汇票进行日常业务处理，包括票据的填制、结算、贴现、背书、转出、计息等。
>
> ◇ 商业承兑汇票不能有承兑银行，银行承兑汇票必须有承兑银行。

(2) 审核商业承兑汇票生成的付款单并进行制单。 （视频：sy08030102）

4月28日，由W01对付款单进行审核。

① 执行"付款单据处理"|"付款单据审核"命令，打开"付款单查询条件"对话框。单击【确定】按钮，进入"收付款单列表"窗口。

② 单击【全选】按钮，单击【审核】按钮，完成付款单据审核，如图8-24所示。

(3) 对收付款单进行制单。 （视频：sy08030103）

4月28日，由W02对收付款单进行制单。

① 执行"制单处理"命令，打开"制单查询"对话框。选中"收付款单制单"复选框，单击【确定】按钮，进入"应付制单"窗口。

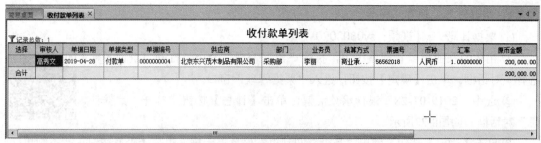

图 8-24 商业汇票—审核

② 单击【全选】按钮，如图8-25所示。

图 8-25 收付款单制单

③ 单击【制单】按钮，进入"填制凭证"窗口。选择正确的凭证类别，保存凭证。如图8-26所示。

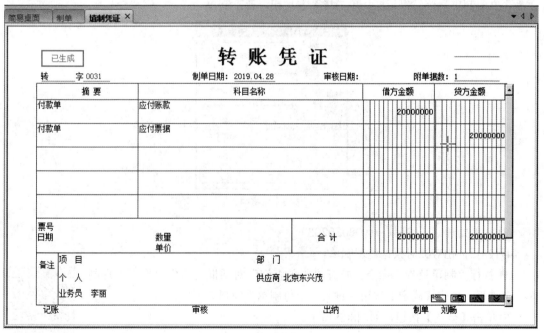

图 8-26 转账凭证

2. 票据计息、结算并制单

(1) 票据计息。 （视频：sy08030201）

① 由W03在应付款管理系统中，执行"票据管理"命令，打开"查询条件选择"对话框。单击【确定】按钮，进入"票据管理"窗口。

② 选中"2019-01-28"银行承兑汇票，单击【计息】按钮，打开"票据计息"对话框，如图8-27所示。

③ 单击【确定】按钮，弹出"是否立即制单"信息提示框，单击【否】按钮，暂不制单。

图 8-27 票据计息

(2) 票据结算。 （视频：sy08030202）

① 4月28日，由W03执行"票据管理"命令，打开"查询条件选择"对话框。单击【确定】按钮，进入"票据管理"窗口。选中"2019-04-28"银行承兑汇票，单击【结算】按钮，打开"票据结算"对话框。

② 输入结算科目"10020101"，如图8-28所示。单击【确定】按钮，弹出"是否立即制单"信息提示框，单击【否】按钮，暂不制单。

图 8-28 票据结算

(3) 制单处理。 （视频：sy08030203）

4月28日，由W02对票据处理制单。

① 执行"制单处理"命令，打开"制单查询"对话框。选中"票据处理制单"复选框，单击【确定】按钮，进入"应付制单"窗口。

② 单击【全选】按钮，如图8-29所示。

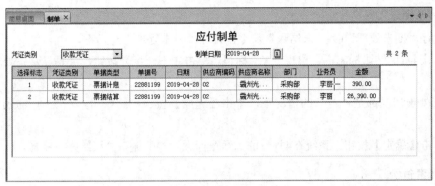

图 8-29　票据处理制单

③ 单击【制单】按钮，进入"填制凭证"窗口。选择正确的凭证类别，保存凭证，如图8-30、图8-31所示。

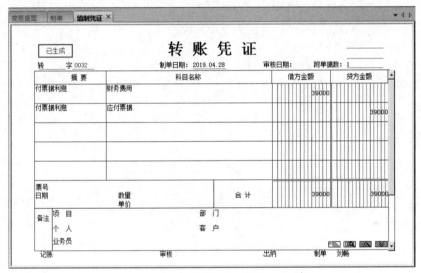

图 8-30　票据计息制单

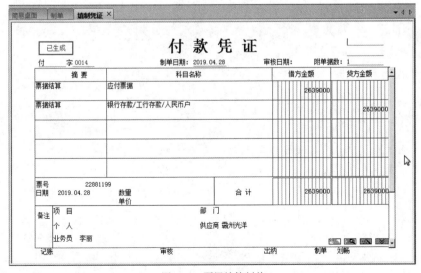

图 8-31　票据结算制单

3. 月末结账

① 执行"期末处理"|"月末结账"命令，打开"月末处理"对话框。

② 双击4月的结账标志栏，出现"Y"标记。单击【下一步】按钮，屏幕显示各处理类型的处理情况。

③ 在处理情况都是"是"的情况下，单击【完成】按钮，结账后，系统弹出提示"4月份结账成功"。

④ 单击【确定】按钮。系统在4月份的"结账标志"栏中标识"已结账"字样。

4. 账套备份

全部实训完成后，将账套输出至"8-3 票据管理"文件夹中。

第九章 总账期末业务

总账系统期末处理主要包括自动转账凭证的定义、自动转账凭证的生成、对账和结账等内容。

一、自动转账

记账凭证是总账系统唯一数据入口。总账中的记账凭证按照形成方式不同分为人工凭证和机制凭证，人工凭证是由操作员在总账填制凭证功能中手工输入的凭证，机制凭证是由U8系统自动生成的凭证。按照凭证来源不同分为内部凭证和外部凭证，内部凭证是在总账内生成的凭证，外部凭证是指从总账之外的其他子系统生成传递到总账中的凭证。

1. 转账的分类

转账分为内部转账和外部转账。外部转账是指将其他专项核算子系统自动生成的凭证转入总账系统，如：工资系统有关工资费用分配的凭证，固定资产系统有关固定资产增减变动及计提折旧的凭证，应收款管理系统有关应收账款发生、收回及坏账准备的凭证，应付款管理系统有关应付账款发生及偿还的凭证，等等。而内部转账就是我们这里所讲的自动转账，是指在总账系统内部通过设置凭证模板而自动生成相应的记账凭证。一些期末业务具有较强的规律性，而且每个月都会重复发生，如费用的分配、费用的分摊、费用的计提、税金的计算、成本费用的结转、期间损益的结转等。这些业务的凭证分录是固定的，金额来源和计算方法也是固定的，因而可以利用自动转账功能将处理这些经济业务的凭证模板定义下来，期末时通过调用这些模板来自动生成相关凭证。

2. 定义自动转账

用友U8中提供了自定义转账、对应结转、销售成本结转、售价结转、汇兑损益结转、期间损益结转、自定义比例转账、费用摊销和预提几种类型的转账定义。

1) 自定义转账

自定义转账指由用户自己来定义转账凭证模板，定义内容包括转账序号、凭证类型、摘要、科目、借贷方向和金额公式。其中，金额公式需要利用U8提供的账务函数从总账或其他子系统中提取。

自定义转账设置具有通用性，下面介绍的另外几种类型的转账都是自定义转账对应于某种具体应用的特殊情况。

2) 对应结转

对应结转是将某科目的余额按一定比例转入其他一个或多个科目。可一对一结转，也可一对多结转。对应结转只能结转期末余额。

3) 销售成本结转

销售成本结转，是将月末商品(或产成品)销售数量乘以库存商品(或产成品)的平均单价计算各类商品销售成本并进行结转。销售成本结转只需告知系统库存商品科目、主营业务收入科目和主营业务成本科目，系统将销售成本结转凭证做如下定义。

借：主营业务成本　(库存商品余额/库存商品数量)*销量

贷：库存商品　　　(库存商品余额/库存商品数量)*销量

库存商品科目、主营业务收入科目、主营业务成本科目及下级科目的结构必须相同，并且辅助账类必须完全相同。

4) 汇兑损益结转

汇兑损益结转用于期末自动计算外币账户的汇兑损益，并在转账生成中自动生成汇兑损益转账凭证。

5) 期间损益结转

期间损益结转用于在一个会计期间终了将损益类科目的余额结转到本年利润科目中，从而及时反映企业利润情况。

3. 生成转账凭证

凭证模板定义好以后，当每个月发生相关经济业务时可不必再通过手工录入凭证，可以直接调用已定义好的凭证模板来自动生成相关的记账凭证。

利用凭证模板生成记账凭证需要各月重复进行。

一般而言，只有在凭证记账后，账务函数才能取出相关数据。所以利用自动转账生成凭证时，一定要使得相关凭证已经全部记账，这样才能保证取出完整的数据。例如，定义了一张根据本期利润计提所得税的凭证，那么要生成该张凭证，必须保证有关利润的凭证已经全部记账，否则，要么不能取出相应数据而导致金额为零而不能生成凭证，要么取出的数据不完整而导致所得税计提错误。

利用自动转账生成的凭证属于机制凭证，它仅仅代替了人工查账和填制凭证的环节，自动转账生成的凭证仍然需要审核记账。

4. 注意自动转账凭证生成顺序

定义转账凭证时，一定要注意这些凭证的生成顺序。例如，定义了结转销售成本、计算汇兑损益、结转期间损益、计提所得税、结转所得税五张自动转账凭证。因为销售成本、汇兑损益是期间损益的一部分，所以一定要先生成结转销售成本、计算汇兑损益的凭证并复核记账后，才能生成结转期间损益的凭证；因为要依据本期利润计提所得税，所以一定要先生成结转期间损益的凭证并复核记账后，才能生成计提所得税的凭证；因为有了所得税费用才能结转所得税至本年利润，所以一定要先生成计提所得税的凭证并复核记账后才能生成结转所得税的凭证。故此，这五张凭证的顺序是结转销售成本、计算汇兑损益、结转期间损益、计提所得税、结转所得税，并且前一张凭证必须复核记账后才能继续生成后一张凭证。

二、对账

对账是对账簿数据进行核对，以检查记账是否正确，是否账账相符。对账包括总账与明细账、总账与辅助账的核对。试算平衡时系统会将所有账户的期末余额按会计平衡公式"借方余额=贷方余额"进行平衡检验，并输出科目余额表。正常情况下，系统自动记账后，应该是账账相符的，账户余额也是平衡的。但由于非法操作或计算机病毒等原因有时可能会造成数据被破坏，因而引起账账不符，为了检查是否账证相符、账账相符以及账户余额是否平衡，应经常使用对账及试算平衡功能。结账时，一般系统会自动进行对账和试算平衡。

三、结账

每月工作结束后，月末都要进行结账。结账前最好要进行数据备份。

本月结账时，系统会进行下列检查工作。

(1) 检查本月业务是否已全部记账，有未记账凭证时不能结账。

(2) 检查上月是否已结账，上月未结账，则本月不能结账。实际上，上月未结账的话，本月也不能记账，只能填制、复核凭证。

(3) 核对总账与明细账、总账与辅助账，账账不符不能结账。

(4) 对科目余额进行试算平衡，试算结果不平衡将不能结账。

(5) 损益类账户是否已结转至本年利润。

(6) 当各子系统集成应用时，总账系统必须在其他各系统结账后才能最后结账。

结账后，当月不能再填制凭证，并终止各账户的记账工作。同时，系统会自动计算当月各账户发生额合计及余额，并将其转入下月月初。

实务训练

一、转账定义

【实训资料】

1. 设置自定义结转凭证

① 将本月的"应交税费——应交增值税"余额转入"应交税费——未交增值税"账户。

借：应交税费/转出未交增值税

　　贷：应交税费/未交增值税

② 根据本月的"应交税费——未交增值税"账户的余额分别按照7%、3%、2%计提城市维护建设税、教育费附加、地方教育费附加。

2. 设置对应结转凭证

结转当月制造费用。

借：生产成本/制造费用

　　贷：制造费用

3. 设置销售成本结转凭证

4. 设置汇兑损益结转凭证 (4 月 30 日美元汇率为 6.48)

5. 设置期间损益结转凭证

【实训指导】

由系统管理员在系统管理中引入"8-3票据处理"账套作为基础数据。以W02身份完成以下转账凭证定义。

1. 设置自定义结转凭证 （视频：sy090101）

① 在总账系统中，执行"期末"|"转账定义"|"自定义转账"命令，进入"自定义转账设置"窗口。

② 单击【增加】按钮，打开"转账目录"对话框。

③ 输入转账序号"0001"，转账说明"结转未交增值税"；选择凭证类别"转 转账凭证"，如图9-1所示。单击【确定】按钮，返回"自定义转账设置"窗口。

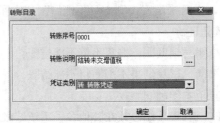

图 9-1　自定义转账—设置转账目录

④ 单击【增行】按钮，选择科目编码"22210106"，方向"借"；双击"金额公式"栏，选择参照按钮，打开"公式向导"对话框。

⑤ 选择"QM()"函数，如图9-2所示。

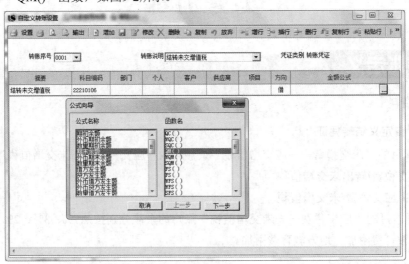

图 9-2　选择"期末余额"函数

⑥ 单击【下一步】按钮，选择科目编码"222101"，如图9-3所示，单击【完成】按钮。

⑦ 单击【增行】按钮，增加"222102"的贷方信息，完成后如图9-4所示。

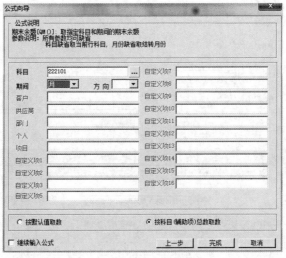

图 9-3　定义借方科目数据来源

图 9-4　未交增值税转账设置

⑧ 单击【保存】按钮。

⑨ 请学员自行完成0002计提城建税、教育费附加、地方教育费附加，设置过程如图9-5、图9-6、图9-7所示。

图 9-5　公式说明

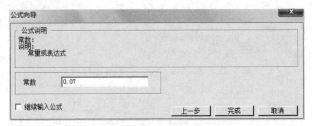

图 9-6　公式常数设置

图 9-7　计提城建税等公式设置

2. 设置对应结转凭证 （视频：sy090102）

① 在总账系统中，执行"期末"|"转账定义"|"对应结转"命令，进入"对应结转设置"窗口。

② 分别设置"编号""凭证类别""摘要""转出科目"，单击【增行】按钮，设置转入科目编码和结转系数，完成后如图9-8所示。

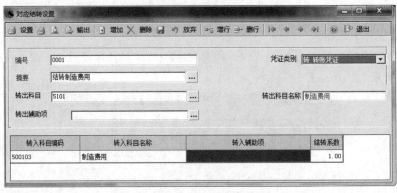

图 9-8　对应结转制造费用设置

3. 设置销售成本结转凭证 （视频：sy090103）

① 在总账系统中，执行"期末"|"转账定义"|"销售成本结转"命令，进入"销售成本结转设置"窗口。

② 分别设置"凭证类别""库存商品科目""商品销售收入""商品销售成本"，如图9-9所示。

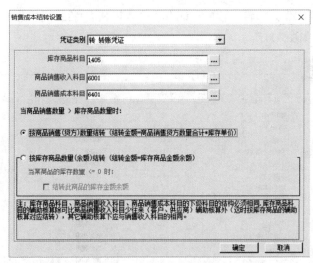

图 9-9 销售成本结转设置

③ 单击【确定】按钮，完成设置。

❖ 提示：

库存商品、商品销售收入、商品销售成本科目的下级科目的结构必须相同。

4. 设置汇兑损益结转凭证

① 在总账系统中，执行"期末"|"转账定义"|"汇兑损益"命令，进入"汇兑损益结转设置"窗口。

② 分别设置"凭证类别""汇兑损益入账科目""是否计算汇兑损益"，如图9-10所示。

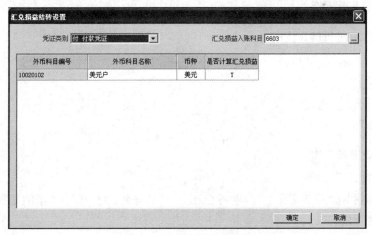

图 9-10 汇兑损益结转设置

③ 单击【确定】按钮。

5. 设置期间损益结转凭证

① 在总账系统中，执行"期末"|"转账定义"|"期间损益"命令，进入"期间损益结转设置"窗口。

② 选择"凭证类别"为"转 转账凭证"，"本年利润科目"设置为"4103本年利润"，单击【确定】按钮，如图9-11所示。

图 9-11 期间损益结转设置

二、转账生成

【实训要求】

1. 转账生成准备工作

2. 按正确顺序进行转账生成

3. 对账

4. 结账

【实训指导】

1. 转账生成准备工作

(1) 出纳签字。

由W03王菲进入"业务工作"|"财务会计"|"总账"|"凭证"|"出纳签字"凭证批处理出纳签字，如图9-12所示。

(2) 审核凭证。

由W01高秀文进入"业务工作"|"财务会计"|"总账"|"凭证"|"审核凭证"凭证批处理审核凭证，如图9-13所示。

(3) 记账。

由W01高秀文进入"业务工作"|"财务会计"|"总账"|"凭证"|"记账"，依次单击【全选】【记账】按钮，如图9-14所示。

图 9-12　转账生成准备—出纳签字

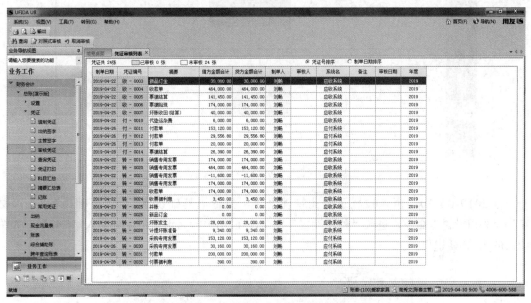

图 9-13　转账生成准备—审核凭证

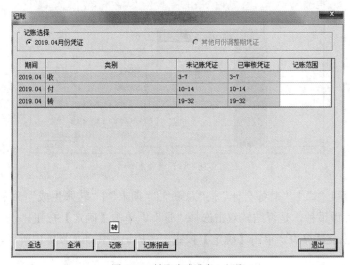

图 9-14　转账生成准备—记账

2. 结转汇兑损益（视频：sy090202）

采用固定汇率方式核算外币业务的基本流程如图9-15所示。

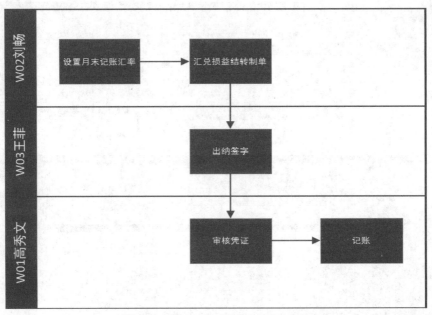

图 9-15　固定汇率方式核算外币业务流程

① 2019-04-30，由W02登录企业管理平台，执行"基础设置"|"基础档案"|"财务"|"外币设置"命令，进入"外币设置"窗口，在2019年4月调整汇率处输入"6.48"，如图9-16所示，确认退出。

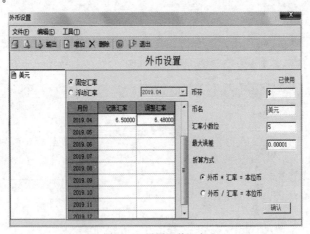

图 9-16　设置调整汇率

② 执行"业务工作"|"财务会计"|"总账"|"期末"|"转账生成"命令，选择"汇兑损益结转"，选择外币币种，是否结转双击选择"是"。单击【确定】按钮。

③ 核对汇兑损益试算表，单击【确定】按钮。生成记账凭证如图9-17所示。保存退出。

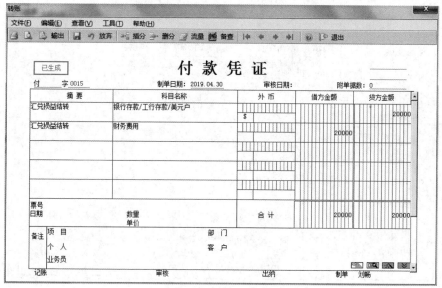

图 9-17　汇兑损益结转凭证

3. 结转未交增值税 （视频：sy090203）

企业的月末业务，由于根据公式设置需要从账上取数，所以本公司的基本业务是先结转当月制造费用，结转本月未交增值税，制单、审核、记账。然后才能进行结转城建税、结转完工产品成本、结转销售成本等业务，审核记账后，才能结转期间损益生成凭证，具体流程如图9-18所示。

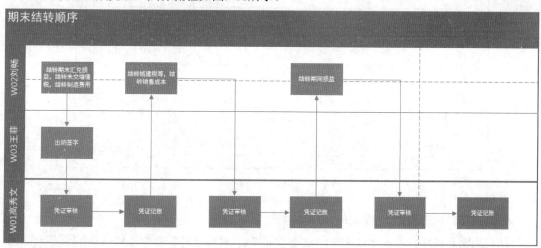

图 9-18　结转顺序分析

① 在总账系统中，执行"期末"|"转账生成"命令，双击选择"结转未交增值税"，如图9-19所示。

② 单击【确定】按钮，保存凭证，如图9-20所示。

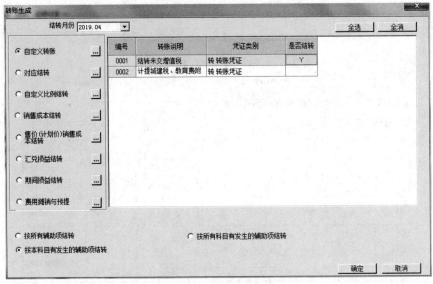

图 9-19　选择"结转未交增值税"

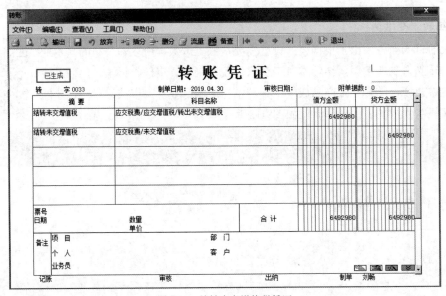

图 9-20　结转未交增值税凭证

4. 对应结转制造费用 （视频：sy090204）

① 在总账系统中，执行"期末"|"转账生成"|"对应结转"命令，双击选择"0001结转制造费用"，单击【确定】按钮。

② 保存凭证，如图9-21所示。

③ 更换操作员，由W03对以上凭证进行出纳签字，由W01对记账凭证进行审核、记账。

5. 计提本月城建税等

请学员以W02身份登录，自行完成计提城建税、教育费附加、地方教育费附加等，如图9-22所示。

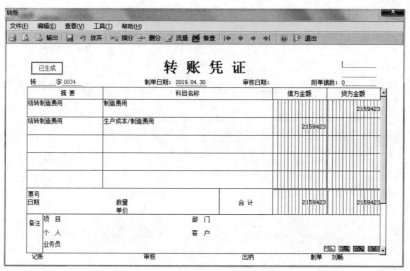

图 9-21　结转制造费用凭证

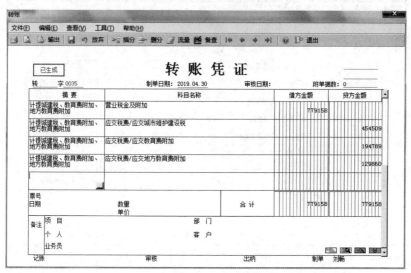

图 9-22　计提城建税、教育费附加及地方教育费附加凭证

6. 结转本月销售成本 （视频：sy090206）

① 以 W02 身份在总账系统中执行"期末"|"转账生成"命令，打开"转账生成"对话框。

② 单击"销售成本结转"单选按钮，单击【确定】按钮，打开"销售成本结转一览表"对话框，如图 9-23 所示。

③ 单击【确定】按钮，打开"转账"界面。单击【保存】按钮，生成销售成本结转凭证如图 9-24 所示。

④ 更换操作员，由 W01 对以上凭证进行审核、记账。

7. 期间损益结转 （视频：sy090207）

① 由 W02 身份在总账系统中，执行"期末"|"转账生成"命令，选择"期间损益结转"，如图 9-25 所示。

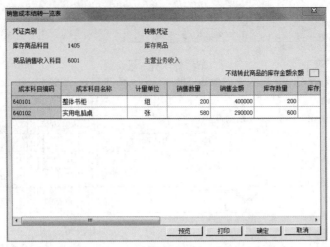

图 9-23　销售成本结转一览表

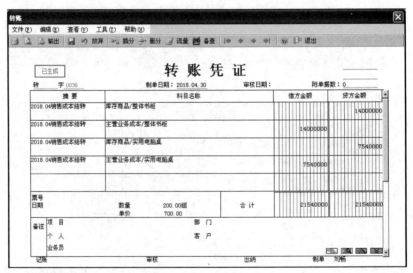

图 9-24　销售成本结转凭证

图 9-25　期间损益结转

②单击【全选】按钮，单击【确定】按钮，生成期间损益结转凭证，如图9-26所示。

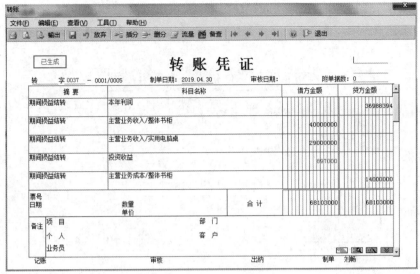

图9-26　期间损益结转凭证

③更换操作员，由W01对以上凭证进行审核、记账。

8. 对账 〔视频：sy090208〕

以W01身份重新注册进入总账系统。

①执行"期末"|"对账"命令，进入"对账"对话框。

②将光标置于要进行对账的月份"2019.04"处，单击【选择】按钮。

③单击【对账】按钮，开始自动对账，并显示对账结果，如图9-27所示。

④单击【试算】按钮，可以对各科目类别余额进行试算平衡。

⑤单击【确定】按钮。

图9-27　对账

9. 结账 〔视频：sy090209〕

①执行"期末"|"结账"命令，进入"结账"对话框。

②单击选择要结账的"月份"为"2019.04"，单击【下一步】按钮。

③ 单击【对账】按钮，系统对要结账的月份进行账账核对。

④ 单击【下一步】按钮，系统显示"2019年04月工作报告"，如图9-28所示。

⑤ 查看工作报告后，单击【下一步】按钮，再单击【结账】按钮，若符合结账要求，系统将进行结账，否则不予结账。

图 9-28　结账—月度工作报告

❖ **注意：**

　◇　结账只能由有结账权限的人进行。

　◇　若本月还有未记账凭证时，则本月不能结账。

　◇　结账必须按月连续进行，若上月未结账，则本月不能结账。

　◇　若总账与明细账对账不符，则不能结账。

　◇　月度工作报告中分五个方面列出与结账相关的事项，如果无法结账，可以从月度工作报告中查找未能结账的原因。

　◇　如果与其他系统联合使用时，其他子系统未全部结账，则本月不能结账。

　◇　结账前，要进行数据备份。

10．账套备份

全部完成后，将账套备份至"9-1 总账期末"文件夹中。

应 用 拓 展

结账之后，发现本月尚有业务需要处理，这时可以考虑利用"取消结账"功能。

岗位角色：账套主管。

操作路径：期末—结账。

① 以账套主管A01身份，在总账系统中，执行"期末"|"结账"命令，打开"结账"对话框。

② 将光标定位在要取消结账的月份"2019.04"。

③ 按Ctrl+Shift+F6键，打开"确认口令"对话框，如图9-29所示。

④ 输入主管"口令"，本例无口令，单击【确定】按钮，取消结账标志。

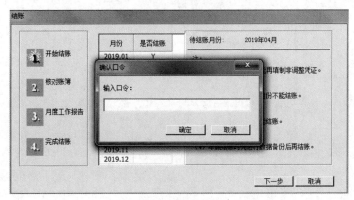

图 9-29　取消结账

第十章 编制财务报表

理论认知

一、UFO报表的基本功能

UFO报表系统是报表处理的工具。利用UFO报表既可以编制对外报表，又可以编制各种内部报表。报表编制主要分为报表格式设计、报表数据处理和文件管理功能。

1. 报表格式设计

我们把一张报表拆分为相对固定的内容和相对变动的内容两部分。相对固定的内容包括报表的标题、表格部分、表中的项目、表中数据的来源等；相对变动的内容主要是报表中的数据。报表格式设计是指在计算机系统中建立一张报表中相对固定的部分，相当于在计算机中建立一个报表模板，供以后编制此类报表时调用。UFO报表系统提供了丰富的格式设计功能，主要包括设置报表行列数、定义组合单元、画表格线、设置单元属性、定义报表关键字、设置公式等。

UFO系统中按照会计制度提供了不同行业的标准财务报表模板，简化了用户的报表格式设计工作。如果标准行业报表仍不能满足需要，系统还提供了自定义模板的功能。

2. 报表数据处理

报表数据处理是根据预先设置的报表格式和报表公式进行数据采集、计算、汇总等，生成会计报表。除此以外，UFO系统还提供了排序、审核、舍位平衡、汇总等功能。

图表具有比数据报表直观的优势。UFO的图表处理功能能够方便地对报表数据进行图形组织，制作包括直方图、立体图、圆饼图、折线图等多种分析图表，并能编辑图表的位置、大小、标题、字体、颜色等，打印输出各种图表。

3. 文件管理功能

利用文件管理功能可以方便地完成报表文件的创建、保存等一般文件管理功能；能够进行不同文件格式的转换，包括文本文件、*. MDB文件、Excel文件等。提供标准财务数据的导入、导出功能。

二、报表格式设计

报表格式就是一张报表的框架，是报表中相对固定的部分，主要包括报表的标题、表头、表体和表尾四个部分。

1. 报表格式设计的主要内容

在格式状态下进行报表的格式设计时，格式对整个报表都有效，包括以下操作。

(1) 设置表尺寸。定义报表的大小即设定报表的行数和列数。

(2) 录入表内文字。录入内容包括表头、表体和表尾(关键字值除外)。在格式状态下定义的单元内容为自动默认下的表样型，定义为表样型的单元在数据状态下不允许修改和删除。

(3) 确定关键字在表页上的位置，如单位名称、年、月等。

(4) 定义行高和列宽。

(5) 定义组合单元。把几个单元作为一个单元使用。

(6) 设置单元风格。设置单元的字形、字体、字号、颜色、图案、折行显示等。

(7) 设置单元属性。把需要输入数字的单元定为数值单元；把需要输入字符的单元定为字符单元。

(8) 画表格线。

(9) 设置可变区。确定可变区在表页上的位置和大小。

(10) 定义各类公式。

2. 报表公式设置

由于各种报表之间存在密切的数据间的逻辑关系，所以，报表中各种数据的采集、运算和钩稽关系的检测就用到了不同的公式。报表公式主要有计算公式、审核公式和舍位平衡公式。

1) 计算公式

计算公式的作用是从其他子系统的账簿文件中或者本表其他表页中或者其他报表中采集数据，直接填入表中相应的单元或经过简单计算填入相应的单元。因此，通常报表系统会内置一整套从各种数据文件中调取数据的函数。不同的报表软件函数的具体表示方法不同，但这些函数所提供的功能和使用方法一般是相同的。通过计算公式来组织报表数据，既经济又省事，把大量重复、复杂的劳动简单化了。合理地设计计算公式能大大地节约劳动时间，提高工作效率。计算公式可以直接定义在报表单元中，这样的公式称为"单元公式"。

(1) 常用的账务函数。常用的账务函数如表10-1所示。

表10-1　常用的账务函数

分　类	函 数 名	含义及用法示例
金额函数	QC期初余额	取指定会计科目的期初余额
	QM期末余额	取指定会计科目的期末余额
	FS发生额	取指定会计科目的发生额
	LFS累计发生额	取某科目从年初至今的累计发生额
	DFS对方发生额	DFS(1405,6401,月,d)提取凭证中贷方为1405科目且借方为6401科目的当月贷方发生额
	JE净发生额	JE(1001,月)计算库存现金科目本月净发生额
	TFS条件发生额	TFS(22210101,月,j,"固定资产"，"="）提取进项税额科目22210101摘要中包含固定资产的当月借方发生额
数量函数		在金额函数的前面加"S"表示数量，如SQC表示取科目的数量期初余额
外币函数		在金额函数的前面加"W"表示外币，如WQC表示取科目的外币期初余额
现金流量函数	XJLL现金流量	提取现金流量项目在特定会计期间或指定日期范围内的发生额

(2) 统计函数。常用的统计函数如表10-2所示。

表10-2 常用的统计函数

函 数 名	含义及用法示例
PTOTAL	指定区域内所有满足区域筛选条件的固定区单元的合计
TOTAL	符合页面筛选条件的所有页面的区域内各单元值的合计
PAVG	指定区域内所有满足区域筛选条件的固定区单元的平均值
PMAX	指定区域内所有满足区域筛选条件的固定区单元中最大的单元的数值
PMIN	指定区域内所有满足区域筛选条件的固定区单元中最小的单元的数值

(3) 本表他页取数函数。本表他页取数是指要取数的表(目的表)和存放数据来源的表(源表)之间是一个文件的不同表页。本表他页取数主要有两种情况：取确定页号表页的数据和按一定关键字取数。

① 取确定页号表页的数据。

当所取数据所在的表页页号已知时，用以下格式可以方便地取得本表他页的数据：

<目标区域> = <数据源区域> @ <页号>

如B2=C5@1的含义为各页B2单元取当前表第1页C5单元的值。

② 按一定关键字取数。

可用SELECT函数按一定关键字从本表他页取得数据，如D=C+SELECT(D,年@=年and 月@=月+1)表示当前表的D列等于当前表的C列加上同年上个月D列的值。

SELECT函数中，@前的年和月代表目的表的年关键字值和月关键字值；@后面的年和月代表源表的年关键字值和月关键字值。

(4) 他表取数函数。他表取数是指目的表和源表不在一个表文件中。同样，他表取数也主要有两种情况：取他表确定页号表页的数据和按一定关键字取数。

① 取他表确定页号表页的数据。

当所取数据所在的表页页号已知时，用以下格式可以方便地取得他表的数据：

<目标区域> = "<他表表名>"-><数据源区域>[@ <页号>]

如B2="LRB"->C5@1的含义为各页B2单元取LRB第1页C5单元的值。

② 按一定关键字取数。

当我们从他表取数时，已知条件并不是页号，而是希望按照年、月、日等关键字的对应关系来取他表数据，这就必须用到关联条件。

RELATION <单元 | 关键字 | 变量 | 常量> WITH "<他表表名>"-><单元 | 关键字 | 变量 | 常量>

如A1="FYB"->A1 FOR ALL RELATION 月WITH "FYB"->月，意为取FYB表的，与当前表页月相同的月的A1单元的值。

UFO允许在报表中的每个数值型、字符型的单元内，写入代表一定运算关系的公式，用来建立表内各单元之间、报表与报表之间或报表系统与其他子系统之间的运算关系，描述这些运算关系的表达式，我们称之为单元公式。为了规范和简化单元公式的定义过程，一般报表系统会提供公式向导，逐步引导公式的建立过程。

2) 审核公式

财务报表中的数据往往存在一定的钩稽关系，如资产负债表中的资产合计应等于负债及所有者权益合计。在实际工作中，为了确保报表数据的准确性，可以利用这种报表之间或报表内的钩稽关系对报表进行编制的正确性检查，用于该种用途的公式称为审核公式。

例如，定义审核公式：资产负债表资产合计单元期末数C38应该等于负债和所有者权益合计单元期末数G38。

(1) 打开资产负债表，在格式状态下，执行"数据"|"编辑公式"|"审核公式"命令，打开"审核公式"对话框。

(2) 定义审核公式如图10-1所示。

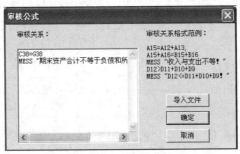

图 10-1 "审核公式"对话框

(3) 在数据状态下，执行"数据"|"审核"命令，系统按照审核公式进行审核，完成后在状态栏显示"完全正确！"。

❖ 提示：

审核公式仅起审核并提示作用，不能自动更改审核发现的错误。

3) 舍位平衡公式

如果对报表进行汇总，得到的汇总数据可能位数很多，这样就需要把以"元"为单位的报表转换为以"千元""万元"为单位的报表。在转换过程中，原报表的平衡关系可能会被破坏，因此需要进行调整，使之符合指定的平衡公式。报表经舍位之后，用于重新调整平衡关系的公式称为舍位平衡公式。

在格式状态下进行舍位平衡公式的定义，舍位平衡公式定义界面如图10-2所示。

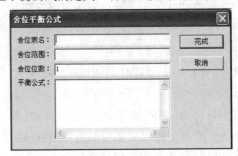

图 10-2 舍位平衡公式定义界面

(1) 舍位表名。舍位表名和当前文件名不能相同，默认在当前目录下。

(2) 舍位范围。舍位数据的范围，要把所有要舍位的数据包括在内。

(3) 舍位位数。舍位位数为1～8位。舍位位数为1时，区域中的数据除10；舍位位数为2时，区域中的数据除100；以此类推。

(4) 平衡公式。

① 逆序编写，即首先写最终运算结果，然后一步一步向前推。

② 每个公式一行，各公式之间用逗号","隔开，最后一条公式不用写逗号。

③ 公式中只能使用"+""-"符号，不能使用其他运算符及函数。

④ 等号左边只能为一个单元(不带页号和表名)。

⑤ 一个单元只允许在等号右边出现一次。

3. 报表模板

对外财务报表常用的有资产负债表、利润表、现金流量表和所有者权益变动表。这些表的格式在会计制度中有统一的规定。对于这类固定格式的报表，为了减轻财务人员的工作量，U8系统中已经预先设置好，称为报表模板。利用U8系统预置的报表模板，企业财务人员可以迅速建立起本单位的财务报表。

对于一些本企业常用报表模板中没有提供的报表，在自定义完这些报表的格式和公式后，可以将其定义为报表模板，以后直接调用。

三、日常业务处理

UFO报表系统的日常业务处理即报表数据处理、图形处理和报表输出。

1. 报表数据处理

报表数据处理主要包括生成报表数据、审核报表数据和舍位平衡等工作。数据处理工作必须在数据状态下进行。报表数据处理的程序及内容如下。

1) 表页管理

在U8中，每个报表文件中可以存放多个表页，每个表页用于存放不同会计期间的数据，同一报表文件中每个表页的格式均相同。报表数据处理一般是针对某一特定表页进行的，因此在进行数据处理时还涉及对表页的操作，如增加、删除、插入、追加表页等。

2) 录入关键字

关键字是指引U8系统从何处取得报表数据的唯一指引。关键字在格式状态下定义，在数据状态下需要输入关键字值。关键字一旦录入，系统会自动从机内账簿中读取数据，生成报表。

3) 输入其他基本数据

报表中某些单元的数据如果每月不同，且无须从账务系统获取，只需输入即可，那么在生成报表之前，可以人工录入。

4) 表页重算

在完成关键字录入和其他基本数据录入后，可以执行表页重算命令，更新计算结果。

5) 报表审核

如果针对报表设置了审核公式，系统将按照审核公式中设定的逻辑关系进行检查。如果不满足系统在提示审核公式中预先设定的提示信息，用户需重新检查报表公式定义及审核公式中设定的逻辑关系是否正确，之后重新审核，直至通过。

6）舍位平衡

如果有必要进行舍位平衡处理，可以执行舍位平衡，生成舍位表。

2. 图形处理

报表数据生成之后，为了对报表数据进行直观的分析和了解，方便对数据的对比、趋势和结构分析，可以利用图形对数据进行直观显示。UFO图表格式提供了直方图、圆饼图、折线图、面积图4大类共10种格式的图表。

图表是利用报表文件中的数据生成的，图表与报表数据存在着密切的联系，报表数据发生变化时，图表也随之变化，报表数据删除后，图表也随之消失。

3. 报表输出

报表的输出包括报表的查询显示和打印输出，输出时可以针对报表格式输出，也可以针对某一特定表页输出。输出报表格式需在格式状态下操作，而输出表页需在数据状态下操作，输出表页时，格式和报表数据一起输出。

输出表页数据时会涉及表页的相关操作，如表页排序、查找、透视等。可以将UFO报表输出为Excel格式，以便进行图形分析或数据分析。

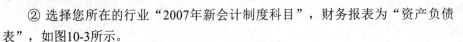

一、利用报表模板生成报表

【实训要求】

以W01高秀文身份进入UFO系统，利用报表模板生成：

(1) 资产负债表。

(2) 利润表。

【实训指导】

1. 利用报表模板生成资产负债表 （视频：sy100101）

(1) 调用资产负债表模板。

① 新建一张空白报表，在"格式"状态下，执行"格式"|"报表模板"命令，打开"报表模板"对话框。

② 选择您所在的行业"2007年新会计制度科目"，财务报表为"资产负债表"，如图10-3所示。

③ 单击【确认】按钮，弹出"模板格式将覆盖本表格式！是否继续？"信息提示框。

④ 单击【确定】按钮，即可打开"资产负债表"模板。

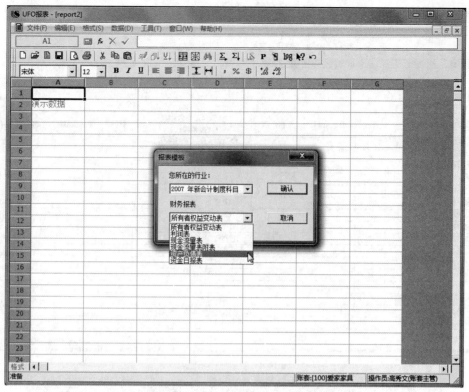

图 10-3　调用资产负债表模板

(2) 调整报表模板。

① 单击"数据/格式"按钮，将"资产负债表"处于格式状态。

② 根据本单位的实际情况，调整报表格式，修改报表公式。

③ 保存调整后的报表模板。

(3) 生成资产负债表数据。

① 在数据状态下，执行"数据"|"关键字"|"录入"命令，打开"录入关键字"对话框。

② 输入关键字：年"2019"，月"04"，日"30"。

③ 单击【确认】按钮，弹出"是否重算第1页？"信息提示框。

④ 单击【是】按钮，系统会自动根据单元公式计算4月份数据。

⑤ 单击工具栏中的【保存】按钮，将生成的报表数据保存，如图10-4所示。

❖ 提示：

　　第一次调用报表模板生成资产负债表之后，需要检查资产负债表中每个项目是否取数正确，资产合计是否等于负债和所有者权益合计。

　　报表文件是独立的文件，不包含在输出的账套文件中，因此要单独以文件形式保存。

2. 利用报表模板生成利润表

请学员自行根据利润表模板生成利润表，如图10-5所示。

资产负债表

会企01表

编制单位：　2019 年　4 月　30 日　单位:元

资　产	行次	期末余额	年初余额	负债和所有者权益（或股东权益）	行次	期末余额	年初余额
流动资产：				流动负债：			
货币资金	1	2,007,228.39	2,525,699.50	短期借款	32		
交易性金融资产	演示数据2	390,000.00		交易性金融负债	33		
应收票据	3		138,000.00	应付票据	34	200,000.00	26,000.00
应收账款	4	266,660.00	157,600.00	应付账款	35	51,453.20	250,850.00
预付款项	5	20,000.00		预收款项	36		
应收利息	6			应付职工薪酬	37	102,427.48	184,982.70
应收股利	7			应交税费	38	73,972.27	436,265.00
其他应收款	8	2,000.00	7,000.00	应付利息	39		
存货	9	431,953.51	450,000.00	应付股利	40		
一年内到期的非流动资产	10			其他应付款	41	13,653.00	27,505.80
其他流动资产	11			一年内到期的非流动负债	42		
流动资产合计	12	3,117,841.90	3,278,299.50	其他流动负债	43		
非流动资产：				流动负债合计	44	441,505.95	925,603.50
可供出售金融资产	13			非流动负债：			
持有至到期投资	14			长期借款	45	500000.00	500000.00

图 10-4　生成资产负债表

利润表

会企02表

编制单位：　2019 年　4 月　单位:元

项　目	行数	本期金额	上期金额
一、营业收入	1	690,000.00	
减：营业成本	2	215,400.00	
税金及附加	3	7,791.58	
销售费用	4	19,956.36	
管理费用	5	74,298.01	
财务费用	6	-12,189.89	
资产减值损失	7	9,340.00	
加：公允价值变动收益（损失以"-"号填列）	8		
投资收益（损失以"-"号填列）	9	-8,970.00	
其中：对联营企业和合营企业的投资收益	10		
二、营业利润（亏损以"-"号填列）	11	366433.94	
加：营业外收入	12		
演示数据减：营业外支出	13		
其中：非流动资产处置损失	14		
三、利润总额（亏损总额以"-"号填列）	15	366433.94	
减：所得税费用	16		
四、净利润（净亏损以"-"号填列）	17	366433.94	
五、每股收益：	18		

图 10-5　生成利润表

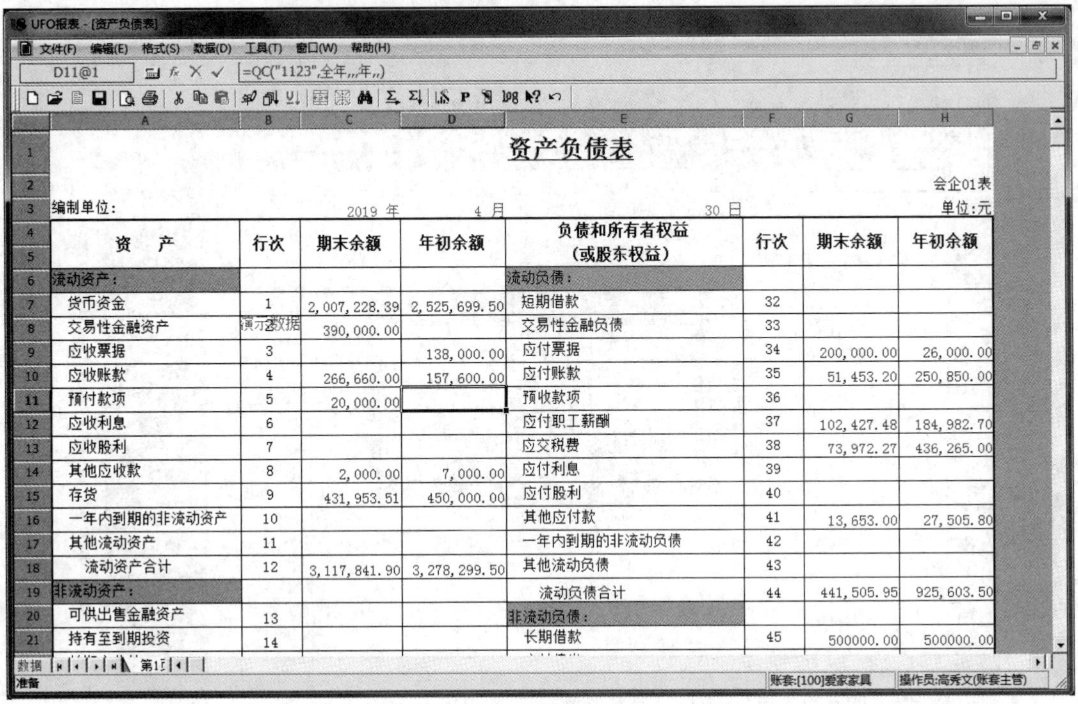

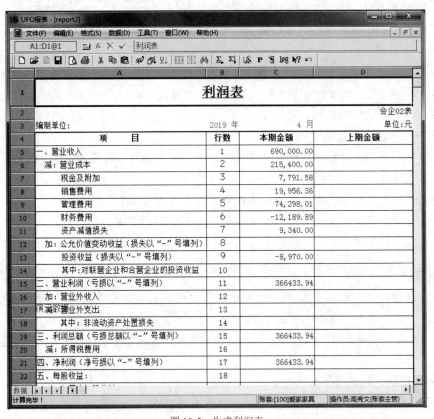

二、自定义报表

【实训要求】

以W01高秀文身份进入UFO系统，自定义企业内部管理报表。

1. 自定义"部门费用明细表"

部门费用明细表如表10-3所示。

表10-3　部门费用明细表

2019年4月30日　　　　　　　　　　　　　　　　　　　　金额单位：元

	招待费	差旅费	薪资	折旧	社保	合计
总经理办公室	※		※			※
财务部						
人力资源部		※				
采购部						
合计						

制表人：

为简化报表编制工作，可以只取表中标注了"※"的单元数据。

2. 自定义"简易财务分析表"

简易财务分析表如表10-4所示。

表10-4　简易财务分析表

单位名称：河北爱家家具有限公司　　　　　　　2019年4月30日

指标名称	计算公式	数值
产权比率	负债总额/所有者权益总额	
营业净利率	(净利润/营业收入)×100%	

制表人：

【实训指导】

1. 编制部门费用明细表

1) 启动UFO报表，新建报表

① 执行"财务会计"|"UFO报表"命令，进入UFO报表管理系统。

② 执行"文件"|"新建"命令，建立一张空白报表，报表名默认为"report1"。查看空白报表底部左下角的"格式/数据"按钮，使当前状态为"格式"状态。

2) 报表格式设计

❑ 设置表尺寸

① 执行"格式"|"表尺寸"命令，打开"表尺寸"对话框。

② 输入行数"9"，列数"7"。单击【确认】按钮。

❖ 提示：

报表的行数应包括报表的表头、表体和表尾。

○ 定义组合单元

① 单击行号1，选中需合并的区域"A1:G1"。

② 执行"格式"|"组合单元"命令，打开"组合单元"对话框。

③ 选择组合方式"整体组合"或"按行组合"，该单元即合并成一个单元格。

○ 画表格线

① 选中报表需要画线的区域"A3:G8"。

② 执行"格式"|"区域画线"命令，打开"区域画线"对话框。

③ 选中"网线"单选按钮，单击【确认】按钮，将所选区域画上表格线。

○ 输入报表项目

① 选中需要输入内容的单元或组合单元。

② 在该单元或组合单元中输入相关文字内容，如在A1组合单元中输入"部门费用明细表"；在G2单元中输入"金额单位：元"。

❖ 提示：

◇ 报表项目指报表的文字内容，主要包括表头内容、表体项目、表尾项目等，不包括关键字。

◇ 日期一般不作为文字内容输入，而是需要设置为关键字。

○ 定义报表行高和列宽

① 选中需要调整的单元所在行"A1"。

② 执行"格式"|"行高"命令，打开"行高"对话框。

③ 输入行高"8"，单击【确认】按钮。

④ 选中需要调整的单元所在列，执行"格式"|"列宽"命令，可设置该列的宽度。本例设置列宽均为"30"。

❖ 提示：

行高、列宽的单位均为毫米。

○ 设置单元属性

① 选中标题所在组合单元"A1"。

② 执行"格式"|"单元属性"命令，打开"单元格属性"对话框。

③ 单击"字体图案"选项卡，设置字体为"黑体"，字号为"14"。

④ 单击"对齐"选项卡，设置对齐方式为"水平居中"，单击【确定】按钮。

❖ 提示：

◇ 格式状态下输入内容的单元均默认为表样单元，未输入数据的单元均默认为数值单元，在数据状态下可输入数值。若希望在数据状态下输入字符，应将其定义为字符单元。

◇ 字符单元和数值单元输入后只对本表页有效，表样单元输入后对所有表页有效。

○ 设置关键字

① 选中需要输入关键字的单元"D2"。

② 执行"数据"|"关键字"|"设置"命令，打开"设置关键字"对话框。

③ 选中"年"单选按钮，如图10-6所示，单击【确定】按钮。

④ 同理，在D2单元中设置"月"关键字。"年"关键字和"月"关键字重叠在一起。

图10-6　设置关键字

❖ 提示：

◇　每个报表可以同时定义多个关键字。

◇　如果要取消关键字，需执行"数据"|"关键字"|"取消"命令。

❍　调整关键字位置

① 执行"数据"|"关键字"|"偏移"命令，打开"定义关键字偏移"对话框。

② 在需要调整位置的关键字后面输入偏移量。录入"年"偏移量为"-50"，如图10-7所示。

图10-7　定义关键字偏移

③ 单击【确定】按钮。

❖ 提示：

◇　关键字的位置可以用偏移量来表示，负数值表示向左移，正数值表示向右移。在调整时，可以通过输入正或负的数值来调整。

◇　关键字偏移量单位为像素。

❍　报表公式定义

(1) 定义单元公式——从总账取数。

① 选中需要定义公式的单元"B4"，即总经理办公室"招待费"。

② 单击【fx】按钮或执行"数据"|"编辑公式"|"单元公式"命令，打开"定义公式"对话框。

③ 单击"函数向导"按钮，打开"函数向导"对话框。

④ 在函数分类列表框中选择"用友账务函数"，在右边的函数名列表中选择"发生(FS)"，如图10-8所示。

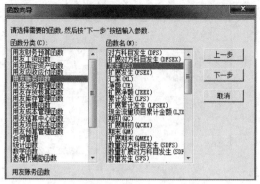

图 10-8　函数向导—选择函数

⑤ 单击【下一步】按钮，打开"用友账务函数"对话框。单击【参照】按钮，打开"账务函数"对话框。

⑥ 选择科目"660201"，部门编码"总经理办公室"，其余各项均采用系统默认值，如图10-9所示，单击【确定】按钮，返回"用友账务函数"对话框。

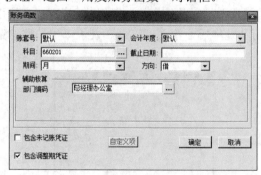

图 10-9　定义单元公式—引导输入公式

⑦ 单击【确定】按钮，返回"定义公式"对话框，单击【确认】按钮。

❖ 提示：

一般来说，账务函数中的账套号和会计年度不需要输入，保持系统默认。待输入关键字值时，系统会自动替换。

⑧ 请学员自行定义D4总经理办公室薪资和C6人力资源部差旅费的单元公式。

(2) 定义单元公式——统计函数。

① 选中需要定义公式的单元"G4"。单击【fx】按钮，打开"定义公式"对话框。

② 单击【函数向导】按钮，打开"函数向导"对话框。

③ 在函数分类列表框中选择"统计函数"，在右边的函数名列表中选择"PTOTAL"，单击【下一步】按钮，打开"固定区统计函数"对话框。

④ 在固定区区域文本框中输入"B4:F4"，如图10-10所示。单击【确认】按钮返回"定义公式"对话框，再单击【确认】按钮，返回报表。

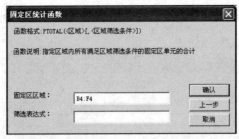

图 10-10 统计函数

○ 保存报表格式

① 执行"文件"|"保存"命令。如果是第一次保存，则打开"另存为"对话框。

② 选择保存文件夹的目录，输入报表文件名"部门费用明细表"；选择保存类型"*.REP"，单击【另存为】按钮。

❖ 提示：

   ◇ UFO报表文件并不存储在数据库中，保存时需要指定在硬盘上的存放位置。

   ◇ UFO报表文件只能在U8中进行编辑。

3) 报表数据处理

○ 打开报表

① 启动UFO系统，执行"文件"|"打开"命令。

② 选择存放报表格式的文件夹中的报表文件"部门费用明细表REP"，单击【打开】按钮。

③ 在空白报表左下角单击"格式/数据"按钮，使当前状态为"数据"状态。

❖ 提示：

报表数据处理必须在"数据"状态下进行。

○ 输入关键字值

① 执行"数据"|"关键字"|"录入"命令，打开"录入关键字"对话框。

② 输入年"2019"，月"4"，单击【确认】按钮，系统弹出提示"是否重算第1页？"。单击【是】按钮，系统会自动根据单元公式计算1月份数据，如图10-11所示；单击【否】按钮，系统不计算1月份数据，以后可利用"表页重算"功能生成1月份数据。

❖ 提示：

   ◇ 每一张表页均对应不同的关键字值，输出时随同单元一起显示。

   ◇ 日期关键字可以确认报表数据取数的时间范围，即确定数据生成的具体日期。

2. 编制简易财务分析表

(1) 新建报表。

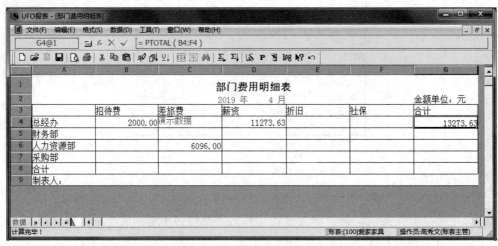

图 10-11　生成部门费用明细表

(2) 报表格式设计。

请学员自行完成，如图10-12所示。

图 10-12　简易财务分析表

需注意如下设置。

(1) 设置单元属性。

按照制表要求，对于C4和C5单元，需要在单元属性中选中"百分号"复选框，如图10-13所示。

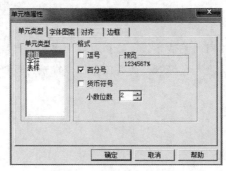

图 10-13　设置"百分号"格式

(2) 定义C4单元产权比率的计算公式。

本表计算公式需要从资产负债表和利润表中取数。按照题意：

C4="资产负债表"->G19@1/"资产负债表"->G36@1

C5="利润表"->C19@1/"利润表"->C5@1

(3) 报表数据处理。

请学员自行完成，如图10-14所示。

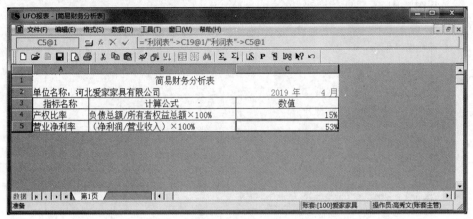

图 10-14　报表数据处理

应用拓展

1. 利用项目核算和报表模板生成现金流量表

(1) 指定现金流量科目。

① 在企业应用平台基础设置中，执行"基础档案"|"财务"|"会计科目"命令，进入"会计科目"窗口。

② 执行"编辑"|"指定科目"命令，打开"指定科目"对话框。

③ 指定现金流量科目，如图10-15所示。

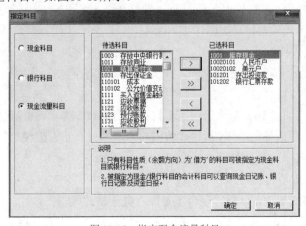

图 10-15　指定现金流量科目

(2) 查看现金流量项目目录。

① 在企业应用平台基础设置中，执行"基础档案"|"财务"|"项目目录"命令，打开"项目档案"对话框。

② 系统已预置现金流量项目，选择"现金流量项目"项目大类，查看其项目目录，如图10-16所示。

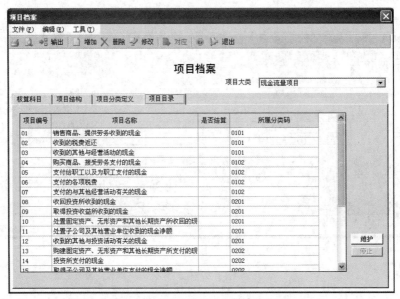

图 10-16 现金流量项目大类及项目目录

(3) 确认每一笔涉及现金流量的业务对应的现金流量项目。

有两种方法确认每一笔涉及现金流量的业务对应的现金流量项目：第一种是在填制凭证时如果涉及现金流量科目可以在填制凭证界面单击【流量】按钮，打开"现金流量表"对话框，指定发生的该笔现金流量的所属项目；第二种是凭证填制完成后再补充录入现金流量项目。本例为第二种。

① 在总账系统中，执行"现金流量表"|"现金流量凭证查询"命令，打开"现金流量凭证查询"对话框，单击【确定】按钮，进入"现金流量查询及修改"窗口。

② 左边窗口中显示全部的与现金流量有关的凭证。针对每一张现金流量凭证，单击【修改】按钮补充录入现金流量项目，如图10-17所示。

(4) 调用现金流量表模板。

① 启动UFO报表，新建一张空白报表，在"格式"状态下，执行"格式"|"报表模板"命令，打开"报表模板"对话框。

② 选择您所在的行业"2007新会计制度科目"，财务报表为"现金流量表"。

③ 单击【确认】按钮，弹出"模板格式将覆盖本表格式！是否继续？"信息提示框。

④ 单击【确定】按钮，即可打开"现金流量表"模板。

(5) 定义现金流量表项目公式。

① 单击"数据/格式"按钮，将"现金流量表"处于格式状态。

② 单击选择C8单元格。单击【fx】按钮，打开"定义公式"对话框。单击【函数向导】按钮，打开"函数向导"对话框。

图 10-17 现金流量查询及修改

③ 在"函数分类"列表框中选择"用友账务函数",在右边的"函数名"列表中选中"现金流量项目金额(XJLL)",如图10-18所示。单击【下一步】按钮,打开"用友账务函数"对话框。

图 10-18 选择现金流量函数

④ 单击【参照】按钮,打开"账务函数"对话框。

⑤ 单击"项目编码"右边的参照按钮,打开"现金流量项目"选项。

⑥ 双击选择与C8单元格左边相对应的项目,单击【确定】按钮,返回"账务函数"对话框,如图10-19所示。

⑦ 单击【确定】按钮,返回"定义公式"对话框,单击【确认】按钮。

⑧ 重复步骤③～⑦,输入C10、C13单元公式。

⑨ 单击工具栏中的【保存】按钮,保存调整后的报表模板。

❖ 提示:

在定义公式时,现金流量表现金流出项目在图10-19中的"方向"列表框中,要选择"流出"选项,否则取不到数据。

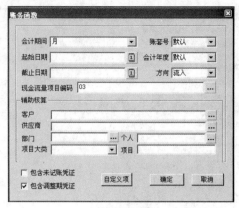

图 10-19　定义现金流量项目公式

(6) 生成现金流量表主表数据。

① 在数据状态下，执行"数据"|"关键字"|"录入"命令。

② 录入关键字"2019"年"4"月。单击【确认】按钮，系统弹出"是否重算第1页？"信息提示框。

③ 单击【是】按钮，系统会自动根据单元公式计算1月份数据。

④ 保存现金流量表，如图10-20所示。

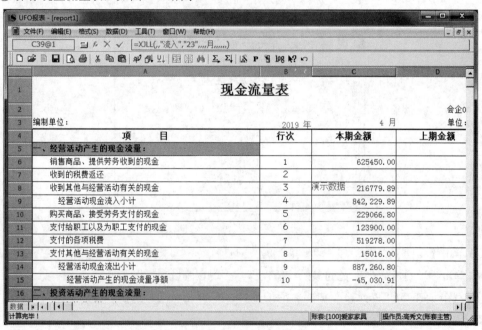

图 10-20　现金流量表